S0-BIM-448

AQUINAS AND PROBLEMS OF HIS TIME

MEDIAEVALIA LOVANIENSIA

SERIES I/STUDIA V

KATHOLIEKE UNIVERSITEIT LEUVEN
INSTITUUT VOOR MIDDELEEUWSE STUDIES
LEUVEN/LOUVAIN (BELGIUM)

AQUINAS
AND PROBLEMS OF HIS TIME

EDITED BY

Prof. Mag. G. VERBEKE
Chairman of the Institute of Medieval Studies

and

Prof. Dr. D. VERHELST
Secretary of the Institute of Medieval Studies

LEUVEN
UNIVERSITY PRESS

THE HAGUE
MARTINUS NIJHOFF

1976

ISBN 90 6186 050 4

D 1976/1869/12

CONTENTS

Chapter IV
AQUINAS AS THEOLOGIAN AND PHILOSOPHER

PREFACE

The title of this book calls to mind the colloquium, organised from May 16 to May 19, 1974, in Louvain, by the Institute of Medieval Studies, in collaboration with the Higher Institute of Philosophy and the Faculty of Theology, on the occasion of the 700th anniversary of the death of St Thomas. The book tries to approach the historical context of Aquinas's thought; it endeavours to understand the thinking of St Thomas against his socio-cultural background and to bring to light his attitudes and his reactions to the problems of his time.

The fascinating personality of Aquinas is sketched from this viewpoint. The Western world of the 13th century is characterised by the development of the cities, the expansion of the Universities, the growing influence of the middle class and the laity — but also by the division of Christendom. Thomas observed the world in which he lived mainly as a theorist. The problems which came up for discussion in his time — the exercise of authority, for example — could not be solved by way of abstract speculation. The discussions about law and justice escaped him. He borrows his concept of political society, for the greater part, from Aristotle; or he repeats what he received, through Gratian and Isidore, from the jurists and rhetoricians of antiquity. The appreciation of manual labour often ascribed to Thomas — man seen as *homo faber* and creation as the first *labor* — should not be over-estimated. The long monastic tradition includes a direct appreciation of manual labour; but this we do not find in Thomas's ethical valuation. It is only through the concept of the *bonum commune* that he is able to set a value upon work. It seems that Thomas did not easily approach the concrete individual of his time. And yet we must add that much of the subsequent criticism of him was directed more against wrong interpretations of his writings than against his original doctrines. The Jewish presence in Western society, on the other hand, caught Thomas's attention. With more openness than his contemporaries, he approached the Jew as one who was neither a pagan nor a heretic. From a theological point of view he could see the Jew as the prefiguration of the Christian.

However, as soon as he was confronted with the social and economic aspects of the Jewish presence, he fell back into the current anti-Jewish clichés. Thus his advice to Aleydis of Brabant easily found its place in the anti-Jewish literature. Paradoxically, Thomas was admitted in Jewish circles; he was their esteemed philosopher, the only one who had succeeded in satisfactorily reconciling faith and reason. Long after Thomas's death his ideas were put to use by Jewish philosophers in their fight against Averroism and the *via moderna*.

With the Islamic culture Thomas carried on dialogue only on a person to person basis. He had recourse to Avicenna and Averroes only insofar as this research was useful to him. Notwithstanding the moderate averroism of his cosmology, his metaphysics and his theology, his verdicts on Averroes and averroism are severe, especially where doctrines are involved which he cannot justify philosophically, or which are incompatible with his Christian convictions.

Thomas's speculation and social reality were never brought into harmony. In his thinking no dialogue between cultures came about. Before all else, Thomas endeavoured to reconcile faith and reason. In a philosophy where man is on the borderline between the intelligible and the perceptible world, there was little room for living reality. Hence Thomas can hardly be a mirror of his time.

* * *

There remains the pleasant duty to thank here all who, in various ways, contributed to the organization of the conference and to the publication of these proceedings. A special word of thanks is due to the Belgian 'Ministerie van Nationale Opvoeding' and 'Ministerie van Nederlandse Cultuur'. Thanks must be extended to the Association 'Vlaamse Leergangen te Leuven' ans also to the Rectorate, the Publications Committee, the Faculty of Philosophy and Letters, the Faculty of Theology and the 'Instituut voor Wijsbegeerte' of our 'Katholieke Universiteit te Leuven'.

CHAPTER I

AQUINAS AND THE OCCIDENTAL WORLD

LÉOPOLD GENICOT

LE *DE REGNO* : SPÉCULATION OU RÉALISME?

L'aventure est trop courante dans la vie d'un érudit qu'il décide de lui-même ou à la demande d'autrui d'aborder un sujet qu'il croit ou qu'on lui dit facile, et qu'il s'aperçoive bien vite qu'il aurait besoin, pour le traiter convenablement, de beaucoup plus de connaissances qu'il n'en possède et de plus de temps aussi qu'il n'en dispose. Comme l'âge m'a apporté moins de sagesse que de faiblesse, je m'y suis laissé prendre une fois encore. Sur les instances et les assurances des organisateurs de ce Colloque, j'ai accepté de toucher ici un domaine, celui des théories politiques, dont je ne suis pas familier. Je me suis rapidement rendu compte que je manquais du savoir et des délais nécessaires. Mais le vin avait été tiré. Il fallait le boire et, pis, il faut aujourd'hui vous le servir. Avec la seule certitude qu'il ne vous enivrera pas.

Pour limiter les risques, je voudrais avant tout énoncer clairement le problème qu'on m'a chargé d'explorer et par là même le cantonner. J'essaierai ensuite de le résoudre en analysant le *De Regno*, plus précisément en établissant d'abord dans quelle mesure celui-ci peut fournir une réponse, puis ce qu'est cette réponse.

Le propos de ce rapport n'est ni d'élaborer une synthèse des idées politiques de Thomas d'Aquin après avoir concilié leurs antinomies [1] ni exactement de juger de leur originalité, mais de s'enquérir de leurs liens éventuels avec les temps et les lieux. Témoignent-elles d'une attention au milieu, d'un intérêt pour les situations vécues, d'une connaissance des problèmes de l'époque?

Ces questions ne sont pas neuves et elles ont déjà reçu maintes fois des réponses on ne peut plus positives. D'exégètes pour nous un peu

[1] Georges de Lagarde, *La naissance de l'esprit laïque au déclin du moyen âge, II, Secteur social de la scolastique*, 2e éd. (Louvain et Paris, 1958), p. 52-83, offre un commode aperçu de ces idées, qui procède essentiellement de la Somme théologique et du Commentaire sur les Politiques d'Aristote et ne contient aucun renvoi explicite au *De Regno*; Otto Schilling, *Die Staats- und Soziallehre des heiligen Thomas von Aquino* (Paderborn, 1923), donne une analyse plus fouillée.

vieillis, comme Jacques Zeiller dans *L'Idée de l'État dans saint Thomas d'Aquin*[2]: 'Saint Thomas d'Aquin a dégagé une doctrine des faits qu'il avait sous les yeux'; d'une façon générale d'ailleurs, il n'était 'pas un philosophe ne spéculant jamais que sur de pures abstractions. Si l'on met quelques-unes des idées énoncées dans ses ouvrages en regard des faits contemporains, on est amené à conclure qu'il ne vivait pas dans l'isolement d'une réflexion sans aucun contact avec l'extérieur. Il appuyait cette réflexion sur des données concrètes'[3]. Ou du dernier traducteur du *De Regno*, I. Th. Eschmann, qui s'est évertué à aligner les indices de ce que saint Thomas s'était enquis, pour rédiger son opuscule, de la situation à Chypre, par exemple, quand il disserte du choix des sites urbains, tance les marchands ou met en garde contre les délices d'une île enchantée[4].

Cet auteur, comme ses prédécesseurs, fonde donc largement sa conviction sur le *De Regno*. Celui-ci autorise-t-il pareille position[5]?

D'entrée de jeu, il faut souligner fermement qu'il n'est pas un témoin idéal de l'attitude du docteur angélique en matière de politique. Ne nous

[2] (Paris, 1910).

[3] Zeiller, p. 106 et VIII.

[4] Ignatius Theodore Eschmann, *St. Thomas Aquinas : On Kingship to the king of Cyprus* (Toronto, 1949), p. XXXII-XXXVI. C'est le même auteur, il est vrai, qui, après avoir expliqué, dans sa traduction, comment Thomas a pu être amené à écrire le traité, a, dix ans plus tard, mis en doute l'authenticité de celui-ci dans 'St. Thomas Aquinas on the Two Powers', dans *Étienne Gilson Anniversary Studies*, Medieval Studies, 20 (Toronto, 1958), p. 177-205.

Thomas Gilby, *Principality and Polity : Aquinas and the Rise of State Theory in the West* (London, 1958), est plus nuancé et voit mieux. Il relève d'abord que Thomas devait connaître son temps : il était né d'une famille noble habituée à desservir de hautes charges, avait grandi dans les marches continentales du royaume des Normands et de Frédéric II, avit étudié et enseigné à Paris ou Cologne et longuement séjourné à la cour pontificale. Il ajoute qu'il avait un constant souci d'observer, de bâtir sur l'expérience. Mais il constate (p. 54) qu'il était moins préoccupé des réalités terrestres qu'un Humbert de Romans, par exemple, qu'il en était d'ailleurs mal informé (p. 312), que ses théories politiques étaient 'rudimentaires' (p. 35) et, au total, que Dante a eu raison de le prendre pour guide dans les cieux plutôt qu'en ce monde.

[5] On a pris pour base l'édition de Joannes Perrier, *S. Thomae Aquinatis Opuscula omnia necnon opera minora, T. I, Opuscula philosophica* (Paris, 1949); elle découpe en paragraphes les chapitres, trop longs; les références données ici renvoient au livre, au chapitre et, en chiffres arabes, au paragraphe. Contemporaine de la précédente, l'édition de R. M. Spazzi, *Divi Thomae Aquinatis Opuscula philosophica* (Taurini-Romae, 1954), p. 253-358, somme le texte d'une Note bibliographique qui relève publications et travaux principaux. Le livre I et le début du livre II attribués à saint Thomas ont été traduits par A. P. D'Entrèves et J. G. Dawson, *Aquinas, Selected Political Writings* (Oxford, 1948).

interrogeons pas sur son authenticité. Largement admise, elle a aussi été révoquée en doute à toutes les époques [6], en dernier lieu, voici quinze ans, par un excellent connaisseur, à raison des obscurités de sa tradition manuscrite [7] et surtout d'une contradiction entre ses thèses monistes et le dualisme de type gélasien soutenu partout ailleurs par saint Thomas, notamment dans le *Scriptum super sententiis* et dans la Somme théologique, soit vraisemblablement avant et après sa rédaction : il serait de 1260-1265 tandis que le *Scriptum* est antérieur à 1256 et la Somme théologique, postérieure à 1267 [8]. On ne saurait trancher sans une étude rigoureuse, menée sur ordinateurs, de la langue, vocabulaire, style, figures, images [9]. Ne nous arrêtons pas non plus à la date de composition.

[6] E. Flori, 'Il trattato *De regimine Principum* e le dottrine politiche di S. Tommaso', dans *La Scuola cattolica*, N° speciale, *Scritti vari nel VI centenario della canonizzazione di S. Tommaso d'Aquino* (1924), p. 133-169, énumère les diverses opinions sur ce problème de l'authenticité, que lui-même rejette catégoriquement.

[7] Après le décès de saint Thomas, un ou des éditeurs de ses œuvres ont inséré le *De Regno* dans une collection de ses opuscules, mais on ne sait rien d'eux et de leurs méthodes de travail; on ne possède pas non plus de document datant du vivant du docteur angélique, attestant qu'il ait écrit et laissé inachevé un traité destiné au roi de Chypre ou que celui-ci ait commandé un tel ouvrage.

[8] Cette contradiction fait l'objet de l'article d'Eschmann, 'St. Thomas Aquinas on the Two Powers', mentionné n. 4. Mais elle n'existe pas selon le dernier exégète, L. E. Boyle, 'The *De Regno* and the Two Powers', dans *Essays in honor of A. C. Pegis* (Toronto, 1974), p. 237-247! D'autres contradictions pourraient être invoquées dans le même sens, notamment à propos de la forme du gouvernement : le *De Regno* ne connaît que la monarchie alors que la Somme prône un système 'mixte'. M. Grandclaude, 'Les particularités du *De regimine principum* de S. Thomas', dans la *Revue historique de droit français et étranger* (1929), p. 665-666, attribue cette discordance aux conditions de rédaction de notre opuscule : celui-ci était destiné à un roi dont les troubles intérieurs minaient le pouvoir.

La date de rédaction est celle d'Eschmann dans sa traduction, p. XXXVI et s. Elle est moins précise que celle de 1266 retenue par d'autres érudits, comme Mandonnet et Walz (R. M. Spazzi, p. 253). Mais elle place le *De Regno* dans la même période de l'auteur. Pour juger de celle-ci, on pourra se reporter à la chronologie des œuvres de saint Thomas dressée par Jacques Paul, *Histoire intellectuelle de l'Occident médiéval*, Collection U, Série Histoire médiévale (Paris, 1973), p. 350-351.

Peut-on marquer quelque étonnement qu'Eschmann mette en doute en 1958 l'authenticité d'un traité qu'il a déclaré, en 1949, un 'classique de la pensée politique' (*On Kingship*, p. XXXIX)? Le XIIIe siècle aurait-il produit un penseur politique génial et inconnu? Ou l'œuvre n'aurait-elle pas tant de valeur?

[9] C'est également à partir des singularités de la tradition manuscrite et de désaccords entre les thèses du *De Regno* et celles d'autres écrits de Thomas d'Aquin, notamment sur la forme du gouvernement, — monarchique, voire absolu ou 'mixte' — mais sans examen philologique du texte que, dans un article paru après la composition de cette étude, Walter Mohr, 'Bemerkungen zur Verfasserschaft von *De Regimine principum*',

Celle qu'on vient d'avancer situerait l'opuscule avant la grande période de l'auteur, de la pleine maturité, de la décantation définitive des idées, de l'entière maîtrise de la pensée, et en réduirait ainsi la portée pour nous [10]. Ce qui doit retenir, parce que c'est incontestable et grave, c'est que le *De Regno* est inachevé.

Il souffrirait d'incohérences au gré de beaucoup; il s'arrête en tout cas brutalement au début du livre II, après avoir à peine entamé le programme formulé au terme du premier. Aurait-il été victime d'un accident? Le manuscrit, auquel aurait seulement manqué la dernière touche, aurait-il été maltraité, mutilé, bouleversé? Les feuillets en auraient-ils été ou perdus ou mélangés [11]? L'hypothèse se fonde sur un désordre qui n'est pas aussi patent que le veut son auteur; par exemple, les chapitres 8 et suivants relatifs à la récompense du roi, qui, selon celui-ci, devraient finir l'œuvre ne rompent pas précisément le développement du livre I où ils figurent [12]. Et surtout elle se heurte à une objection d'ordre codicologique : elle suppose, puisque tous les chapitres sont entiers, que chacun aurait couvert et lui seul un ou plutôt deux folios, en d'autres termes, que le scribe aurait, après chacun, passé à un nouveau cahier; on le croit difficilement. Si difficilement que celui qui l'a conçue soutient que le clerc qui aurait retrouvé les folios subsistants les aurait remodelés, pour combler les lacunes, ménager les transitions, refaire une unité. Un travail! Un rapetassage qui devrait s'apercevoir. N'est-il pas plus simple d'admettre que le *De Regno* n'a pas été terminé, — et qu'il n'a peut-être, sans doute, aussi pas reçu l'ultime façon —? Or la partie qui manque est celle

dans *Virtus politica : Festgabe zum 75. Geburtstag von Alfons Hufnagel (1974)*, p. 127-145, rejette en somme l'authenticité de notre traité.

[10] Ne pourrait-on voir là une explication au moins partielle des discordances signalées plus haut? Un historien des institutions est frappé, à la lecture d'études comme celle d'O. Schilling, de ce qu'elles ne font aucune allusion à une évolution possible, voire probable, notamment à une explicitation progressive, de la pensée de saint Thomas.

[11] Telle est la position d'Eschmann, *On Kingship*, p. XXIV et s. D'autres ont été avancées, comme celle de M. Brown, 'An sit authenticum opusculum S. Thomae *De regimine principum*', dans *Angelicum*, III (1926), p. 300-303, suivant laquelle le continuateur, Ptolémée de Lucques, aurait remanié les chapitres rédigés par saint Thomas.

[12] Les chapitres précédents ont établi que la monarchie est le meilleur système de gouvernement car elle est *a priori* la plus apte à procurer le bien commun. Se pose alors naturellement la question des mobiles qui pousseront son titulaire à s'attacher effectivement à celui-ci plutôt qu'à son bien propre, en d'autres termes, la question de la récompense du roi. Dans l'Introduction qui ouvre la traduction de M. Martin-Cottier, *Du Royaume* (Paris, 1946), C. Journet donne d'ailleurs, p. 19-22, un plan parfaitement cohérent de la partie du *De Regno* attribuée à saint Thomas.

qui nous aurait été la plus précieuse. Le livre I avait traité des origines, de la fin et de la forme du pouvoir. Selon son dernier paragraphe, le second devait se consacrer à *quae ad regis officium pertinent* et plus précisément à trois problèmes majeurs : la désignation des détenteurs des charges publiques, la promulgation de lois propres à inciter, voire à obliger les sujets à fuir le mal et poursuivre le bien, la défense contre l'étranger, l'ennemi. C'est-à-dire qu'il devait revêtir une allure plus pratique, entrer davantage dans le concret. Et il s'ouvre effectivement sur une description précise, — de vrai, plus minutieuse que concrète — des conditions à remplir par un site urbain. Il devait donc ou il pouvait mieux s'inspirer de situations vécues et permettre ainsi de décider plus sûrement de l'intérêt ou non de saint Thomas pour les réalités contemporaines. Son absence grève la recherche d'une hypothèque. Réussira-t-on à lever celle-ci? Si on aboutit à constater que le *De Regno* ne reflète pas ou guère le monde politique du XIIIe siècle, ne pourra-t-on pas toujours penser que la conclusion serait peut-être différente si le livre II s'était conservé?

Reste le premier. Et un autre point d'interrogation, plus lourd encore de perplexité. Le *De Regno* est certes le plus strictement politique des écrits de Thomas d'Aquin. Mais d'abord, il est un traité, c'est-à-dire une œuvre plus soucieuse de théorie que de pratique [13]. Ensuite il est le traité, non d'un publiciste au sens juridique de ce mot, mais d'un théologien et philosophe qui, selon un passage de son *Quodlibet* XI, 16, a à dire le droit divin et le droit naturel et non le droit positif. Or droit divin et droit naturel ne sont pas affaires de contingences, de temps, de lieux. A priori, Thomas d'Aquin ne devait donc pas descendre au niveau des applications. Mais s'arrêter aux principes. Encore faudrait-il savoir où il situait la frontière entre principes et applications et si, par exemple, pour lui le pouvoir législatif appartient au roi par droit naturel ou positif. Quand on le voit détailler les qualités d'un bon site urbain, on ne peut pas ne pas se poser la question. Il n'empêche : à supposer que le *De Regno* n'atteigne pas au concret, cela ne tiendrait pas nécessairement à un

[13] Walter Ullmann, *Law and the Medieval Historian*, dans *XIe Congrès international des sciences historiques. Stockholm, 1960, Rapports*, III, p. 68, souligne l'abondance de la littérature relative aux rapports du pape et de l'empereur et la minceur de celle qui concerne les relations du roi et des grands. Il note aussi que la *lex terrae* ne fait pas l'objet de débats dans les Universités. Les deux choses tiennent pour lui à ce que les relations de la couronne et des barons sont affaire de droit féodal et la *lex terrae*, de pratique laissée aux praticiens. Quoi qu'il en soit de l'explication, un traité n'accorde pas à priori grande attention aux problèmes effectifs.

manque de connaissance ou d'intérêt de l'auteur pour les réalités de son époque mais à sa position de départ. A cet égard aussi, et surtout à cet égard, la plus grande prudence s'impose dans l'interprétation des résultats de l'analyse.

* * *

Menons-la tout de même. Elle doit donc repérer dans le *De Regno* les traces du XIIIe siècle occidental. De ses situations. De ses idées. De sa mentalité.

Ses situations. Ou ses besoins. Ou ses problèmes. Politiques s'entend [14]. Le *De Regno* soulève-t-il ceux avec lesquels l'époque était aux prises et les pose-t-il dans les termes du temps? Leur apporte-t-il en tout cas des solutions inspirées des réalités contemporaines? Fait-il au minimum place à celles-ci dans l'argumentation ou dans le vocabulaire?

On ne va pas, pour fonder la réponse à ces questions, procéder à un relevé exhaustif, qui égarerait plus qu'il n'éclairerait, de ces problèmes politiques du XIIIe siècle. On se contente d'un schéma dont on développe rapidement tel ou tel point qui exige commentaire [15]. Trois tâches majeures attendaient les gouvernants de l'époque et leurs conseillers : 'transpersonnaliser' le pouvoir constamment exposé depuis les débuts du moyen âge par son caractère personnel, le rendre, en d'autres mots, indépendant de son détenteur temporaire et de la valeur de celui-ci en distingant *regnum* et *rex* ou, comme le *Dictum* de Kenilworth, de 1266, *corona* et *rex*. Lui soumettre ou du moins lui agréger les forces capables d'agir efficacement dans la vie publique, forces traditionnellement particularistes et même autonomistes, la noblesse, le clergé ou plus exactement les monastères et désormais aussi les villes. Le flanquer ou le prolonger par une administration centrale et régionale digne de ce nom. La première surtout était affaire de doctrine et doit donc retenir

[14] On ne cherchera pas si des données concernant d'autres secteurs ne révèlent pas une bonne connaissance du milieu. Eschmann, *On kingship*, p. XXX-XXXVI, s'est évertué à en découvrir qui attestassent une solide information sur les réalités cypriotes, mais son relevé est peu convaincant; on n'y trouve guère que banalités, sur l'avidité des marchands ou les dangers d'une île enchanteresse, et emprunts, à Aristote ou à César.

[15] Léopold Genicot, *Le XIIIe siècle européen*, Nouvelle Clio, 18 (Paris, 1968), p. 139-193, pose ces problèmes avec les précisions désirables, notamment bibliographiques, ce qui dispensera de fournir ici des références à leur propos. René Fedou, *L'État au moyen âge*, L'historien, 8 (Paris, 1971), en donne un relevé dans un cadre chronologique plus large et partant avec moins de développements.

un instant. Elle consistait en somme à définir la souveraineté. Point tant son origine, — divine ou 'naturelle', on y reviendra à propos des idées — qui n'avait guère d'incidence sur les faits. Ni sa forme, évidemment monarchique, au plan de l'État en tout cas. Mais son domaine, ses prérogatives : il ne s'agissait plus tant de dresser la liste des *regalia* ni déjà celle des 'cas royaux' que de savoir si le roi pouvait légiférer ou imposer ou plutôt, car nul ne le lui refusait, dans quelle mesure il le pouvait, de décider, par exemple, s'il était *sub lege* ou *supra legem* ou *coelestis arbiter* entre droit naturel et droit positif, si, pour mentionner un cas plus concret encore, il était habilité à abroger des dispositions coutumières ou arrêtées par des autorités régionales quand elles n'étaient pas contraires au bien commun ou quand elles intéressaient le droit civil. Autre matière 'ouverte' : les limites du pouvoir. Internes : c'est le problème de l'absolutisme ou du gouvernement 'mixte' : le roi tranche-t-il seul ou après consultation, voire consentement des sujets ou de certains d'entre eux; qu'on pense un instant aux deux brocards contradictoires : *quod principi placuit* et *quod omnes tangit*. Externes : c'est le problème d'un contrôle par un supérieur, de l'existence d'une *auctoritas* ou même d'une *potestas* pontificale et d'un *imperium*. Ce dernier mot évoque une question, encore brûlante dans beaucoup de pays, celle du cadre géographique dans lequel le pouvoir s'exerce : chrétienté, royaume, principauté, cité. Ultime objet de dispute et de choix, *last but not least*, le mode de dévolution : monarchie héréditaire ou élective, impartageable ou divisible entre cohéritiers. Ces options prises, les deux autres tâches n'étaient plus guère affaire que de moyens, que d'utilisation, d'exploitation des circonstances; pour intégrer la vieille noblesse, de sang, par exemple, le roi pouvait, au gré des contingences, nouer avec elle des liens familiaux ou vassaliques, l'accueillir ou l'introduire dans ses conseils, dans son administration ou dans des assemblées censées représentatives, lui opposer une nouvelle aristocratie, d'épée ou de robe, etc.

De l'inventaire dont on vient d'évoquer la structure et quelques-uns des principaux postes au *De Regno*, la distance est considérable. C'était prévisible, inévitable : l'inventaire procède d'un milieu donné et de ses besoins; le *De Regno* est un traité, systématique, complet, abstrait. A défaut d'identité ou parallélisme dans le plan, y a-t-il au moins concordance dans le contenu? Peu. Thomas d'Aquin aborde des problèmes que le Stagirite a soulevés mais dont le XIIIe siècle n'a souci : vertus et dangers de la monarchie, récompense du souverain, qualités d'un site urbain. Il en ignore d'autres, sérieux à l'époque. Peut-être aurait-il disserté, au livre II, des prérogatives royales ou de certaines d'entre elles, notamment des rapports du roi et de la loi [16] ou de la mise en place d'une administration sûre et compétente. Mais il fait à peine allusion au mode de dévolution, — on y revient immédiatement. Il ne discute pas du cadre; en la matière, il use partout d'un doublet : *civitas aut provincia, civitas vel regnum, civitas et regnum* [17] et il présente à la fois la *civitas* et la *provincia* comme la *perfecta communitas*, vision aussi proche, sinon plus de la Grèce antique que de l'Italie du XIIIe siècle et ses 'républiques urbaines' ou d'un Occident travaillé par l'idée d'association [18]. Corrélativement, il ne s'inquiète pas de la position de l'empereur dans la Chrétienté ou du moins dans l'Empire. Et surtout, — point capital et pour l'époque et par la place que lui a donnée l'exégèse de l'œuvre, et qu'on devra reprendre avec quelque développement — il ne s'interroge nulle part explicitement sur la participation des sujets au gouvernement et ses modalités. Enfin, il pose des problèmes dans des termes qui ne sont pas ceux du temps, comme celui de l'origine du pouvoir. Que celui-ci procède de la nature de l'homme et dérive de Dieu, là n'est pas précisément la question pour le XIIIe siècle. Ce qu'il conviendrait de se demander, c'est s'il s'est créé par délégation de la collectivité et surtout, alors que s'affrontent principe héréditaire et principe électif, si, à chaque vacance, il doit ou non être à nouveau conféré par délégation. Or Thomas d'Aquin se borne ici à évoquer le dilemme [19]: '*si ad jus alicujus multitudinis pertinet providere sibi de rege...; talis conditionis ab illis homo ad quos spectat officium promoveatur in regem*' [20]. Une possibilité : *si*; aucune précision : *aliqua multitudo, illi ad quos spectat*. Manifestement, la problématique du *De Regno* vient d'Aristote.

Les solutions, quand elles sont formulées, ne portent pas davantage l'empreinte de l'époque. Elles sont trop vagues pour cela. Même les enthousiastes du *De Regno* déplorent qu'il manque 'des précisions qui satisferaient un esprit moderne' [21]. Traite-t-il, par exemple, de l'autorité papale en matière temporelle? Il tient que 'les rois sont soumis au vicaire

[16] Ce point et d'autres que le *De Regno* n'aborde pas le sont dans d'autres écrits de saint Thomas, spécialement dans la Somme théologique, ainsi qu'on le voit dans l'ouvrage de Schilling.

[17] L. I, c. II, 6 et 7; X, 29; XIV, 41.

[18] Zeiller, p. 56, voit là une influence de l'idée de fédération chère au XIIIe siècle.

[19] Il reprendra cette question, sans la trancher nettement, dans son *Commentaire sur les Politiques d'Aristote*, l. I,6 et III,14. Suivant Marcel Demongeot, *Le meilleur régime politique selon saint Thomas* (Paris, 1928), p. 50, elle serait pour lui 'accessoire'...

[20] L. I, c. VII,20 et 17.

[21] Zeiller, p. 125.

du Christ' [22] mais ne dit pas jusqu'où doit aller cette soumission. Ou s'agit-il du gouvernement 'mixte', tant glosé et vanté par les auteurs? Le principe de la participation des sujets au pouvoir, nettement affirmé ailleurs [23], n'est même pas formulé. Font seuls allusion à leur concours le passage, analysé plus haut, sur la possibilité d'un choix du roi par une *aliqua multitudo*, l'emploi du mot *pactum* à propos de l'éventualité d'une destitution d'un tyran [24] et, plus significatif, le conseil 'd'organiser le gouvernement de manière à enlever au souverain le moyen d'abuser et en même temps à tempérer son pouvoir' [25]. Partout ailleurs on ne voit que le roi. Aux origines de l'État, dans l'*institutio civitatis et regni* : il crée. Dans la suite : il gouverne; *praeest omnibus humanis officiis et ea imperio sui regiminis ordinat* [26]. Comme Dieu dans le monde. Comme le pasteur pour son troupeau [27]. Des comparaisons qui ne laissent guère de champ à l'action de la *multitudo*! De quelle *multitudo* au demeurant? Elle n'est nulle part définie [28]. Une certitude : emboîtant le pas à son maître antique, le futur saint en exclut les *servi*, qui sont *causa alterius*; c'est la *multitudo liberorum* aux destinées duquel le roi préside [29]. Une quasi-certitude : il n'y englobe pas tous les *liberi*; il parle tantôt des *bellatores*, ce qui pourrait évoquer le schéma tripartite de la société [30], tantôt des *nobiles* que, conformément aux structures du moyen âge, il distingue de la masse [31],

[22] L. I, c. XV,46.

[23] La *Somme théologique* (Ia-IIae, q. 105, a. 1) écrit textuellement que, 'dans une bonne organisation politique, il y a deux choses à prendre en considération; la première est que tous les citoyens aient quelque part au gouvernement'.

[24] Le tyran s'il a été choisi par 'quelque multitude', peut être destitué par elle *quia hoc ipse meruit in multitudinis regimine se non fideliter gerens, ut exigit regis officium quod ei pactum a subditis non observetur* (L. I, c. VII,20). Dans le Commentaire sur l'Epitre aux Romains, 13, l. 1, *pactum* est défini comme un accord entre *rex et populus*.

[25] Le texte est reproduit ci-après, p. 13. Zeiller, p. 28, l'interprète en traduisant non pas 'en même temps' mais 'à cet effet'. Il ne signale pas la suite de la phrase, qui annonce sur ces points essentiels des précisions qui auraient probablement figuré dans le livre II : 'on verra plus loin comment cela se peut faire'.

[26] L. I, c. XIV,41; XV,43; XVI,48.

[27] L. I, c. II,7.

[28] Ici encore, la *Somme théologique* est plus explicite; quand elle décrit la constitution politique des Hébreux sous les Juges, elle fait effectivement du 'peuple' toute la population (Ia-IIae, q. 105, a. I,2,4).

[29] L. I, c. II,5.

[30] L. I, c. II,6 : *Justum regimen, si administratur per aliquam multitudinem, politia vocatur, utpote cum multitudo bellatorum in civitate vel provincia dominatur.*

[31] L. I, c. VII,19 : dès l'Empire romain, la *multitudo tam nobilium quam populi* a été convertie.

ailleurs encore de *illi ad quos spectat officium* [32]. Il ne souffle mot enfin des garanties contre l'arbitraire imaginées par le temps. De celles inscrites dans des actes constitutionnels, comme la *Magna carta libertatis*, notamment le privilège de consentir l'impôt et d'être traduit devant les tribunaux réguliers et le droit à la résistance. De celles nées ailleurs de l'usage, comme la tenue d'assemblées représentatives. De celles avancées par la doctrine, comme la mise du souverain *sub lege*. Tout cet aspect des solutions est tellement flou et si éloigné des réalités du moment que les exégètes s'y sont perdus. Tel a soutenu que le *De Regno* prône l'absolutisme, parce qu'il était destiné au roi de Chypre menacé par les prétentions de ses barons [33]. Tel y a vu, au contraire comme dans les autres œuvres du Docteur angélique, l'apologie du gouvernement 'mixte'. Quitte à concéder que 'la monarchie de saint Louis n'était pas dans sa constitution conforme à celle dont saint Thomas trace le plan' [34].

L'argumentation se soucie moins encore, s'il se peut, du XIIIe siècle. Comme toujours au moyen âge, elle fait systématiquement appel aux exemples et aux autorités : *Scripturae divinae auctoritas, philosophorum dogmata et exempla laudatorum principum* [35]. Mais si, à deux reprises, elle déclare que *quae nunc fiunt* et que les *modernorum adventus* sont aussi démonstratifs que les *preterita facta* et les *antiquorum gesta* [36], elle ne se réfère jamais à un personnage ou un événement contemporain, voire simplement médiéval. Tous ses exemples lui viennent de la Bible, de Rome, de la Grande Grèce et, une fois, par le canal de César, de la Gaule celtique [37]. Toutes les autorités ont même origine : Cicéron, Valère Maxime, Végèce, Vitruve, etc.; la plus jeune est Grégoire le Grand.

Le vocabulaire aussi sent plus l'antiquité sacrée ou classique que le moyen âge occidental, et la philosophie plus que le droit. Voici, pour

[32] Ci-dessus, p. 10.

[33] C'est la position de Joseph Anton Endres, '*De regimine principum* des heiligen Thomas von Aquin : Eine kritische Erörterung', dans *Festgabe Clemens Baeumker*, Beiträge z. Geschichte d. Phil. d. Mittelalters, Supplementband (Munster West., 1913), 261-268 (p. 261-267) et, plus récemment, de Grandclaude.

[34] Zeiller, p. 192.

[35] L. I, c. I,1. D'autres passages du *De Regno* attestent l'importance donnée aux exemples, notamment au c. XI,35 : *Hoc etiam non minus exemplis quam rationibus apparet.*

[36] L. I, c. VI,16 et XI,35.

[37] Cette mention, de vrai inattendue, des druides gaulois est un des arguments d'Eschmann, *On Kingship*, p. XXXII, pour établir que le *De Regno* prouve une bonne connaissance des réalités cypriotes; elle aurait été inspirée par la nationalité des maîtres de l'île, des Francs de France, héritiers de la Gaule.

se borner, les mots qui désignent le pouvoir : *officium*, le plus fréquent, *potestas* ou, une fois, *potestatus* [38], *principatus*, *ministerium* quand la perspective est religieuse [39], *dominium* mis à toutes les sauces : *dominium multitudinis*, *dominium tyrani*, *dominium regum* et, dans le titre d'un chapitre, *dominium sacerdotale et regale* [40], *auctoritas et imperium*, exceptionnels et dépourvus de sens spécifique [41]. Dans un domaine voisin, *multitudo* éclipse presque totalement le plus juridique *populus* [42].

L'examen d'un 'cas' clôturera utilement cette longue analyse et en confirmera les résultats. Comme tant et tant de traités politiques du moyen âge, le *De Regno* s'attarde au problème de la tyrannie. Il la définit : un régime qui ne poursuit pas le bien commun, mais il n'éclaire pas cette notion, moins nette qu'elle ne le semblerait : le bien commun se concilie-t-il, par exemple, avec les privilèges de la noblesse et de la chevalerie, avec les franchises dont ne jouissent que certaines collectivités, avec la domination du patriciat, — du 'meliorat', comme dit aujourd'hui l'érudition allemande — dans les villes? Le *De Regno* engage ensuite à prévenir les abus en choisissant bien le roi, mais sans, on l'a vu, se prononcer même sur la possibilité d'un choix, et en organisant adéquatement le gouvernement, — *sic disponenda regni gubernatio ut regi jam instituto tyrannidis subtrahatur occasio...; simul sic ejus temperetur potestas ut in tyrannidem de facili declinare non possit* [43] — ,mais sans fournir aucune précision à cet égard. Il conseille encore de *remissam tyrannidem tolerare ad tempus* [44] mais il se borne à écrire qu'une telle tyrannie est celle qui ne lèse pas toute la communauté [45]. Il s'arrête enfin aux moyens de se débarasser d'un *intolerabilis tyrannus*. Il rejette d'emblée le tyrannicide, sans remarquer que nul n'y songerait à une époque où le sacre fait du souverain un personnage littéralement sacré : même aux

[38] L. I, c. I,6.

[39] L. I, c. IX,25.

[40] L. I, c. VI,16; XI,34-37; XV.

[41] Si Thomas d'Aquin n'utilise pas *auctoritas* dans le sens d'autorité suprême, supérieure à tout contrôle mais purement morale, il emploierait, selon Eschmann, *Two Powers*, p. 198, pour désigner l'exercice d'une telle *auctoritas*, des termes qui lui seraient propres en ce sens : *disponere* et *inducere*.

[42] Fréquent, *populus* désigne partout le peuple de Dieu, de l'Ancien et du Nouveau Testament. Deux exceptions seulement : au l. I, c. II,6, *populus plebeiorum* et au l. I, c. XI,34 : *insurgentem populus votive prosequitur*. Jean Marie Aubert, *Le Droit romain dans l'œuvre de saint Thomas*, Bibliothèque Thomiste, 30 (Paris, 1955), n'étudie pas systématiquement le vocabulaire de son héros.

[43] L. I, c. VII,17.

[44] L. I, c. VII,18.

[45] L. I, c. VI,15.

temps postgrégoriens, lever une main criminelle sur la tête *quod per pontificale ministerium sacro chrismate delinitum fuerat* demeure, selon le mot d'Orderic Vital, une *nefaria temeritas* [46]. Il propose la destitution, en ajoutant qu'elle n'est licite que s'il y a eu élection. Ou la déposition par une autorité supérieure; on attend en vain ici quelque allusion à l'existence d'une *auctoritas*. Reste, ultime recours, — ce qui prêterait à sourire si ce n'était émouvant par la foi que cela révèle —, la prière pour que Dieu convertisse le cœur du tyran [47]. Des solutions médiévales ou du XIIIe siècle, spécialement du *jus resistendi*, aucun écho. La conclusion s'impose sur ce point comme pour l'ensemble de l'œuvre. Le caractère du *De Regno*, — un traité théologique ou philosophique et un traité inachevé ou partiellement perdu — interdit de soutenir catégoriquement que son auteur ignorait les réalités politiques du XIIIe siècle. Mais ce qu'on en possède ou conserve n'autorise absolument pas à affirmer qu'il les connaissait bien et qu'il en a fait la doctrine.

Quand on passe aux idées, on trouve sous soi un terrain plus ferme. Le *De Regno* porte clairement la marque du moyen âge en général et plus spécialement du XIIIe siècle [48]. Il est notamment pénétré des concepts de saint Augustin ou des 'augustinistes'. La paix est le bien suprême de la collectivité, *principium in multitudine sociali*. Elle constitue donc l'objectif que doit s'assigner le roi : *totam provinciam facere gaudere paci* [49]. Sous sa double forme : la paix intérieure maintenue par la justice [50], la paix extérieure assurée par la défense contre l'étranger [51]. Depuis la 'Renaissance du XIIe siècle' et surtout au XIIIe, avec le renouveau du droit romain [52] et la découverte d'Aristote [53], ce lot

[46] *Orderici Vitalis Historiae ecclesiasticae libri XVII*, ed. A. le Provost, Publications de la Société de l'histoire de France (Paris, 1852), t. IV, p. 360.

[47] L. I, c. VII,21.

[48] Voir à ce propos les observations de Thomas Gilby, n. 4.

[49] L. I, c. VI,15; c. X,30.

[50] Peu importe ici la question, débattue par Henri Xavier Arquillière, *L'augustinisme politique : Essai sur la formation des théories politiques du moyen âge*, 2e éd. (Paris, 1955), p. 59-71, de savoir si, dans la pensée de saint Augustin, la paix est première ou si elle procède de la justice.

[51] On pourrait penser que ces deux aspects étaient ou auraient été abordés dans le l. II, qui devait traiter de l'administration, de la législation et de la défense.

[52] Aubert montre, notamment p. 125, que saint Thomas connaît et utilise le droit romain à travers le droit canon et surtout ses commentateurs.

[53] Sten Gagnér, *Studien zur Ideengeschichte der Gesetzgebung*, Studia Juridica Upsaliensia, 1 (Stockholm-Upsala-Göteborg, 1960), relève, dans les chapitres II et III, l'influence d'Aristote sur le droit public; Schilling la suit dans notre auteur.

traditionnel d'idées s'est précisé et étoffé. L'origine naturelle autant que providentielle du pouvoir a été affirmée : il est né, dit le *Proemium* du *Liber Augustalis*, '*rerum necessitate nec minus divinae provisionis instinctu*' [54]. Sa fin a été définie : l'*utilitas communis* ou, selon l'*Assise des pledeours* bretonne de 1259, le 'commun profit' [55]. Le *De Regno* exprime les deux notions à maintes reprises et dans les mêmes mots : *naturalis necessitas, bonum commune, bonum publicum* [56]. Et il les insère dans une conception qui rappelle les chartrains et l'*ordinata collectio creaturarum* de Guillaume de Conches, celle, pour anticiper sur le vocabulaire de Leibniz, d'une 'harmonie préétablie' dans laquelle, par la médiation de la providence *quae optime universa disponit*, de la nature *quae in singulis operatur quod optimum est* et de la raison *homini divinitus data* [57], les intérêts particuliers sont intégrés, ou intégrables, à l'intérêt général. Cette ouverture aux idées du temps est, au demeurant, normale chez un universitaire, avec ce que le terme impliquait au moyen âge d'universalisme dans la formation et les connaissances. Et que les idées cadrent mieux avec le temps que le problématique et ses solutions est aussi naturel dans un traité.

Les mentalités de l'Occident médiéval, du XIIIe siècle et de l'auteur, transparaissent pareillement dans le *De Regno*. Celui-ci attache, comme tout le moyen âge, un prix exceptionnel aux *auctoritates* et aux *exempla*, entendez aux avis formulés et aux histoires narrées dans les auteurs classiques et dans l'Écriture. Il montre une connaissance remarquable, — directe ou par le biais de florilèges, on ne se prononce pas —, mais exclusive des anciens; il va jusqu'à invoquer, sur des points particuliers, des spécialistes certainement peu familiers à un théologien, Vitruve ou Végèce, mais il n'emprunte rien à une œuvre postérieure au VIIe siècle. Il accumule les citations bibliques, sans cependant que la portée en soit toujours claire : fondement, complément ou ornement, base de la démonstration, confirmation seulement ou, moins encore, obéissance à une règle de composition. Malgré ses appels à l'expérience et son attention à la nature, sur lesquels on reviendra, il est ainsi, comme toute la période, surtout jusqu'au XIIIe siècle, essentiellement livresque. Son

[54] Sur ce passage, Ernst H. Kantorowicz, *Kaiser Friedrich der Zweite*, 4e éd. (Berlin, 1936), t. II, p. 96.

[55] B. A. Pocquet du Haut-Jussé, 'La genèse du législatif dans le duché de Bretagne', dans la *Revue historique de droit français et étranger*, 4e s., 40 (1962), 351-372 (p. 357).

[56] L. I, c. II,2 et 5; XVI, 50.

[57] L. I, c. IV,11; III,9 et II,2.

christianisme aussi sent cette époque : il admet que des hommes soient *causa alterius*, juge les guerres inévitables et chante le dithyrambe du juste pouvoir. Rien de plus révélateur, — et pour un esprit actuel, de plus déroutant, voire choquant à plusieurs égards — que les chapitres sur 'la récompense du roi' [58]. Avec leur souci trop peu affirmé du bonheur terrestre des sujets. Avec leur thèse que le souverain recevra au ciel *sublimen* ou *supremum coelestis beatitudinis gradum* parce que sa mission aura été la plus importante sur terre : la parabole des talents contre l'épisode vécu de l'obole de la veuve.

Des traits des XIIe et XIIIe siècles brochent sur ces constantes. Volonté d'ordre, de synthèse, d'harmonie. Foi en la raison et conviction aussi que l'expérience peut en affermir, enrichir et même infléchir les déductions : *experimento videtur* lit-on ici tandis qu'on voit là l'auteur avouer que le cas de la République romaine infirme les preuves rationnelles qu'il s'est laborieusement efforcé de rassembler des vertus de la monarchie [59]. Il s'agit de vrai, — ce qui tient, très largement sans doute, au genre —, d'expériences de jadis, rapportées par d'autres et non d'expériences personnelles et moins encore d'expérimentation. Liberté relative envers les *dogmata* des maîtres : le *De Regno* se sépare sur plusieurs points d'Aristote. Confiance en la nature, qui a été créée par la providence et sur laquelle il faut se modeler en politique comme en toute autre matière : la monarchie est préférable à n'importe quel système notamment parce qu'elle est un décalque du *naturale regimen* [60] et, d'une façon générale selon une formule dont les théoriciens de l'esthétique ont fait la célébrité, '*ea quae sunt secundum artem imitantur ea quae sunt secundum naturam et tanto magis opus artis melius est quanto magis assequitur similitudinem/quod est in natura*' [61].

Cette attitude explique probablement le nombre des images que le *De Regno* emprunte à la nature ou à la vie courante, par exemple celles de la violence de l'eau contenue à laquelle est ménagé un exutoire, du régime des abeilles, de la force de traction d'une équipe [62]. Ce sont comparaisons simples, certes, banales même et sans aucune touche de poésie, mais qui révèlent peut-être un aspect de l'auteur. Un aspect qui rachèterait l'impression de sécheresse produite par l'ensemble de l'œuvre. On pourrait épingler aussi, — Dieu me pardonne et les thomistes! —

[58] Notamment le c. X,30.

[59] L. 1, c. V,14 et VI,15.

[60] L. I, c. III.8.

[61] L. I, c. III,9.

[62] L. I, c. XI,35; III,8 et IV,10.

quelques fléchissements dans l'argumentation et quelques grincements dans la coordination du thème. Prétendre — pour se borner à ce cas — la monarchie meilleure que l'oligarchie parce que '*plerumque contingit ut ex pluribus aliquis ab intentione boni communis deficiat quam quod unus tantum*' [63] est user d'un pauvre argument, même s'il fait écho à Aristote. Car on pourrait aussi soutenir que, dans l'oligarchie, il y a chance que celui qui s'écarterait du bien commun y soit ramené par ses pairs! Mais on préfère souligner un autre élément du caractère de l'auteur : sa foi, profonde, authentique, vivante; en la bonté de Dieu, en la joie finale, en la puissance de la prière.

* * *

Ainsi se termine de façon un peu inattendue cette enquête qui a été longue et, je le crains, lassante, parce qu'elle s'est voulue attentive. Elle a abouti, sur le problème qu'elle devait sonder, à des conclusions nuancées et prudentes : le *De Regno* respire les idées et la mentalité du XIIIe siècle mais rien n'autorise à le présenter comme un miroir des réalités politiques de ce temps [64].

Mais au-delà des théories, l'analyse a fait découvrir un homme et une disposition foncière, émouvante et enrichissante, de son âme. C'est en quoi pour moi, sinon hélas sans doute pour mes auditeurs, elle n'a pas été inutile.

[63] L. I, c. VI,15.

[64] Nous permettra-t-on de souhaiter que le problème soit étudié dans les autres écrits de saint Thomas comme il l'a été ici pour le *De Regno*? C'est alors seulement qu'il pourra être tranché. Quant à l'influence des idées thomistes, que Schilling, p. 208, dit *nicht unpraktisch*, c'est une autre question!

Alan Harding

THE REFLECTION OF THIRTEENTH-CENTURY LEGAL GROWTH IN SAINT THOMAS'S WRITINGS

I want to discuss the significance of the passages in the *Prima Secundae* and *Secunda Secundae* of the *Summa Theologiae* devoted to the analysis of law and justice. Michael Clanchy, like myself a student of thirteenth-century English law, has written that, about the year 1250, 'law was being systematized and compiled in books throughout Western Europe. The decretals of Pope Gregory IX, the *Liber Augustalis* of the Emperor Frederick II, the *Libro de las Leyes* of Alfonso X of Castile, Beaumanoir's *Coutumes de Beauvaisis*, the German *Sachsenspiegel*, the Norwegian and Icelandic law-codes, and sections of St. Thomas Aquinas's *Summa Theologiae* devoted to law, are all examples of this' [1]. But does St. Thomas really belong in such company? More exactly, do his writings on law and justice reflect the actual growth of legal systems in thirteenth-century Europe?

The question is important, at least to an historian, for this reason. St. Thomas is usually given a part in the forming of what d'Entrèves calls the notion [2], and Ernst Cassirer the myth [3], of the State. He is said to have been the first medieval thinker to give full recognition to political authority as a natural fact and not merely a remedy for sin, and to political community as part of the order and beauty of creation [4]. Gaines Post believes that the idea of the naturalness of the State goes back at least to John of Salisbury and his organic metaphor of the body politic with the king as its head, but agrees that Thomas and the Aristotelians 'added emphasis to the theory of the State as a natural, moral entity' [5]. But if

[1] *Civil Pleas of the Wiltshire Eyre, 1249*, edited by M. T. Clanchy, Wiltshire Record Society, 26, Devizes (1971), p. 9.

[2] A. Passerin d'Entrèves, *The Notion of the State* (Oxford, 1967).

[3] Ernst Cassirer, *The Myth of the State* (New Haven, 1946); Aquinas is discussed in chapter ix.

[4] Cassirer, p. 112.

[5] Gaines Post, *Studies in Medieval Legal Thought : Public Law and the State, 1100-1322* (Princeton, 1964), pp. 291, 497, 515.

the State was a natural fact, does this mean that Thomas observed it in his own time? Was the historical growth of government in thirteenth-century France one of the sources of Thomas's philosophy of society, along with Aristotle and Civil and Canon law? Or to put it the other way round, the way that is important to the historian, can we use St. Thomas's writings as evidence that the growth of the French state in his lifetime amounted to the appearence of a new entity, different in quality as well as in quantity from anything that went before?

The State as we understand it is an amalgam of fact and idea. Both fact and idea were certainly developing in the thirteenth century, but were the two developments related? I don't think that we can simply assume that they were, as Gilby [6] seems to do, and the scholastic method makes any relationship difficult to prove. St. Thomas may give great value in his epistemology to sense-experience, but the invoking of his own social experience would be quite foreign to his method, the analysis and synthesis of authorities. One can only look out for Thomas's direct observation of society in lines of argument which seem to be original to him and which are not supported by the usual density of authorities. And one will do this in the context of discussions of law and justice, both because justice is the political virtue and because the judicial system was the backbone of thirteenth-century royal government.

First, however, I shall try to describe as briefly as I can the emergence of the French state in Thomas's lifetime as it appears to me as an historian. Geographically, it came into existence a decade or so before Thomas's birth. Three battles changed the map of Western Europe. Las Navas de Tolosa in 1212 destroyed the Almohad 'empire' spanning the Straits of Gibraltar; Muret in 1213 prevented the establishment of an Aragonese 'empire' spanning the Pyrenees; and Bouvines in 1214 confirmed the dissolution of the 'Angevin empire' spanning the English channel. The Spanish kingdoms by expansion in the south and contraction in the north, the English kingdom by contraction in the south, and the French kingdom by expansion in both north and south, arrived at something like their modern 'natural' boundaries [7]. The type of state which then emerged has been the unit of international politics ever since, but in the thirteenth century it was a quite new entity. It combined the strength of

[6] Thomas Gilby, *Principality and Polity : Aquinas and the Rise of State Theory in the West* (London, 1958), pp. 55, 148, 203.

[7] Yves Renouard, '1212-1216 : Comment les traits durables de l'Europe occidentale moderne se sont définis au début du XIIIe siècle', *Annales de l'Université de Paris*, 28 (1958), pp. 5-21.

both the types of the ancient world : the city-state which managed to enlist all its citizens in the politics of the community but was unable to incorporate new territories and populations into its existing structure and become militarily strong; and the great empire, militarily strong but unable to divert to itself from the local communities the loyalty of its diverse peoples. Strayer applies these remarks to the feudal kingdoms of the twelfth century [8]. It was a further advance in the growth of the state when the battles of 1212-1214 replaced these simple conglommerations of territory held together by feudal ties which disregarded natural frontiers, by more natural geographical units which could be brought under tighter administrative control from the centre.

Could, and, in the case of France, had to be, since the new frontiers, however natural they might be geographically, enclosed territories which were diverse in terms of culture and society. Languedoc was culturally different from the Île de France, and in Normandy the new Dukes found that they had greater power than they enjoyed as Kings of France in their demesne lands in the old *Regnum* [9]. What was the power, different from and apparently stronger than feudal lordship, that the king now possessed throughout these diverse new provinces? Charles T. Wood has given a brilliant account of the redefinition of the *Regnum* which had to take place [10]. It could not be all the territory under a uniform royal administration, for wisely the king left existing customs and institutions in the new provinces unchanged, and relied instead on men of his own, sent out from the Île de France and reporting back to a large bureaucracy at court, to achieve central control [11]. Rightly, I think, Wood focusses on royal justice as the thing which bound the new and wider *regnum* together: justice which, if it was to unify diverse territories, had to be not just a principle of kingly office but a working system put at the service of the king's subjects throughout the realm. The *Regnum* was 'made up of those areas in which justice was administered directly by royal officials *and* where their judicial opinions were subject to appeal and review by the royal curia or later, by Parlement, in Paris' [12]. But Wood does not explain how this direct jurisdiction, so momentous in its consequences, was

[8] Joseph R. Strayer, *On the Medieval Origins of the Modern State* (Princeton, 1970), pp. 11-12.

[9] Joseph R. Strayer, 'Normandy and Languedoc', *Speculum*, 44 (1969), 1-12 (p. 4).

[10] Charles T. Wood, '*Regnum Francie* : A Problem in Capetian Administrative Usage', *Traditio*, 23 (1967), 117-147.

[11] Strayer, 'Normandy and Languedoc', p. 5.

[12] Wood, *Regnum Francie*, p. 127 : Wood's italics.

established. Neither the feudal principle of appeal from the lord's court to the overlord's (which was most effective when it was the king's), nor the practice of submitting cases to the king (but more often to a churchman) for arbitration [13], seems a plausible origin for a direct jurisdiction which covered the whole range of delicts and not just feudal land disputes. Neither explains why people generally, not just the feudal class, turned to the king for justice.

The real explanation for the centralised judicial systems which grew up in the thirteenth century in other western kingdoms as well as France is to be found in the mass of officials required by the new pretensions of kings. The people of Languedoc might have rejected the men from the Île de France in their own version of the Sicilian Vespers. Instead they took to the king their complaints of the officials' misdeeds, and the king accepted these direct appeals to his justice concerning injuries which would not otherwise have mattered to him, just because they were against his own servants. The king's protection or *garda*, carried throughout the realm by his officials, was most frequently invoked against those officials themselves, and the king's authority was built upon the activities of his servants, whether legitimate or illegitimate. Direct administration by royal officials (but not only of justice) and appeals to Paris against them (but not in the strict judicial sense of 'appeal') do indeed go together.

I want to give a short description of the four main elements which went to the making of these legal systems, so that we can look for signs of their influence in St. Thomas's writings. The four elements are : (1) the form of the complaint; (2) the method by which it was investigated; (3) the legislation by which the procedure was developed; and (4) the substance of the complaints it dealt with.

(1) *The Form of the Complaint*. In the first half of the century a case was brought by a simple oral complaint called a *querela*, an old term which occurs with a new, almost overwhelming, frequency in the records, and in a new relationship with official wrongdoing. In Sicily in 1234 the Emperor Frederick II decreed that general courts should be held twice-yearly at five named towns to hear *querelae de damnis et injuriis* inflicted on the complainants by royal officials [14]. In Castile, it was the law that royal officials might not be accused by private citizens while in office, but if good men complained of them the king was bound by his office to

[13] For which, see Yvonne Bongert, *Recherches sur les cours laïques du Xe au XIIIe siècle* (Paris, 1948).

[14] J. L. A. Huillard-Bréholles, *Historia diplomatica Frederici secundi* (Parisiis, 1852-1861), IV, 460-463.

set an inquiry on foot and discover whether the complaints were true (... *estonce el Rey de su officio debe pesquerir, e saber la verdad, si es assi como querellassen*) [15]. In France, the crucial date is 1247, when King Louis IX sent special commissioners to Normandy and Maine, Anjou and the Touraine, Poitou and Carcassonne and other provinces to deal with complaints against royal officials. In the bulky registers of the proceedings case after case begins 'N. queritur quod...' or the men of a whole village-community 'conqueruntur quod...' In Carcassonne, the *querelae* were recorded by the chaplains of villages, so that they could be shown *in scriptis* to the *inquisitoribus pro domino rege* [16]. Even in England, where a judicial system based on writs for land cases and jury-presentments for criminal cases was established by the end of the twelfth century, *querelae* against royal officials appear in large numbers in the rolls of the king's justices on eyre in the counties, and mark the beginning of a new strand in the history of English law as important in its way as procedure by writ [17]. An eyre by the baronial justiciar to hear complaints against the king's agents was an important element in 'the baronial reform movement' of 1258, and in 1261 special sections of *querele de transgressionibus* begin to appear in the eyre rolls [18]. For three years from 1289, *auditores querelarum* sat at Westminster to receive complaints against the judges and other ministers of the king [19]. In 1298 commissioners were sent into the counties to deal with *querelae* of injuries inflicted on the people in the king's name [20].

In the second half of the thirteenth century, the *querela* was more and more often written down, and so gave birth to the petition or bill. In 1247, the chaplains of French villages were writing down the *querelae* of the people for the king's inquisitors, and these survive in a Latin

[15] *Los Códigos Españoles : Código de las Siete Partidas*, III (Madrid, 1848), p. 265 : La Setena Partida, tit. I, ley XI.

[16] *Les enquêtes administratives du règne de Saint Louis*, edited by M. Léopold Delisle, Recueil des Historiens des Gaules et de la France, 24 (Paris, 1904), p. 301.

[17] *Select Cases of Procedure without Writ under Henry III*, edited by Henry Gerald Richardson and G. O. Sayles, Publications of the Selden Society, 60 (London, 1941).

[18] Ernest Fraser Jacob, *Studies in the Period of Baronial Reform and Rebellion, 1258-1267*, Oxford Studies in Social and Legal History, 8 (Oxford, 1925); Richardson and Sayles, *Select Cases*, p. 114.

[19] *State Trials of the Reign of Edward I, 1289-1293*, edited by Thomas Frederick Tout and Hilda Johnstone, Camden Series of Publications, 3rd series, IX (London, 1906).

[20] *Cal. Patent Rolls*, 1292-1301, p. 338; *A Lincolnshire Assize Roll for 1298*, edited by Walter Sinclair Thomson, The Publications of the Lincoln Record Society, 36 (Hereford, 1944).

record [21]. Some twenty years later, the 'Plaintes contre Geoffroi de Roncherolles, Bailli de Vermandois' are registered as they were presented by the complainants, and are almost all in French : 'Sengneurs enquesteurs de par le roi, sires Hues li Fruitiers, bourgois de la commune de Compiègne, se plaint et dit encontre le roi...'; and 'C'est la peticion Henri le Lorgne, de Compiengne. — Sire, il avint que...' [22]. From about the same time as these early bills from France we have this bill from some Northumbrian sokemen against the King of England's warden : 'A nostre seignur le Rey les sokemen de Sunderlaunde et de Schoston, se pleynient de sire Robert de Nevile...' [23], In 1286 we come upon the first surviving bills to the justices in eyre : couched in French, they correspond to the complaints recorded in Latin in the *rotuli de querelis* sections of the eyre rolls [24]. In its written phase, the *querela* became a political instrument of the greatest importance. The fact that complaints against the king's ministers in the counties were often presented by whole communities suggested a way in which the community of the whole realm might bring to account his ministers at court. The first clear case of the impetitioning or impeachment of a minister in English history seems to me to be the trial of Bishop Walter Langton, the Treasurer, in 1307 [25]. In France, the provincial charters of 1315 were an answer to articles of complaint which the nobles had shown to the king about the abuses of royal officials since the time of St. Louis [26]. But the bill helped to create a nation-state in the thirteenth century above all by providing the basic system of communications without which no national community can exist, and without which no government can receive the information about the changes in the needs and habits of its people which is necessary to its endurance [27].

(2) *The Method of Investigation.* To receive and deal with complaints, groups of *inquisitores* had to be sent around the provinces. In Léon and

[21] *Les enquêtes administratives*, ed. Delisle, ibidem.

[22] *Les enquêtes administratives*, ed. Delisle, pp. 698-699.

[23] *Ancient Petitions Relating to Northumberland*, edited by Constance M. Fraser, Publications of the Surtees Society, 176 (Durham, 1966), pp. 109-110.

[24] *Select Bills in Eyre*, edited by W. C. Bolland, Publications of the Selden Society, 30 (London, 1914).

[25] *Records of the Trial of Walter Langeton, Bishop of Coventry and Lichfield, 1307-1312*, edited by Alice Beardwood, Publications of the Camden Society (London, 1969).

[26] André Artonne, *Le mouvement de 1314 et les chartes provinciales de 1315*, Bibliothèque de la Fac. des Lettres de l'Univ. de Paris, 29 (Paris, 1912), 171, 182.

[27] Karl W. Deutsch, *Nationalism and Social Communication : An Inquiry into the Foundations of Nationality*, second edition (Cambridge, Mass., 1966), pp. 78, 89, 91, 97.

Castile at the end of the twelfth century, *exquisitores* were already being appointed by the king to deal with complaints of the unlawful seizure of land and goods *con armas e con fuerza* [28]. In France, the *inquisitores* of 1247 were commissioned to go out 'to hear, write down and investigate' the complaints (*ad audiendum et scribendum et ad inquirendum*) and then provide remedies. They are sometimes referred to as *Fratres inquisitores* because they were drawn predominantly from the Dominican and Franciscan orders [29]. Even in England, where the justices in eyre were available to receive them, *querelae* multiplied so fast that special commissioners had to be sent out to hear and investigate them (*ad audiendum et inquirendum*) and sometimes to determine (*ad terminandum*) the cases as well. A commission *ad audiendum* invariably concerns complaints : a writ had only to be read to know how the case was to be determined, but a complaint had to be heard before it was even certain what the action was. By the early fourteenth century, the eyre system had collapsed and much of its business been taken over by commissions of 'oyer and terminer' (*ad audiendum et terminandum*) which were no longer specifically concerned with complaints against officials, though the commission to receive complaints against Treasurer Walter Langton was in this form [30].

In the middle ages, the use by a king of judicial commissioners in the provinces often ended by drawing more litigation to the centre : when the commissions lapsed, complainants took their grievances to the source of the power which the commissioners had exercised. To deal with them, Parlements sat at Paris at fixed times, perhaps from 1247 and certainly from 1250. The history of the Parlement at Toulouse seems to begin with the inquiry into the misdeeds of his officials set on foot by Alphonse of Poitiers in 1249 [31]. Alphonse's extensive domains were regarded as constituting a separate *regnum*, which appropriately had its own legal system. (It is interesting to notice that Alphonse tried to get the services of four Dominicans to go out and deal with official abuses, but was refused by the provincial, Peter of Tarantaise, on the grounds of the scandal incurred by the order through its involvement in *hujusmodi*

[28] Evelyn S. Procter, *The Judicial Use of Pesquisa (Inquisition) in León and Castille, 1157-1369*, The English Historical Review, Supplement 2 (London, 1966), p. 21.

[29] *Les enquêtes administratives*, ed. Delisle, Preface, pp. 4, 7, 8.

[30] *Walter Langeton*, ed. Beardwood and Alan Harding, *The Law Courts of Medieval England*, Historical Problems : Studies and Documents, 18 (London, 1973), pp. 88-89.

[31] *Les enquêtes administratives*, ed. Delisle, Preface, p. 15; Ferdinand Lot and Robert Fawtier, *Histoire des institutions françaises au moyen âge*, II, *Institutions royales* (*Les droits du Roi exercés par le Roi*) (Paris, 1958), pp. 472ff.

inquestis et negotiis [32].) The Provisions of Oxford of 1258 decreed three parliaments a year for England at fixed terms, at the same time as the baronial justiciar set out on his eyre to hear complaints of official misdeeds. The bills presented to English parliaments were usually in French and used the same formulae as bills to the justices in eyre. I think one can say that the need to deal with the flood of complaints against officials was a major force in the creation of both Parlement and Parliament, the supreme courts of France and England, in the mid-thirteenth century [33].

The appointment of groups of inquisitors to try complaints was accompanied by the development of a more rational method of trial, the inquest or enquête, to replace the judicial duel. In England, the new method relied on the jury, in France on the evidence of charters and sworn witnesses, the *tesmoinz jurez* of King Louis's famous order of 1259 or 1260 which attempted to do away with trial by battle *par tout notre domoine en toutes quereles*. Parlement soon had its *Chambre des Enquêtes*, which included *auditeurs* who operated in the provinces, and impeachment in the English Parliament was 'the greatest inquest of the nation' [34].

(3) *The Legislation by which the Method was developed.* The burst of legislative activity in thirteenth-century France seems to me to be a by-product of the growth of justice : *le roi législateur* follows *le roi justicier* [35]. King Louis's ordinance against trial by battle is in this respect typical. It may be noted that it stands at the beginning of the *Établissements de Saint Louis*, put together in the years of the great *enquêtes* and the setting-up of Parlement, which are also the years closely preceding the writing of the *Summa Theologiae*.

The problem about royal legislation is the same as the problem about royal justice. How did its application to the whole of the new *regnum*

[32] *Enquêtes administratives d'Alfonse de Poitiers : Arrêts de son parlement tenu à Toulouse et textes annexes, 1249-1271*, edited by P.-F. Fournier and P. Guébin, Collection de documents inédits sur l'histoire de France (Paris, 1959).

[33] Of course, the advent of Parlement did not stop, but rather encouraged, the use of inquisitors to go into the provinces to hear complaints against officials, especially at times of political crisis : see Artonne, pp. 53, 90, 182.

[34] *Les établissements de Saint Louis*, edited by Paul Viollet (Paris, 1881), ii. 8-10; Lot and Fawtier, *Histoire des institutions françaises*, II, p. 317; Ch.-V. Langlois, 'Nouveaux fragments du *Liber inquestarum* de Nicolas de Chartres (1269-1298)', *Bibliothèque de l'école des chartes*, 46 (1885), 440-471; J. H. Shennan, *The Parlement of Paris* (London, 1968), pp. 17-23; Edmund Burke on the impeachment of Warren Hastings, 1788.

[35] Lot and Fawtier, II, 289ff.

become accepted? How was the gap crossed from laws which were private treaties between the king and his barons to laws made by the king on his public authority for the whole nation [36]? I find it difficult to believe that the government of the Jews was a sufficiently general problem to give the ordinances on the Jews of 1223 and 1230 the importance which is usually ascribed to them in the history of national legislation. But the treatment of the Jews was one of the areas in which the growth of officialdom bred conflict, as Thomas's work on the subject shows [37]. It was the need to provide justice against officials which gave rise to both the judicial system and to national legislation. Joinville puts the matter very clearly. When King Louis returned from crusade in 1254, he tells us, he was 'very just in his dealings with his subjects. That is why he made up his mind that it would be a very good and noble thing to undertake the reform of his kingdom of France. As a first step in this direction he drew up a general ordinance for all his subjects throughout the realm...' The ordinance was that all the king's officials should take an oath to do justice to all without respect of persons, not to extort money or receive gifts from the king's subjects nor to offer bribes to the king's councillors. Too many serjeants were not to be appointed, 'lest it impose too heavy a burden on Our people'. Bailiffs and provosts were not to use their judicial functions as means of oppression, nor to imprison the king's subjects except for offences against the king. Fines were to be assessed in open court, and officials were expressly forbidden 'to compel Our subjects, either by threats or intimidation, or any sort of underhand means, to pay a fine in secret or in public' or 'to accuse anyone without reasonable cause'. They were not to 'summon anyone to take part in a military expedition for the purpose of extracting money from him'. Offices were not to be bought and sold. A further ordinance ran as follows : 'In all these matters which We have ordained for the welfare of Our subjects and Our kingdom, We reserve to Ourself the right to elucidate, amend, adjust or curtail according as We may determine' [38].

(4) *The Substance of the Complaints.* The complaints against officials

[36] Wood, *Regnum Francie*, p. 141.

[37] Gavin I. Langmuir, '*Judei Nostri* and the Beginning of Capetian Legislation', *Traditio*, 16 (1960), p. 203-239. The fifth and seventh questions of *De Regimine Judaeorum*, concerning the sale of offices and extortionate officials, are directly related to the questions about the Jews by the theme of usury, but the problems raised by a new predatory class of officials pervade the whole work.

[38] Joinville, *Histoire de Saint Louis*; the translation is taken from M. R. B. Shaw, *Joinville and Villehardouin : Chronicles of the Crusades*, Penguin Books (Harmondsworth, 1963), pp. 337-342.

recorded in the proceedings of the inquests of 1247 and the early parlements at Paris and Toulouse echo King Louis's ordinance. Officials are alleged to have seized stock and crops from the king's subjects, to have imprisoned them on mere suspicion or under false imputations of crime or usury and with violence to their persons, and to have extorted money for the release of their persons or goods. To take some examples at random from the complaints to the *inquisitores* in Maine and Anjou in 1247 : Hamelot le Pevrier complains that Peter le Ber arrested him for not joining the army, though as a Templar he was not bound to; Oliver le Pevrier complains that Tranchant and Mocart seized and beat him, stole from him ten shillings and forced him to swear that he would not bring a complaint against them; and P. Maumeschin and Robert Tireau complain that, when they were falsely accused of robbery on the king's highway, the *bailli* would not listen to a witness on their behalf or accept the verdict of an inquest of neighbours, but extorted £ 21 from them [39].

The common factor of the complaints is the abuse by officials of the physical force at their command. In the parlements at Toulouse, villagers frequently complain of bailiffs who seize bread from the communal ovens and extort money for returning it, committing these injuries *per vim ipsius ballivie* (' by force of the office of bailiff') [40]. If the state is as someone defined it, 'the area controlled by legitimate violence', the first task of the sovereign was to decide which of the multitude of acts of violence by his officials were legitimate and which were not. Violence was no monopoly of the king's men, of course. Many *querelae*, in France and England, are levelled against the arbitrary behaviour of baronial officials. Bishops and abbots had the most capacious prisons. Soon, a *querela* can be brought against anyone who can be made out to have injured the complainant *con armas e con fuerza* or *per vim et potenciam* or *vi et armis* or 'with tort and force' [41]. Through the *querela*, what English law calls

[39] *Les enquêtes administratives*, ed. Delisle, pp. 74-75, nos. 4, 5, 23. In 1314, the *querimoniae* of the nobles of Amiens and Vermandois alleged daily infringements of their liberties by the king's officials since the time of St. Louis, the sale of offices and imprisonment 'pour avoir du sien ou pour haigne'; the Normans complained of the arbitrary seizure of victuals of all sorts; and the nobles of Berri objected that they should not be prosecuted 'par denunciacion, ne par souppecon' nor condemned 'par enquestes' : Artonne, *Le Mouvement de 1314*, pp. 171, 173, 182, 186.

[40] *Enquêtes administratives d'Alfonse de Poitiers*, ed. Fournier and Guébin, pp. 14, 20-1, 302.

[41] *Código de las Siete Partidas*, t. III, p. 347 (La Setena Partida, tit. X, ley viii); *Les enquêtes administratives*, ed. Delisle, pp. 74, 75, 257 etc. In English law, the allegation by the complainant that the injury had been inflicted *vi et armis* and the denial

tort and Civil law, delict, the great range of injuries to the persons, pockets and reputations of others which call for compensation, was brought within the scope of centralised legal systems. In the feudal monarchy of the early middle ages, the cases which came into the *curia regis* were the land-disputes of the king's tenants-in-chief, or accusations of shameful crimes which involved forfeiture of land along with blood-punishment. There was no inevitable or easy evolution from this feudal law to the law of the national monarchy which to my mind has appeared by the mid-thirteenth century. There was no reason why the king should have extended his concern from the land-disputes of his *vassals* to the personal injuries of the bourgeoisie and villagers, of all those who could now be called *subjects* — except that these injuries were most conspicuously the work of his own agents and could not be ignored if he had any pretensions to just rule.

That seems to me to be the reality of the growth of the state in the thirteenth century and of the part in it of law and justice. Is this historical reality reflected anywhere in St. Thomas's theory? Thomas knew, of course, about government officials and their tricks. 'Don't sell offices at a price so high that it can only be recouped at your subjects' expense' was good advice to the Duchess of Brabant, from one who knew what went on [42]. He must have known, too, about the inquests into official abuses, carried out so often by fellow Dominicans. But the question is whether Thomas appreciated the significance of the whole process of legal growth, and is not one that can be answered by reference to his knowledge of details. It is the very difficult question of the importance of law and justice, recognisable as what they were in thirteenth-century practice, in the theoretical structure of the *Summa Theologiae*.

At first sight it looks as though there must be a connection between my element (3), the legislation with which King Louis supported the new judicial system in the last two decades of his and St. Thomas's life, and the passage on law which begins at q. 90 of the *Prima Secundae*, particularly qq. 95, 96 and 97 on Human Law, the Power of Human Law and Change in Laws. Surely, Thomas has contemporary experience, St. Louis's series of ordinances, in mind, when he says that to change law established by long custom is always harmful, but a new statute may

by the defendant of *tort et force* were obligatory in the action of trespass, the basic action for compensation for civil injury.

[42] *De Regimine Judaeorum*, answer to question five : '... et non tanto pretio venumdantur officia, quod recuperari non possint sine gravamine vestrorum subditorum'.

compensate for this harm by its *evidentissima utilitas* to the commonwealth; the first institutions of a society are necessarily deficient and susceptible of continual improvement by the lawgiver; 'the law can be rightly changed on account of the changed condition of man', and it may be a matter of urgent necessity (*maxima necessitate*) that it should be changed [43]? Unfortunately, Thomas can, and does, cite the authority of 'the Jurist' and of St. Augustine for these propositions. Justinian's *Code* says that 'whatever is divine is absolutely perfect, but the character of human law is to be constantly hurrying on... as nature is ever eager to produce new forms, so that we fully anticipate that emergencies may hereafter arise which are not enclosed in the bonds of legal rules' [44]. The eminently sensible view that Law should be not only virtuous and just but also 'possible to nature, according to the custom of the country, suitable to place and time, necessary, useful; clearly expressed, lest by its obscurity it lead to misunderstanding; framed for no private benefit but for the common good of the people' is explicitly borrowed by Thomas from Isidore [45]. For my purposes, Thomas is too good a jurist himself. One has only to place side by side the first book of Justinian's *Digest*, the fifth book of Isidore's *Etymologiae*, the first distinction of the *Decretum* and the *Prima Secundae*, q. 91, *De legum diversitate*, to see that Thomas is working within a traditional framework of discussion of the different sorts of law which goes right back to classical Roman jurisprudence and the *legum laus* of the Roman rhetoricians [46]. The details of the description of laws are not significant, for they are simply carried into the *Summa* by this tradition and owe nothing to observation.

But changes in the traditional framework of the discussion are all the more conspicuous and significant, and Thomas makes two. In the first place, one notices that a new sort of law has appeared, and at the top of the list : *Lex Aeterna*. According to Dom Odon Lottin, Eternal

[43] Ia-IIae, q. 97, a. 1 and 2. All English translations are from *The 'Summa Theologica' of St. Thomas Aquinas, literally translated by Fathers of the English Dominican Province* (London, 1915-1918).

[44] Code, 1.17.2.18. See Post, *Studies in Medieval Legal Thought*, pp. 552-557, for the Roman-Canon law tradition on change in laws; and William E. Brynteson, 'Roman Law and Legislation in the Middle Ages', *Speculum*, 41 (1966), 420-437.

[45] Ia-IIae, q. 95, a. 3. Did Isidore's remarks owe anything to his observation of the extensive Visigothic law-making in his own time (for which, see P. D. King, *Law and Society in the Visigothic Kingdom* (Cambridge, 1972)?

[46] Jean-Marie Aubert, *Le droit romain dans l'œuvre de Saint Thomas*, Bibliothèque Thomiste, 30 (Paris, 1955); Jacques Fontaine, *Isidore de Séville* (Paris, 1959), pp. 259-260.

Law does not take its place in scholastic works until the middle of the thirteenth century, when the Franciscan school began to put together St. Augustine's remarks on the subject. That Peter of Tarantaise who refused Alphonse of Poitiers the services of his friars to conduct *enquetes* [47] was the first Dominican to write on Eternal Law, perhaps in 1264, but Thomas lets pass every opportunity to discuss it until c. 1271 and the *Prima Secundae* [48]. For Augustine, Eternal Law was essentially the principle of order in all creation — *lex aeterna est ea qua iustum est ut omnia sint ordinatissima* — and as such contained all partial systems of law [49]. For the Franciscan school in the mid-thirteenth century, it had become real legislation, since it was deemed to require proper authority as its efficient cause and *bonitas vel utilitas* as its final cause [50]. Thomas enriches the analogy : Eternal Law emanates from the Divine Providence which rules the universe as human law emanates from the earthly ruler of the *communitas perfecta.* Thomas answers the objection that a law existing from eternity cannot meet the requirement of promulgation in the normal sense (here following Peter of Tarantaise), in order to insist that Eternal Law *is* legislation. God had long been seen as King of Heaven; in the *Summa Theologiae* he becomes the Legislator of the Universal Political Community [51].

Dom Odon Lottin presents Thomas's definition of Eternal Law as simply the logical consequence of his definition of law in general [52]. I am in no sense an expert on Thomas's thought, but it seems to me that the introduction of the image of the Divine Legislator has a much more dynamic rôle in the entire enterprise of the *Summa Theologiae.* Its immediately visible effect is to alter the relationship between the other sorts of law — and this is the second of the two changes which Thomas makes in the traditional framework of the discussion of laws. Isidore, following some of the jurists of the Digest and copied by Gratian, saw an historical relationship between *ius naturale*, *ius gentium* and *ius civile* : an age of communism and equality under the rule of natural law had been succeeded in time by an age of all the usual human wickednesses, for the law of nations is a rake's progress of settlement, building, fortification,

[47] See above, p. 24.
[48] D. Odon Lottin, *Psychologie et morale aux XIIe et XIIIe siècle*, II, i (Louvain, 1948), pp. 51-67.
[49] Quoted Ia-IIae, q. 93, a. 2, obj. 2, from *De lib. arb.* i.
[50] Lottin, II, i, 20.
[51] Ia-IIae, q. 91, a. 1; Lottin, II, i, 65.
[52] Lottin, II, i, 64.

war, capture, slavery, truces and treaties; and civil laws are made by individual communities in order to survive in this environment [53]. For Thomas, however, all three sorts of law are valid at the same time and are related by their common derivation from Eternal Law [54].

This does not mean only that they have to conform to Eternal Law in what they prescribe. The other sorts of law are not derived from the Eternal Law by a simple process of reasoning so much as by acts of subordinate legislation in which, as in all good acts, will is combined with reason. 'All law proceeds from the reason and will of the law-giver.' [55] The divine and natural laws proceed from 'the reasonable will of God', human laws from the will and reason of the subordinate governors who derive their plan of government from the Supreme Governor in the same way that 'the plan of what is to be done in a state flows from the king's command to his inferior administrators' [56]. A human legislator is a *secundus movens* whose power to legislate comes from the *primus movens*. Though Natural Law proceeds directly from God, the rational individual who applies it in his own particular circumstances can be thought of as legislating, 'being provident for himself and others' [57].

The advantage of seeing law as legislation is that Thomas's moral theology can allow for the variety of social circumstances which actually exist in space and time [58]. The practical reason of the individual has to determine the requirements of Natural Law in matters of detail, the contingent matters with which human actions are concerned. When it comes to action, practical rectitude is not the same for everyone, and in its secondary principles Natural Law may even be subject to change [59]. But the power of the image of the subordinate legislator applying God's laws in particular circumstances is felt most strongly in Thomas's discussion of political authority and the collective institutions of society. 'The general principles of the natural law cannot be applied to all men

[53] Isidore of Seville, *Etymologiarum Lib. V.* vi; Gratian, *Decretum*, D. 1, c. 9; cf. *Digest*, 1.1.5 : 'Ex hoc iure gentium introducta bella...'.

[54] Ia-IIae, q. 93, a. 3.

[55] Ia-IIae, q. 97, a. 3 c.

[56] Ia-IIae, q. 93, a. 3 c.

[57] Ia-IIae, q. 91, a. 2 c.

[58] Professor Verbeke's contribution in this volume shows how St. Thomas saw Man as a 'frontier' between the intelligible and corporeal worlds, between time and eternity. I think this is well brought out by Thomas's description of man's application of God's eternal and unchanging laws in a changing world by his 'existential' moral decisions.

[59] Ia-IIae, q. 94, a. 4 c and a. 5 c.

in the same way on account of the great variety of human affairs : and hence arises the diversity of positive laws among various people.' [60] Those necessary institutions without which society cannot be said to exist at all, such as buying and selling, comprise the law of nations, which is derived from natural law as a set of logical conclusions. But Thomas does not tell us how these are to be distinguished in practice from 'those things which are derived from the law of nature by way of particular determination' and 'belong to the civil law, according as each state decides on what is best for itself' [61]. The line must be a fine one between the law of nations and custom, a very important division of civil law, which is made by 'repeated external actions' as the clearest declaration of men's inward will and reasoning [62].

Civil law is, however, most typically 'framed by one who is in power' and 'governs the community of the state' (*instituatur a gubernante communitatem civitatis*) [63]. It is here that Thomas's argument leads him to concede most to the state. Laws are just when they are ordained to the common good, equal in the burdens they impose upon the subjects and do not go beyond the powers of the lawgiver. A law which is defective in any one of these respects is not law but violence and does not bind in conscience — 'except perhaps in order to avoid scandal or disturbance for which cause a man should even yield his right...' [64]. The scandal Thomas has in mind must be a disturbance of the political order, the damage to authority if even the bad laws made by it are not respected. For elsewhere Thomas says that a law which deviates from reason is unjust, not law but violence, yet 'even an unjust law, in so far as it retains some appearence of law, through being framed by one who is in power (*propter ordinem potestatis eius qui legem fecit*), is derived from the eternal law; since all power is from the Lord God' [65]. The political order the hierarchy of wills, has value of its own. Who, in any case, is to say that a law is unreasonable or unfair? The only way we who are subject to laws can define them in practice is as what the prince wills; what the government says.

How can even the prince know what natural law requires for his community? The example of the city under siege suggests that the test

[60] Ia-IIae, q. 93, a. 3, ad 2.
[61] Ia-IIae, q. 95, a. 4 c.
[62] Ia-IIae, q. 97, a. 3 c.
[63] Ia-IIae, q. 93, a. 3, ad 2; q. 95, a. 4 c.
[64] Ia-IIae, q. 96, a. 4 c.
[65] Ia-IIae, q. 93, a. 3, ad. 2.

of civil law is whether it preserves the *civitas* in existence, and the remark about avoiding disturbance that it is the preservation of political order within the *civitas* : after all, the other basic needs of society are already provided for by the law of nations without need of princely legislators [66]. The end of the state is its own self-preservation, and to this end the ruler makes law, and also interprets law and dispenses from law. When there is sudden peril to the community, and no time to refer the matter to authority, 'the mere necessity brings with it a dispensation, since necessity knows no law' [67]. But normally it is dangerous for anyone to dispense from the law except the one from whom the law derives its authority [68]. So at the end, Thomas's argument about law brings him to the great political issue for the new states, which was to remain a living issue to lawyers and politicians for centuries to come and is with us still : how far, in an emergency, may a government dispense not only with its own laws (obviously it can dispense with *them*) but also with the laws of the church, with at least the secondary principles of natural law, with old-established custom and what would later be called the fundamental law of the nation? When the kings of England and France resisted *Clericis laicos* and wrested from Boniface VIII the right to tax the clergy if they were threatened by *periculosa necessitas* in defending their countries, they could have drawn on Thomas's support as well as de Beaumanoir's famous statement that in time of war accustomed law might be overthrown and the king 'make new decrees for the common profit of his realm', for 'the time of necessity excuses' him [69]. In *De Regimine Judaeorum*, Thomas says that, when invasion threatens, princes may take extraordinary taxes *pro utilitate communi* [70].

Although the emergency powers of the prince are there in Thomas's earlier works, they are given their full logical justification in the discussion of law — or rather, lawmaking — in the *Prima Secundae*. The terrible force of the concept of necessity of state comes from the analogy, in Thomas's scheme of legislation and dispensation, between the artificial

[66] Ia-IIae, q. 96, a. 6 c; q. 96, a. 4 c; q. 95, a. 4 c. cf. *De regimine principum*, cap. XV for the responsibility of the ruler for the defence of the civitas against *incursum hostium*.

[67] Ia-IIae, q. 96, a. 6 c.

[68] Ia-IIae, q. 97, a. 4 c.

[69] Lot and Fawtier, III : *Institutions ecclésiastiques* (Paris, 1962), pp. 326-327; *Les registres de Boniface VIII*, edited by Georges Digard et al., Bibliothèque des écoles françaises d'Athènes et de Rome, ser. II, IV (Paris, 1907), I, no. 2354 (the Bull *Etsi de statu*); Philippe de Beaumanoir, *Coutumes de Beauvaisis*, edited by Amédée Salmon (Paris, 1899-1900), ch. XLIX, sec. 1510.

[70] Answer to q. 6.

necessity of the community which permits the ruler to dispense with his subjects' property rights in order to preserve the state and the natural necessity of the starving individual who may even steal another's property to preserve his own life [71]. Both ruler and private individual are subordinate legislators, providing for their own circumstances of time and place on authority derived from the Supreme Legislator. The whole argument rests on the extraordinarily powerful image of the Eternal Law-giver — but how did the image get into the writings of the schoolmen of the third quarter of the thirteenth century? Did Thomas, as Wallace-Hadrill has written of the Carolingians, simply transfer to God 'the essential features, duly magnified, of royal power, and then, as it were, borrow them back' [72]; and if so, was it the royal power displayed in the legislation of King Louis, or in that of Frederick II in Naples in the 1230s, when Thomas's family was in that emperor's service? [73] Probably the Pope's legislation was more important than either, for the Decretals are the only thirteenth-century laws which Thomas cites. Moreover it was in connection with the powers of the pope and the bishops that the theory of dispensation from law on grounds of common necessity and utility had been worked out by the canonists of the hundred years before Thomas was writing [74]. What Thomas says about dispensation, important as it is, forms only part of the process by which the theory of the bishop's sovereignty in his diocese was being adapted to the use of kings, at the very time that it was being defined and limited in relation to the pope's plenitude of power. Finally, it may be that Thomas, good jurist that he was, found the idea of Eternal Law as a sort of public law of the whole created order in the Digest's definition of public law as that which concerns the Roman state and regulates matters of religion, the priesthood and the magistracy [75].

[71] For the latter, see IIa-IIae, q. 32, a. 7, ad 3 and q. 66, a. 7. The natural necessity of the individual remained the normal argument for a dispensation, so that it could be urged in a sixteenth-century English case that the words of natural law and 'of the Law of God may be broken for Necessity without Offence to God... So the Apostles of Christ for Necessity of Hunger plucked the Ears of Corn of other Persons...' (E. Plowden, *Commentaries*, i. 18a).

[72] John Michael Wallace-Hadrill, 'The *Via Regia* of the Carolingian Age', in *Trends in Medieval Political Thought*, edited by Beryl Smalley (Oxford, 1965), 22-41 (p. 23).

[73] Post, *Studies in Medieval Legal Thought*, p. 558.

[74] See the remarkable work of Josephus Brys, *De Dispensatione in Iure Canonico* (Brugis, 1925).

[75] Cf. Ia-IIae, q. 97, a. 4 ad. 3 and the *Digest*, I. 1.2.

I can only conclude that Thomas's discussion of law is so profound as a synthesis of juristic ideas that it is nearly useless as an indication of the influence on Thomas of contemporary facts [76]. There is too successful a harmonization in theory of aspects of law which conflicted in political practice, such as the will of the prince and the custom of the people [77]. Perhaps in the end, the discussion of justice in the *Secunda Secundae*, somewhat less tightly argued as it seems to me, brings us for that very reason closer to the untidy historical realities; and it is especially important because the growth of the judicial system was the primary aspect of the development of the French state and legislation a secondary one. The fifth book of Aristotle's *Ethics* provides a much looser framework for Thomas's twenty-three *quaestiones* on the virtue of justice (qq. 57-80) than the juristic tradition does for the eight *quaestiones* on law (I leave out of account the lengthy discussion of the Old and New Laws), and Thomas is left with greater freedom to bring in a variety of contemporary legal issues, though it is no easier to prove that he is interested in them because they *are* contemporary. In *quaestiones* 67 to 71, entitled unjust judgment, unjust accusation, unjust defence, unjust witness and unjust advocacy, he is in fact discussing how the procedures of justice should properly work. Does he have in mind the development of the oral *querela* into the written bill (the basic element (1) in my account of the growth of the French judicial system), when he asks whether it is necessary for an accusation to be made in writing, and concludes that 'it has with reason been established' that it should, for 'verbal utterances are apt to escape one's memory'? Or is he thinking *only* of the canon *Accusatorum* in the Decretum [78]?

In qq. 60 and 67 on Judgment, Thomas insists that the judge exercises public authority, and must give judgment solely on the basis of what he knows as a public person from documents and witnesses produced in court, not of what he knows as a private individual. Further, Thomas emphasises that a judge must not condemn a man on mere suspicion, in this implicitly criticising the justice of his time, which relied heavily on evil repute as at least a means of bringing criminals to trial [79]. Is he here discussing my element (2), the enquête? Most significant of all, perhaps, is the list we are given in q. 65 of injuries to the person — maim-

[76] See especially Ia-IIae, q. 90, which builds up a definition of law from the *Ethics* and *Politics*, St. Paul, the *Code*, the *Digest*, Isidore and the *Decretals*.

[77] Ia-IIae, q. 97, a. 3 and 4.

[78] IIa-IIae, q. 68, a. 2.

[79] IIa-IIae, q. 60, a. 6; q. 67, a. 2. Cf. Artonne, n. 41 above.

ing, beating and imprisonment — which were precisely the aspects of official violence brought to the notice of the king's inquisitors by the *querelae* and comprise my element (4). Thomas is once again emphatic that 'it is unlawful to imprison or in any way detain a man, unless it be done according to the order of justice', though the king's officials were in reality doing it all the time [80].

The trouble is that 'assault and battery, casting people into prison, homicide, robbery, mutilation' is also Aristotle's list of violent injuries in book 5 of the *Ethics*. I can reach so few definite conclusions simply because, in the twelfth and thirteenth centuries, men plundered the experience and ideas of the ancient world in order to understand their own society and its problems — just as different generations since have gone to Thomas with their own particular preoccupations — but left the problems themselves assumed rather than stated. The Roman tradition of jurisprudence, with its great examples of Imperial legislation, was the obvious framework in which to set the law-making powers which medieval kings were seen to be exercising. But Aristotle could take men to a deeper understanding of the way in which political communities were being established in the thirteenth century. *Communitas* was the word Thomas used for Aristotle's political association, and it was also a term increasingly invoked by kings and barons in the practical politics of thirteenth-century Europe as they widened out from purely feudal interests [81]. It meant a system of political communication (*politica communicatio*) founded on justice, not in the sense of a machine set going by the king and tended by inquisitors, but of a state of mind in the individual members of the association disposing them 'to perform just actions, and behave in a just manner'. Aristotle had said that 'Political justice is manifested between persons who share a common way of life which has for its object a state of affairs in which they have all that they need for an independent existence as free and equal members of the society' [82]. In this sense, France was beginning to qualify as a political community in Thomas's time, and that is why Aristotle's description of justice fitted thirteenth-century experience so well.

[80] IIa-IIae, q. 65, a. 3 c.

[81] P. Michaud-Quantin, *Universitas : Expressions du mouvement communautaire dans le moyen âge latin*, L'Église et l'État au moyen âge, 13 (Paris, 1970), cap. VI, especially pp. 152-153.

[82] Ia-IIae, q. 90, a. 2 c. The English translations of book V of the *Ethics* are taken from the version of J. A. K. Thomson, Penguin Books (Harmondsworth, 1953), pp. 139, 156.

Thomas has no very high opinion of the function of judges, which is too easily perverted 'by love, hatred, or some kind of cupidity' [83]. Justice and injustice is in the quality of their dealings, and those of advocates, witnesses, accusers and accused, with others in the larger association [84]. In political society, 'an injury is a more grievous sin according as it affects more persons' [85]. Justice is about a man's objective relations with others, not his subjective passions; and its purpose, as Cicero is quoted as saying, 'is to keep men together in society and mutual intercourse' [86]. At this point, it seems to me, Thomas comes to the essence of the historical growth of France in the thirteenth century. If only he could have quoted St. Louis as well as Aristotle and Tully!

[83] Ia-IIae, q. 95, a. 1, ad 2.
[84] IIa-IIae, q. 67-71.
[85] IIa-IIae, q. 65, a. 4 c.
[86] IIa-IIae, q. 58, a. 1 c and a. 9 c; q. 58, a. 2 *sed contra.*

Stefan Swieżawski

QUELQUES DÉFORMATIONS DE LA PENSÉE DE ST. THOMAS DANS LA TRADITION THOMISTE

I. *Notes préliminaires*

L'histoire du thomisme n'est même pas tracée. Toutefois certains de ses jalons semblent être déjà bien établis et il s'agit de les déterminer davantage et de donner un sens profond à ceux qui ne dépassent pas le niveau d'une factographie. Une prise de conscience plus vive de certaines déformations que la pensée de St. Thomas aurait subies au cours des siècles paraît être un des moyens indispensables pour bien saisir les lignes de force de l'évolution historique du thomisme, ainsi que pour pénétrer dans le sens authentique de la pensée même de St. Thomas.

Les grandes intuitions philosophiques de Thomas étaient révolutionnaires et innovatrices à l'égard des opinions généralement admises. De plus, n'oublions pas qu'une idée nouvelle ne peut être reçue par ceux qui en prennent connaissance que suivant leur mode et leur habitude de penser. L'adage *omne quod recipitur per modum recipientis recipitur* s'applique parfaitement à la situation qui nous intéresse. L'ambiance néo-platonicienne et avicennisante était si profondément enracinée dans le monde latin du XIIIe siècle que les disciples immédiats de St. Thomas ne pouvaient guère s'y soustraire. Il est donc tout à fait naturel que ces premiers thomistes interprétaient les idées thomasiennes, les plus novatrices et les plus personnelles, dans un esprit foncièrement étranger à ces idées, les interprétant surtout selon les principes de la philosophie d'Avicenne. Rien d'étonnant si dans ces circonstances les disciples de St. Thomas saisissaient avec tant de difficulté les principes de leur maître et qu'ils ne distinguaient pas ce qu'il y avait de spécifique dans cette pensée à l'égard de doctrines voisines et apparemment pareilles [1].

[1] Dans un texte anonyme du XIVe siècle nous lisons cette phrase significative où l'auteur ne semble guère distinguer entre les positions d'Avicenne, de St. Thomas et de Gilles de Rome dans le problème fondamental de la composition des êtres d'essence et d'existence : 'Circa primum (scil. quo modo se habent esse et essentia in rebus

Gilles de Rome par exemple fut reconnu assez tôt comme thomiste très fidèle, même si sur plusieurs points essentiels il semble avoir grandement contribué à une fausse interprétation des idées de St. Thomas. Les premiers thomistes glissaient déjà dans cette erreur en identifiant certaines opinions de Gilles avec celles de St. Thomas [2]. Il faut cependant reconnaître le grand mérite de Gilles d'avoir reconnu la profonde originalité de la métaphysique thomasienne. Certes, ce mérite est lié à un sérieux défaut, à savoir une interprétation de la philosophie thomiste infidèle aux intuitions authentiques du maître. Ainsi la philosophie de St. Thomas fut faussement comprise et enseignée dès les débuts de son développement historique [3]. Il est important de noter que ce n'est pas uniquement en métaphysique que nous constatons des déformations, c'est pourquoi nous allons parler d'abord des déformations les plus importantes, à savoir en philosophie de l'être, pour passer ensuite à celles qui concernent la gnoséologie.

Il est cependant assez surprenant de trouver parmi les premiers thomistes des esprits comprenant correctement la pensée du maître, alors que des penseurs, tout en se disant partisans et continuateurs de St. Thomas, déviaient des lignes maîtresses de cette pensée. Thomas Sutton témoigne dans son traité *De esse et essentia* d'une compréhension subtile et pertinente des idées fondamentales de l'innovation introduite en métaphysique par Thomas d'Aquin, mais — selon notre connaissance actuelle des opinions des premiers thomistes — il présente sous ce rapport un cas tout à fait exceptionnel. Sutton possède un sens aigu de l'essentiel en métaphysique et il saisit très correctement l'apport de St. Thomas en philosophie de l'être : '... tota philosophia realis', dit-il, 'ex cognitione esse

creatis) est opinio Avicennae, Thomae et Egidii et plurium aliorum quod esse addit ad essentiam aliquid absolutum', cf. le texte *Utrum in omni alio citra Deum differat esse et essentia*, ed. Władysław Seńko, 'Quelques contributions à l'histoire de la littérature philosophique du XIVe siècle d'après le ms. 53/102 de la bibliothèque du Grand Séminaire de Pelplin', *Mediaevalia philosophica Polonorum*, 11 (1963), 69-85 (p. 74).

[2] Voir : W. Seńko, *Przyczynek do badań nad historią deformacji Tomaszowego pojęcia 'esse' we wczesnej szkole tomistycznej* [Contribution aux recherches sur l'histoire des déformations de la notion thomasienne de l''esse' dans l'école thomiste naissante], dans *Studia z dziejów myśli św. Tomasza* [Études concernant l'histoire de la pensée de St. Thomas : Recueil d'études], Lublin, sous presse. En parlant de l'auteur du texte anonyme du XIVe siècle, W. Seńko écrit (*Utrum in omni alio...*, p. 74) : Notre auteur identifie les opinions de Thomas et celles de Gilles de Rome... ce sont les œuvres de Gilles de Rome qui ont formé l'opinion de notre auteur sur la pensée de St. Thomas au sujet de l'essence et de l'existence.

[3] Voir : Seńko, *Przyczynek*.

et essentiae dependere videtur' [4]. Sutton est aussi parfaitement conscient des controverses que la position thomasienne avait suscitées : '... super hac materia philosophorum virorum pugna pertinax invenitur...' [5].

Dans le petit traité de Sutton, nous trouvons aussi des formules excellentes, claires et concises qui expriment parfaitement les principales thèses métaphysiques de St. Thomas. Citons-en quelques-unes : 'est ... ipsum esse actualitas essentiae, quo in actu effecta subsistit' [6], '... (Deus) solus ipse est suum esse' [7], '... realem differentiam esse inter essentiam et esse' [8]. La conviction de l'importance primordiale de la différence réelle entre l'essence et l'existence est si profondément enracinée chez Thomas Sutton qu'il n'hésite pas à écrire ces mots qui sonnent comme son 'credo' philosophique : 'Posteriores... semiplene et quasi balbutientes dictam diversitatem (scil. inter essentiam et esse) nobis inveniunt... Si quis tamen subtiliter considerat naturam entis creati omnino cogitur ponere realem differentiam inter esse et essentiam. Inter alios autem novos doctores, qui diversitatem rerum subtiliter indagaverunt praecipue venerabilis doctor frater Thomas primus fuit, qui nobis hanc veritatem expressit, quam... secundum eius intentionem... explicare curavimus' [9].

Bien que Sutton soit convaincu d'être un interprète absolument fidèle de la pensée de son maître, il n'a pas évité des erreurs et des faux pas dans son interprétation. Les déformations que nous voulons signaler chez différents thomistes s'insinuaient de manière si discrète qu'elles sont à peine discernables, même pour des historiens bien avertis et familiarisés avec leur terrain de recherches. Parlant du thomisme de Cajetan, E. Gilson l'a finement typé en disant que celui-ci donne 'de... légers coups de pouce... à certaines positions thomistes' [10]. Cette imperceptibilité des changements de positions et d'opinions fut constatée chez plusieurs 'thomistes' par des chercheurs pertinents et avertis. Dans son étude détaillée des définitions de substance chez Dominique de Flandre, M. Markowski caractérise la manière dont Dominique devient infidèle à St. Thomas :

[4] W. Seńko, 'Un traité inconnu *De esse et essentia*', *Archives d'histoire doctrinale et littéraire du moyen âge*, 27 (1960), 229-266 (p. 244).

[5] Seńko, *De esse et essentia*, p. 244.

[6] Seńko, *De esse et essentia*, p. 252; voir aussi : ... esse est id quo Sortes et omnis essentia est, sicut positio in effectu est id quo Sortes ponitur in effectu. Cf. Seńko, *Utrum in omni alio...*, p. 75.

[7] Seńko, *De esse et essentia*, p. 251.

[8] Seńko, *De esse et essentia*, p. 260.

[9] Seńko, *De esse et essentia*, p. 260.

[10] Etienne Gilson, 'Cajetan et l'existence', *Tijdschrift voor Philosophie*, 15 (1953), 267-286 (p. 281).

'si Dominique... s'est écarté... du thomisme, il... l'a... fait... d'une manière presque imperceptible, tout en continuant à... souligner sa fidélité envers les principes fondamentaux de cette doctrine' [11]. L'attitude de Dominique envers St. Thomas serait donc un exemple classique des déformations presque imperceptibles bien qu'essentielles de la pensée du maître, survenues chez tant d'auteurs renommés et reconnus comme thomistes convaincus et fidèles.

Markowski fait remarquer que cette infidélité à l'égard de St. Thomas se manifeste chez Dominique par un procédé consistant à apporter des changements aux définitions données par St. Thomas, changements difficiles à constater sans une étude comparative serrée [12]. Cette manière de déformer la pensée du maître peut être considérée comme un cas particulier du phénomène très répandu chez les thomistes et dont parle avec justesse et perspicacité L. De Raeymaeker dans son étude sur l'originalité de la philosophie thomasienne. Ce phénomène apparaît chaque fois qu'a lieu un glissement à peine perceptible du sens des mots et surtout des termes techniques. Thomas d'Aquin lui-même se rendait d'ailleurs bien compte de la présence de ce phénomène. Laissons la parole à L. De Raeymaeker : '... il est courant, fait ... observer (St. Thomas), qu'un terme fait pour signifier un acte finisse par s'employer aussi pour désigner une puissance ... d'où cet acte dérive; c'est de la même manière que, dans l'emploi du mot esse, l'on a glissé de l'acte d'esse à sa puissance correspondante, l'essence' [13]. Comme nous l'avons déjà dit — et comme L. De Raeymaeker le met en évidence [14] — l'avicennisme fut souvent le principal responsable de ce glissement. Le véhicule facilitant ce processus fut souvent l'introduction d'une terminologie absente chez St. Thomas; le cas de l'esse essentiae et de l'esse existentiae en est un exemple clas-

[11] Mieczysław Markowski, 'Definicje substancji w Komentarzu do Metafizyki Dominika z Flandrii' [Les définitions de la substance dans le Commentaire de Dominique de Flandre à la Métaphysique], dans *Studia Mediewistyczne*, 6 (1964), 19-54 (p. 53).

[12] Markowski, p. 53, écrit à ce propos : ... Dominique de Flandre substitue aux définitions de la substance de Thomas d'Aquin des définitions que ce dernier semble n'avoir formulées dans aucune de ses œuvres.

[13] Louis De Raeymaeker, 'La profonde originalité de la métaphysique de Saint Thomas', dans *Die Metaphysik im Mittelalter*, Miscellanea Mediaevalia, 2 (Berlin, 1963), 14-29 (p. 23).

[14] L. De Raeymaeker dit (p. 23 note 20) : ... aux yeux de S. Thomas le glissement pouvait avoir été facilité par le fait de certaines expressions avicenniennes en cours au moyen âge... Avicenne n'hésite pas à dire que l'existence résulte de la quiddité et est produite dépendamment d'elle...

sique [15]. Vers la fin du moyen âge s'intensifie chez beaucoup d'auteurs la tendance irénique vers une synthèse d'orientations doctrinales diverses. Chez plusieurs thomistes, cette tendance fut une des raisons de la déformation du sens des termes dont ils font usage [16].

II. *Déformations en métaphysique*

1. Comme nous l'avons déjà remarqué, c'est surtout en métaphysique que la doctrine de St. Thomas fut faussée d'une manière des plus nuisibles et des moins faciles à saisir. Les déformations en cette matière regardent le point crucial de la pensée philosophique thomasienne, à savoir sa conception de l'être et tout spécialement de l'esse comme acte de l'essence. Cette idée, déjà présente dans le Commentaire des Sentences [17], devient l'intuition centrale de toute la réflexion philosophique de Thomas. Son mérite consiste surtout à avoir enrichi toute la philosophie de l'être par un effort de contemplation philosophique concernant l'ordre de l'existence [18]. Ce qui est important et significatif, et ce qui fut mis en lumière par des penseurs comme Gilson et De Raeymaeker, c'est le fait que St. Thomas fut conscient de l'originalité et de la nouveauté de son intuition centrale en métaphysique [19], pour employer le terme rendu célèbre par Bergson.

Grâce aux travaux de Hocedez et d'autres spécialistes ainsi qu'aux mises au point synthétisantes d'auteurs comme De Wulf et Gilson, les médiévistes sont parfaitement conscients du rôle qui revient sur ce point à Gilles de Rome dans le développement de la métaphysique thomiste.

[15] Comme Dominique de Flandre et tant d'autres, Cajetan introduit des termes totalement absents chez St. Thomas, par exemple 'esse actualis existentiae' ou 'essentia irrecepta'. La portée philosophique de ces termes est manifeste; E. Gilson (*Cajetan*, p. 268) le met en évidence.

[16] Dominique (de Flandre) représente l''irénisme' philosophique; il voulait concilier l'albertisme avec le thomisme, ainsi que Platon avec Aristote (Markowski, p. 53).

[17] Dans I *Sent.* 33, 1, 1, ad 1, St. Thomas parle de l'esse en tant qu'actus essentiae. Voir : De Raeymaeker, p. 22.

[18] C'est ce que De Raeymaeker (p. 28) a excellemment formulé : 'L'originalité et le grand mérite de saint Thomas consistent à avoir poussé le point de vue formel de la métaphysique au-delà de l'ordre quidditatif jusqu'au niveau de l'esse'. — De Raeymaeker cite aussi les textes classiques du *De potentia* (VII, 2, ad 9) : ... esse est actualitas omnium actuum, et propter hoc est perfectio omnium perfectionum. — ... licet viventia sint nobiliora quam existentia, tamen esse est nobilius quam vivere...

[19] ... Saint Thomas a pris conscience nettement de l'originalité de sa conception... Il sait que, dans cette conception, le principe de toute intelligibilité et de toute valeur se situe dans un domaine où d'habitude on ne le cherche pas, à savoir le domaine du fait de l'existence (De Raeymaeker, p. 29).

Gilles avait trop insisté sur la différence réelle entre l'essence et l'existence, les deux composants réels de chaque être contingent. Il est possible qu'il ait été porté à accentuer trop fortement cette différence par un souci apologétique trop vif et par un défaut d'équilibre et de prudence en terminologie (Z. Siemiątkowska). Néanmoins le fait est indiscutable que Gilles passait pour un disciple très zélé et fidèle de St. Thomas aux yeux de ses contemporains et des auteurs postérieurs, et que son interprétation de la doctrine thomasienne de la composition de l'être, d'essence et d'existence fut en même temps comprise comme réification de ces deux éléments [20].

Les formules dont Gilles fait usage justifiaient pleinement cette opinion. L'existence est dans l'être quelque chose de *superadditum* à l'essence — et la thèse de Gilles *Esse et essentia distinguuntur ut res et res* donnait tout son appui à l'interprétation de ces deux éléments comme 'deux choses'. Mais il ne faut pas perdre de vue le fait indéniable que Gilles subissait l'influence de la pensée néo-platonicienne, surtout de Procle et d'Avicenne. Nous avons déjà parlé de la présence d'éléments avicenniens chez les premiers thomistes. En métaphysique cette influence se manifeste surtout par la conception de l'esse comme accident de l'essence [21] et par l'essencialisation de l'esse, car l'existence n'a de valeur ontique que si elle se transforme en essence ou en chose [22]. Ce n'est pas seulement chez Gilles de Rome que nous trouvons ces éléments avicenniens. L'influence d'Avicenne est certaine chez nombre de thomistes au cours de tout le moyen âge. On la constate par exemple chez un Armand de Belvezer [23], chez Thomas Sutton — bien que son orientation générale soit tout

[20] On sait qu'une longue polémique entre Gilles de Rome et Henri de Gand concernait cet ensemble de problèmes. Une intéressante pecia de la fin du XIIIe siècle, se rapportant à cette controverse, est conservée à la Bibliothèque Jagellone de Cracovie. Voir : Zofia Siemiątkowska, 'Au sujet d'un texte sur les *Theoremata de esse et essentia* de Gilles de Rome', dans *Mediaevalia Philosophica Polonorum*, II (1958), p. 19-21; idem, 'Avant l'exil de Gilles de Rome : Au sujet d'une dispute sur les *Theoremata de esse et essentia* de Gilles de Rome', dans *Mediaevalia Philosophica Polonorum*, VII (1960), p. 3-67.

[21] Cette influence est manifeste p. ex. chez Thomas Sutton : Est... intelligendum, quod esse sit accidens substantiae creatae vel creaturae per comparationem ad Deum, cui esse non est accidens ... (unde) nomen suum dicit esse, ut patet Exodi scriptum... Seńko, *De esse et essentia*, p. 263.

[22] De Raeymaeker (p. 23) l'exprime ainsi : S. Thomas réfléchissant sur (la priorité de l'acte sur la puissance) ... devait finir par accorder la priorité à l'esse, et non plus à la conception avicennienne. Ibid., note 22 : Selon Avicenne... l'existence n'a aucun sens en dehors de son rapport avec la quiddité...

[23] Seńko, *Przyczynek* souligne qu'Armand suivait Avicenne en traitant l'essence

autre [24] — chez Dominique de Flandre [25] ou chez Cajetan [26], pour ne citer que ceux-là.

L'essentialisme égidien apparaît donc chez des auteurs dont l'orientation générale lui est bien étrangère. Tel est par exemple le cas de Sutton qui ne parle pas seulement de l'esse comme d'une res absoluta, mais qui n'hésite pas à dire tout simplement : 'Oportet... quod esse dicat aliam rem ab essentia...', bien qu'il complète cette formule par les mots suivants : 'et comparetur (esse) ad ipsam sicut actus ad potentiam' [27]. Mais cette remarque complémentaire nous donne à penser et nous suggère l'idée que ce n'étaient pas seulement l'esse et l'essentia qui subirent ce processus de réification mais aussi les notions plus générales de puissance et d'acte, avec leurs applications hylémorphiques. Voici des exemples d'une telle réification élargie. Le même Thomas Sutton dit très clairement : '... antiqui philosophi Aristotelem praecedentes... non poterant videre diversitatem formae et materiae tamquam duarum rerum'. Et l'auteur anonyme du XIVe siècle n'hésite pas à affirmer que chaque essence possède un certain degré d'actualité en tant que 'chose' dans un sens élargi de ce mot : '... quaelibet essentia est actualitas quaedam, lapideitas enim est quaedam actualitas...' [28]. Ces expressions dangereuses, à cause de leur sens glissant facilement dans l'équivoque, se multiplient chez les thomistes des temps modernes naissants. Gilson fait ressortir que Cajetan, en défendant la conception thomiste de l'essence et de l'existence comme éléments constitutifs de chaque être contingent, est partisan de la thèse de Gilles, soulignant la différence réelle entre ces deux éléments et voyant dans chaque être (sauf Dieu) une composition ex duabus rebus [29].

comme un être universel dans le sens des idées platoniciennes. Hervé de Nédellec serait, d'après Seńko, l'exemple d'un autre groupe de thomistes qui suivaient Averroès en niant la différence réelle entre essence et existence. Seńko, *Utrum in omni alio*, p. 76-78, parle des arguments d'Averroès contre la différence réelle.

[24] Parmi plusieurs formules, citons-en une dangereusement 'essentialiste' : ... nos ... ponimus ipsum esse dicere rem absolutam (Seńko, *De esse et essentia*, p. 249).

[25] Le terme 'nature' qui apparaît dans les définitions de Dominique a une signification spéciale, se rapprochant de la notion de nature universelle chez Avicenne. M. Markowski (p. 53) dit : (cette signification se rapproche) de la nature universelle remplissant des fonctions analogiques aux fonctions de l'idée platonicienne.

[26] E. Gilson (p. 275) constate que pour Cajetan l'essence n'est pas pure puissance, mais elle constitue '... un récepteur déjà pleinement constitué'.

[27] Voir note 24; voir aussi Seńko, *De esse et essentia*, p. 259.

[28] Seńko, *Utrum in omni alio*, p. 76.

[29] Gilson, p. 267 et 279.

Nous savons que les polémiques (les divers 'Correctoria' etc.), à la fin du XIIIe et au début du XIVe siècle, n'ont pas créé un climat favorable à maintenir et à approfondir la précision des notions philosophiques fondamentales. A cette époque, la diversité des propositions concernant le caractère de la différence entre essence et existence a probablement contribué à propager l'opinion erronée identifiant l'interprétation égidienne à la conception de St. Thomas lui-même. Face à des opinions comme celle de Godefroid de Fontaines, identifiant l'esse à la *creatio*, ou comme celle d'Henri de Gand, pour qui l'esse est un simple *respectus*, il est compréhensible que la solution de Gilles de Rome paraissait la plus proche de la pensée de St. Thomas et comme la présentant de manière parfaitement fidèle [30]. Si l'esse ne peut pas être identifié avec l'essence et ne doit pas être considéré comme un simple accident (par ex. une relation), il n'y a qu'un tout petit pas à faire pour arriver à la conclusion qu'aussi bien l'essence que l'existence doivent être reconnues comme des res absolutae. Mais alors, nous voilà déjà bien installés dans l'univers métaphysique de Gilles de Rome et non dans celui de St. Thomas.

Des textes récemment découverts et publiés témoignent que, vers le milieu du XIVe siècle, on reconnaissait comme interprétation authentique de la pensée thomasienne la version qu'en avait donnée Gilles de Rome.

L'auteur anonyme d'un texte de cette époque combat l'opinion de St. Thomas : or, en réalité, cette opinion, sous sa plume, ne diffère guère de celle de Gilles. Il ne faut pas admettre, écrit cet auteur, la prima opinio, qui est celle de St. Thomas, car 'esse et essentia non sunt duae realitates' [31]. W. Seńko s'exprime à ce propos avec beaucoup de perspicacité : 'C'est une chose bien caractéristique que déjà à l'époque de Gilles de Rome on ait interprété sa position au sujet de la distinction de l'essence et de l'existence, probablement conformément aux intentions de l'auteur, comme une réification des éléments composant l'être et qu'on ait attribué la même position, sans faire de réserve, à Saint Thomas' [32]. Chose encore plus étrange : ceux qui combattent la soi-disant opinion de Thomas

[30] Thomas Sutton dit expressément : ... creatio ... non est idem realiter quod esse ... (Seńko, *De esse et essentia*, p. 248). Il réfute aussi la proposition d'Henri en disant : ... si essentia creaturae per seipsam est sive subsistit, erit ens per essentiam, et per consequens sui causa essendi, quod soli Deo habet convenire (ibid., p. 249); et plus loin : Oportet... quod esse non dicit solum respectum, sed aliquod absolutum cum habitudine dependentiae ad creatorem (ibid., p. 250).

[31] Seńko, *Utrum in omni alio*, p. 74. Chez le même auteur nous lisons : ... nec ... hoc oportet quod sit (esse) una res. — D'après cet auteur anonyme l'opinion thomasienne est qu'aussi bien l'essence que l'esse sont des realitates ou des res.

[32] Seńko, *Utrum in omni alio*.

formulent contre lui des raisons que l'Aquinat aurait reconnues sans réserve comme siennes. Le même auteur anonyme écrit — comme nous venons de le dire — : 'Prima conclusio negativa contra primam opinionem (scil. Sti Thomae) est quod esse et essentia non sunt duae realitates' [33].

Il fut donc de plus en plus généralement admis que St. Thomas lui-même était l'auteur d'une conception réiste de l'essence et de l'existence (mais aussi de la puissance et de l'acte, ainsi que de la matière et de la forme!). Dès lors, rien d'étonnant à ce que les thomistes penchent souvent vers des solutions en métaphysique qui témoignent d'un essentialisme hypostasant les essences et que, dans ces controverses, ceux qui combattent les thomistes défendent souvent des positions doctrinales plus proches, dans leur vrai sens, de la pensée de St. Thomas que les opinions des thomistes en question. Lorsque nous considérons l'essence et l'existence comme des réalités distinctes, il devient tout à fait naturel de leur attribuer un esse distinct. Nous nous mouvons alors dans un climat qui donne naissance à une terminologie pratiquement absente chez St. Thomas. Déjà chez Thomas Sutton apparaissent les termes si fréquents chez les auteurs postérieurs de l'esse existentiae à côté de l'esse essentiae. L'esse thomasien subit ici une transformation; on le remplace de plus en plus souvent par le terme 'existentia' ou 'existere'. Sutton dit : '... unius rei unicum est esse, id est existere' [34]. L'essence réifiée a son mode d'existence propre — et l'esse essentialisé le sien. On parle souvent de l'esse actualis existentiae pour souligner l'existence réelle à côté d'autres modes d'exister. Dominique de Flandre n'est pas le seul à attribuer par exemple aux idées l'esse essentiae, c'est-à-dire un mode d'existence diminuée, s'opposant à l'existence parfaite, l'esse existentiae [35]. Sur toutes ces transformations difficilement saisissables l'influence du scotisme n'est pas à sous-estimer.

D'autre part — comme nous venons de le dire — durant le bas moyen âge, ceux qui luttent en faveur d'un concrétisme, en s'opposant à une multiplication d'êtres fictifs, de 'formalités' à existence diminuée ou d'hypostases illicites, combattent le thomisme souvent essentialisé à l'extrême, mais ne sont pas toujours en désaccord avec les intuitions fondamentales de St. Thomas. Je pense ici à certains traits de la pensée ockhamiste et suarésienne. Certainement, St. Thomas n'aurait jamais admis la thèse de Guillaume d'Ockham : 'Existentia et essentia idem

[33] Seńko, *Utrum in omni alio*, p. 75.
[34] Seńko, *De esse et essentia*, p. 252.
[35] Markowski, p. 53.

omnino significant' [36], mais il me semble nécessaire de souligner davantage le fait qu'Ockham, et plus tard Suarez, réagissent surtout contre cette métaphysique réifiant les éléments composant l'être et prêtant une existence quasi autonome aux essences et aux êtres intentionnels. Il s'agit donc ici d'une réaction — certainement exagérée et extrémiste mais justifiée dans son inspiration profonde — contre un thomisme déformé et contaminé par un essentialisme d'Avicenne et de Duns Scot, incapable d'adopter l'optique existentielle de la métaphysique de St. Thomas.

2. L'essentialisme avec toutes ses conséquences ne fut certainement pas la seule déformation de la métaphysique thomiste. Il y en a eu d'autres. Je voudrais évoquer les déformations qui contribuèrent à un lent processus d'apauvrissement progressif du contenu de la réflexion métaphysique, à ce qu'on pourrait appeler une banalisation progresssive des grands problèmes de la philosophie thomasienne. Cette banalisation progressait par différentes voies. Faisant suite à mes remarques faites au début de cette étude, je voudrais signaler deux de ces voies : celles qui semblent caractéristiques des lentes transformations auxquelles la réflexion philosophique est constamment sujette. Les deux processus consistent dans des choix et des jugements de valeur presque inconscients que nous constatons chez les thomistes. Découvrir dans les sources et bien comprendre chaque trace de ces choix et de ces jugements, est une tâche délicate mais très importante qui s'impose à l'historien des doctrines et des idées.

Ces choix, exprimant les attitudes intellectuelles des thomistes, se manifestent d'abord par des changements dans des formules dont St. Thomas lui-même fait usage. Ces changements peuvent être plus ou moins importants. Revenons à Dominique de Flandre dont la façon de procéder est bien caractéristique pour ce genre de déformations. M. Markowski a le mérite de nous initier aux tendances profondes et difficilement discernables de la pensée de Dominique. Laissons la parole à Markowski : '... à la place ... (de la définition) de la substance de Thomas d'Aquin : ... *Substantia est res, cuius naturae debetur esse non in alio*, Dominique ... met des définitions... (p. ex.) : *Substantia est natura, cui debetur esse per se...*'. Et Markowski continue : 'Cette substitution de définitions (dans les citations du 9e *Quodlibet* de Thomas d'Aquin) semble avoir pour but de donner au lecteur l'impression que Dominique de Flandre n'a pas créé de nouvelles définitions de la substance mais

[36] Guillaume d'Ockham, *Quodlibeta*, III, 7.

qu'il rapporte les définitions adoptées par Thomas d'Aquin en personne' [37].

Les conséquences de cette tactique de changements camouflés furent graves pour le développement de la métaphysique thomiste. Markowski le voit bien lorsqu'il écrit : 'Dominique... n'a pas accepté les définitions de la substance qui sont les plus caractéristiques pour la conception existentielle de l'être de Thomas d'Aquin. En effet, Dominique ne pouvait accepter que les définitions de substance qui auraient pu également se rapporter aux natures universelles détachées de la réalité' [38]. Ajoutons qu'il suffit d'un moment de réflexion spéculative et historique assidue pour voir à quel point ces 'petites déviations' chez un Dominique préparaient le terrain non seulement à l'essentialisation progressive de toute la philosophie de l'être, mais aussi à l'apparition de la notion de substance chez Descartes qui n'hésite plus à l'appeler tout simplement 'ens per se', en frayant ainsi le chemin vers le monisme panthéiste de Spinoza.

Ces dernières remarques nous familiarisent avec l'autre type de déformations qui surviennent non par des changements de formules, si minimes soient-elles, mais par des omissions plus ou moins voulues. Comme Dominique de Flandre passe sous silence les définitions de la substance les plus importantes chez St. Thomas [39], de même plusieurs autres thomistes ne mentionnent même pas les énonciations de St. Thomas qui témoignent indubitablement de son génie créateur et de sa propre vision philosophique du réel. Parmi tant d'autres citons Jean Versorius (Le Tourneur) dont les écrits ont eu un énorme succès vers la fin du XVe siècle. Dans une intéressante thèse de licence soutenue à l'Université Catholique de Lublin, S. Dembowska a étudié soigneusement le Commentaire de Versorius sur le *De anima.* Il résulte de son étude que Versorius a omis les éléments les plus intéressants et les plus originaux du Commentaire de St. Thomas sur le même ouvrage, bien qu'il se présentât et fût reconnu comme un représentant ultra-fidèle du thomisme. Ce fait est très significatif et nous sommes déjà en état d'en suggérer une explication. Ce sont les exigences croissantes de l'aristotélisme chrétien, idéologie officielle de la chrétienté latine à partir de 1452 environ, qui obligeaient

[37] Markowski, p. 53.

[38] Markowski, p. 53.

[39] Markowski (p. 54) écrit : ... les définitions de la substance ... les plus caractéristiques pour ... (le) thomisme ... manquent totalement dans le Commentaire à la Métaphysique. — Nous ajoutons que c'est un devoir pour les historiens de la pensée philosophique de corriger l'opinion présentant Dominique comme un thomiste parfaitement fidèle à son maître.

les auteurs à réduire au minimum l'apport personnel des grands maîtres de la scolastique et à faciliter à tout prix aux étudiants l'accès au texte d'Aristote, interprété en harmonie avec les vérités de la foi. Voilà une des raisons pratiques de la 'banalisation' de l'apport philosophique de St. Thomas, accomplie dans les traités de Versorius.

De même Cajetan — pour citer un autre exemple — pendant son séjour à Padoue, se trouve à tel point sous l'emprise des discussions avec les scotistes et les averroïstes que son effort en métaphysique se concentre entièrement sur le problème de la substance et qu'il n'arrive même pas au niveau de la réflexion sur l'esse [40]. Nous constatons de plus en plus la justesse de la remarque de Gilson : '... l'acte d'être n'intéresse guère Cajetan' [41]. Le 'péché d'omission' de Cajetan est pareil à celui de Dominique de Flandre. Comme Gilson l'a montré [42], Cajetan, en commentant St. Thomas, passe sous silence les passages classiques où il est question de l'esse en tant qu'acte ultime de l'être (par exemple : *Summa Theologiae*, Ia, q. 4, a. 1, ad 3 et Ia, q. 90, a. 2, ad 1) et même s'il en fait mention, il n'en tire point les conséquences les plus essentielles et les plus importantes dans l'optique de la philosophie de l'être où l'esse acquiert un rôle absolument primordial.

Ainsi, par un autre détour, nous revenons au motif déjà signalé dans cette étude. Par un étonnant paradoxe, ce ne sont pas les thomistes mais les ockhamistes — et peut-être aussi les suarésiens dans une certaine mesure — qui défendent l'importance du plan existentiel en philosophie. Comme nous l'avons déjà remarqué, l'opposition acharnée d'Ockham et de ses successeurs au scotisme et au thomisme fut certainement une révolte contre l'essentialisme des scotistes et des thomistes. La tragédie de la métaphysique moderne fut qu'elle s'identifiait de plus en plus à une philosophie de l'essence ou de l'être possible. Ainsi la réaction anti-essentialiste se transforme petit à petit en attitude anti-métaphysique. Le 'rasoir d'Ockham', qui devait éliminer toute réification illicite, devient avec le temps l'instrument dont on se servira pour accomplir le meurtre définitif de la pensée métaphysique. Le silence imposé aux grands problèmes de la métaphysique de l'existence et leur 'banalisation' progressive en furent certainement une des causes.

[40] Gilson, p. 272.
[41] Gilson, p. 270.
[42] Gilson, p. 267.

III. *Déformations en gnoséologie*

1. Un exemple classique de cette défense involontaire des positions existentielles est l'opposition d'Ockham et des ockhamistes à une certaine interprétation des species cognitives de plus en plus répandue dans la pensée philosophique après St. Thomas. Signalons quelques déformations de la pensée thomasienne survenues dans le domaine gnoséologique.

La plus caractéristique semble être celle qui concerne la nature des species. Il est difficile d'établir avec précision quel auteur en fut responsable, mais il est certain qu'une conception démocritienne, traitant la species à la façon des eidola (εἶδολα), s'installa très tôt parmi les thomistes. Au lieu de considérer les espèces sensibles ou intelligibles tout simplement comme objets formels, c'est-à-dire comme aspects formels des objets perçus par les sens ou connus par l'intellect, on voit de plus en plus souvent dans les species un être qui diffère aussi bien du sujet connaissant que de l'objet connu, qui est donc dans le processus cognitif un troisième élément ontique (aliquid tertium) existant de manière spécifique entre le sujet et l'objet. Il se produit donc dans l'école thomiste un processus généralisé d'une réification de la species, parallèle à celui de la réification des éléments constitutifs de l'être dont il était question dans la première partie de nos réflexions.

Nous connaissons bien l'énergie avec laquelle Ockham s'insurgea contre cette hypostase illicite, mais il est nécessaire de rappeler encore une fois que toute cette lutte n'est pas en fait dirigée contre l'authentique pensée de St. Thomas, mais contre ses déformations essentialistes. St. Thomas serait entièrement d'accord avec Ockham pour affirmer qu'on n'a pas le droit de considérer la species comme un *aliquid tertium*, comme une *res*, tout comme il n'est pas permis en métaphysique réaliste de voir dans les *binaria famosissima* des systèmes de totalités dont les éléments sont deux choses, *duae res*. La critique ockhamiste du processus de la connaissance, et tout spécialement la réaction contre les species, bien qu'exagérée et en fin de compte simpliste, fut dans ce sens une réaction salutaire, bien que liée à des tendances nettement anti-métaphysiques.

Ockham a très bien compris que si, dans le processus de la connaissance, on rompt le contact avec la base existentielle des êtres concrets dont l'existence ne peut être saisie que de façon immédiate, on est condamné à quitter le terrain de la réalité; la métaphysique se transforme alors inévitablement en ontologie des êtres possibles, c'est-à-dire non-contradictoires. St. Thomas serait aussi d'accord avec l'opinion d'Ockham sur la connaissance intuitive et abstractive. S'il n'existe aucune possibilité d'une saisie immédiate du fait même de l'existence des choses, toute notre connaissance intellectuelle ne pourra jamais atteindre l'être réel. Les thomistes ayant oublié le réalisme existentiel de la gnoséologie de leur maître, c'est à Ockham que revient le mérite de l'avoir rappelé.

Le Venerabilis Inceptor était persuadé que l'existence du concret n'est pas seulement accessible à la connaissance sensible, mais aussi à l'intuition intellectuelle. Rappelons ce qu'il dit à ce sujet dans son Prologue au Commentaire des Sentences : 'Notitia intuitiva rei est talis notitia, virtute cuius potest sciri, utrum res sit vel non sit' car 'notitia abstractiva abstrahit ab existentia et non-existentia' [43]. Mais il fallait aussi un Ockham pour souligner avec une extrême énergie la thèse que ce ne sont que les êtres concrets et singuliers qui existent. Il dit sans aucune hésitation : 'Nullum universale est extra animam existens realiter' [44]. Il faut donc renverser le questionnaire habituel en métaphysique et ne point s'interroger sur le principe d'individuation — car l'existence des individus est un fait manifeste et indéniable — mais plutôt sur la possibilité des universaux [45]. Cette attitude ockhamiste semble également bien proche du concrétisme existentiel de St. Thomas, mais en même temps profondément différente de l'essentialisme dominant chez la grande majorité des thomistes.

2. Les autres déformations gnoséologiques — nombreuses et diverses — peuvent être ramenées à trois déformations principales.

A. La première déformation consiste dans un ébranlement de l'équilibre qui doit régner entre les principales activités de notre intellect : la simple saisie, le jugement et le raisonnement (*prima, secunda et tertia operatio*). On a l'impression qu'au fur et à mesure que le thomisme se transforme en doctrine d'école, l'élément contemplatif et intuitif — si puissant chez St. Thomas même et pénétrant toutes ses formulations les plus techniques — s'affaiblit pour disparaître presque entièrement dans le thomisme des manuels. Ces transformations chez les thomistes présentent un cas particulier du processus plus universel et concernant toute la civilisation européenne, où — avec l'essor des sciences particulières et techniques — la *tertia operatio* (le raisonnement) domine de plus en

[43] Guillaume d'Ockham, *Sent., Prol.* 1; voir aussi *Quodlibeta*, V, 5.

[44] Guillaume d'Ockham, *Expositio aurea... praedicab., Prol.*

[45] Guillaume d'Ockham, *Sent*, I, 2, 6 : Nec est quaerenda aliqua causa individuationis, nisi forte causae extrinsecae et intrinsecae quando individuum est compositum, sed magis esset quaerenda causa, quomodo possibile est aliquid esse commune et universale.

plus les deux autres (le jugement et la simple saisie) et ne permet plus à la contemplation de s'épanouir à l'aise dans tous les domaines de la vie intellectuelle et spirituelle.

Le thomisme partage le sort de l'ensemble de la civilisation de l'Occident latin. De vivante réflexion philosophique et théologique il se transforme en un système rationnel, dominé par la dialectique aristotélicienne et imitant — si possible — la structure des systèmes déductifs de la géométrie. Le rationnel, assujetti chez St. Thomas à l'intellectuel, devient l'élément dominant. Le thomisme cesse d'être le vrai fruit de la contemplation pour devenir un instrument utile de propagande, d'apologétique et d'idéologie; les *contemplata* cessent d'avoir leur pleine saveur et leur valeur vivifiante. Un énorme effort intellectuel fut nécessaire pour que l'intellectualisme redevienne dans la synthèse thomiste l'élément constructif principal et pour que le rationalisme lui soit subordonné. C'est à Jacques Maritain — et par lui à Bergson — que revient le grand mérite d'avoir renouvelé le thomisme contemporain en y introduisant l'intuition et la contemplation philosophique trop oubliées et négligées par les générations des thomistes médiévaux et modernes.

B. Une autre déformation de la pensée de St. Thomas accompagne cet ébranlement de l'équilibre entre le rationalisme et l'intellectualisme : c'est la manière dont on comprend l'antithèse de la théorie et de la pratique. L. Kuc, dans son exposé remarquable sur la notion de *theoria* chez les thomistes du XVe siècle [46], met en évidence que les commentateurs de St. Thomas de cette époque opposent *theoria* et *praxis* d'une manière bien plus radicale que ne le faisait leur maître. Cette antithèse exagérée se manifeste surtout par un intellectualisme outré dans la façon de comprendre la *theoria*, tandis que St. Thomas — selon L. Kuc — aurait contribué très efficacement à une atténuation de l'opposition de la théorie et de la pratique, si radicale chez Aristote. Ce seraient donc de nouveau les exigences de l'aristotélisme chrétien qui se trouveraient à la base de cette déformation de l'apport si précieux de St. Thomas et du retour sur les positions radicales d'Aristote. Surtout dans leurs controverses sur la vision béatifiante et sur la vie contemplative et pratique, les thomistes seraient donc enclins à revenir à une notion de la *theoria* purement intellectualiste et radicalement dépourvue de tout contenu pratique.

[46] L. Kuc, *Z badań nad pojęciem 'theoria' w szkole tomistycznej XV w.*, [Recherches sur la notion de 'theoria' dans l'école thomiste du XVe s.], dans *Studia z dziejów myśli św. Tomasza* [Études sur l'histoire de la pensée de St. Thomas — Recueil d'études], Lublin, sous presse.

La conception de la théologie chez St. Thomas, savoir parfaitement un, et en même temps aussi bien théorique que pratique, nous oblige à admettre que chez Thomas même la théorie n'exclut point la pratique mais, tout au contraire, l'implique et la renforce. Cela apparaît clairement dans la définition de la théologie que nous trouvons dans la *Summa Theologiae* : '... (theologia est) scientia magis speculativa quam practica' [47]; elle est donc une science aussi bien théorique que pratique, bien que le caractère théorique prévaut. Cette constatation a des conséquences d'une extrême importance et l'oubli de ces accents posés par St. Thomas mène à de graves difficultés. Oubliant que suivant St. Thomas la contemplation et la vision (l'intuition) sont en philosophie et en théologie l'élément le plus fécond et le plus créateur du point de vue pratique — oubliant que chez Thomas il n'y avait qu'une seule théologie, théorique et pratique en même temps, les thomistes arrivent à des carrefours et à des dilemmes sans issue. Dans la vision de St. Thomas, une théologie purement pratique est illusoire, car ce n'est que la contemplation, la *theoria*, qui est la vraie source vivifiante de l'ordre pratique tout entier.

C. Une autre déformation gnoséologique est assez répandue dans la tradition thomiste. En étudiant les questions X et XI du *De veritate* de St. Thomas, je me suis occupé de la notion de *conceptiones universales*. Une lecture attentive du texte nous oblige à distinguer entre ces *conceptiones universales*, les *conceptus universales* et les *principia*. Les *conceptiones universales* se présentent comme des structures fondamentales cognitives dont est doué l'intellect agent et qui lui sont innées, bien qu'elles soient impuissantes et absolument inféconde aussi longtemps que les sens ne présentent pas à l'intellect les matériaux acquis grâce à la connaissance sensible. C'est donc par une collaboration intime des phantasmes et de l'intellect agent — porteur de lumière et de ces structures universelles — que naissent dans l'intellect possible les concepts et les principes.

Il est donc absolument certain qu'il n'y a aucune trace d'innéisme chez St. Thomas. Cependant, il semble nécessaire de corriger une opinion largement répandue attribuant à St. Thomas un empirisme génétique outré. Si on dit : 'Nihil est in intellectu...', il faut admettre, selon St. Thomas, que l'intellect ne possède aucun concept inné, aucune idée innée; mais cela n'exclut aucunement que la nature de l'intellect soit douée de schèmes ou de structures cognitives sans lesquelles aucune connaissance et aucun enseignement ne seraient possibles. Qui sait si, à

[47] *Summa theologiae*, Ia, q. 2.

l'époque moderne, Leibniz ne fut pas le plus proche de cette conception thomasienne qui s'éloigne aussi bien du rationalisme innéiste que de l'empirisme outré. En attribuant à St. Thomas un empirisme génétique radical, les thomistes ne tenaient pas compte de la thèse de leur maître soutenue dans le *De veritate* [48], que notre connaissance intellectuelle provient *partim ab extrinseco et partim ab intrinseco*. Des oppositions trop radicalement accentuées furent une des raisons majeures des déformations dont il a été question.

[48] St. Thomas d'Aquin, *Quaestio disputata de veritate*, VI, c.

CHAPTER II

AQUINAS AND THE JEWS

Alexander Broadie

MEDIEVAL JEWRY THROUGH THE EYES OF AQUINAS

Aquinas' teaching on the Christianly way to treat the Jews has an immediate consequence for the way in which certain of the darkest episodes in medieval Jewish-Christian relations should be interpreted. For if Aquinas is right then the attitude in sections of the Church and the Christian laity which received expression in the Spanish Inquisitorial treatment of the Jews would have to be regarded as a malignancy in the Church, as a cancer in the Body of Christ. Aquinas' teaching thus provides grounds for arguing that it was not the true Church that perpetrated the Inquisition, but a different agency, one which, masquerading under the name of Catholicism, posed a threat to the survival not only of the Jews but also of the Church itself.

My aim here is to expound Aquinas' teaching on the Christianly way to treat the Jews. To do this it is necessary to explain how he arrived at that teaching. As I shall demonstrate, the destination was dictated by his theology, for that led him to conceive of the Jews primarily in theological terms. In particular, his theological interpretation of history, which involved the idea of human history seen as a sequence of events ordered in accordance with a divine plan, led him to see the Jews as playing a unique role in the unfolding of the divinely ordained sequence. Their role was to prepare men for the advent of Christ, which they were to do by obeying the *lex vetus*. This explanation of the role of the Jews is presented in the *prima secundae* of the *Summa Theologiae*. Later in that work, in the *secunda secundae*, Aquinas answers a number of questions on the Christianly way to treat the Jews. It would be absurd to suppose that Aquinas, whose theology was deeply burned into him by his religious fervour, would forget his theological interpretation of the *lex vetus* when dealing with live issues concerning the treatment of medieval Jewry. Besides, *a priori* we expect consistency from the greatest systematiser of the Middle Ages. Thus it comes as no surprise to find that his practical teaching on the Jews forms a logical unity with his theology of the *lex vetus*, and that the religious significance of that teaching is brought into sharper focus when seen in its relation to his theology. I have therefore made Aquinas' theology of the *lex vetus* my starting point for an examination of his practical teaching, presented in the *secunda secundae*, concerning the Christianly treatment of the Jews.

Aquinas considers the *lex vetus* divisible into a variety of classes. One of these, he affirms, is clearly identifiable as consonant with the demands of natural reason. This is, of course, proof for Aquinas of the goodness of the members of that class, since for him, just as a doctrine is shown to be true from its consonance with right reason so also 'lex aliqua ostenditur esse bona ex eo quod consonat rationi' [1]. And parts of the *lex vetus* can indeed, in Aquinas' view, be shown to be consonant with reason. Thus, for example, the tenth commandment, prohibiting covetousness of one's neighbour's possessions, seeks to suppress greed, which is an enemy of reason [2]. Hence that particular moral commandment is good.

Aquinas, looking far beyond that example, maintains that all the moral precepts of the Hebrew Bible are good, basing his view upon his belief in the sanctity of Israel. The chief purpose of divine law is to establish *amicitia* between God and man [3]. But on the principle 'Omne animal diligit simile sibi' [4], the relation God wishes to establish with man cannot be realised until men become good. It is in this manner that Aquinas [5] understands the Levitical assertion 'Sancti eritis quoniam ego sanctus sum' [6]. Since God wished to draw men sufficiently close to him to be able to establish a relation of *amicitia* with them, and since he could not do this without men becoming good, he promulgated laws, the 'moral' precepts, which were designed to do just that. It would thus have been inconsistent with God's aim of establishing *amicitia* with men, if any of his commandments enjoined morally unacceptable actions. Hence in so far as Jews practice the moral precepts enunciated in the Hebrew Bible how can the charge of immorality be levelled against them!

Other charges, however, are less easily blunted, and their consequences have indeed been deadly. The direction of these other charges connected, as Aquinas saw it, with the purpose of the *lex vetus* being that of turning men towards Christ. Both the judicial and the ceremonial precepts of the *lex vetus* aimed at this, though in different ways. If these judicial precepts

[1] Ia-IIae, q. 98, a. 1.
[2] Ia-IIae, q. 98, a. 1 c.
[3] Ia-IIae, q. 99, a. 2.
[4] Eccles. 13,15.
[5] Ia-IIae, q. 99, a. 2 c.
[6] Lev. 19,2.

accord, as Aquinas conceded they might, with the requirements of natural justice, then the advent of Christ could not affect their moral validity.

But the ceremonial precepts were another matter. Since their aim consisted wholly in prefiguring Christ's advent, their retention after that advent implied non-recognition of it. Let us follow Aquinas in distinguishing between dead precepts (*praecepta mortua*) and deadly precepts (*praecepta mortifera*) [7]. After the advent the judicial precepts are dead in respect of their moral validity except in so far as regarded as in accord with natural justice. On the other hand the ceremonial precepts are not merely dead, but deadly, precisely because, after Christ's advent, they imply a rejection of Christ, which of course, for Aquinas, is a mortal sin.

However, from the Jewish point of view it is another story. Their continuing obedience to those very precepts was grounded in the manner in which they conceived their relationship with God, namely, as one of betrothal through a continuing covenant. This continuity was expressed in their belief that in exile, as before exile, God's *Shekhina* was with them. Hence as regards the matter of ceremonial precepts and the continuing observance of them by the Jews, it must be recognised that between them and Aquinas no bridge can be established. Here the Jews and Aquinas are in agreement. But Aquinas' thesis is that many of the laws obeyed by the Jews are deadly. It was this thesis that led him to hold that such spiritual continuity as existed between pre-Christian and medieval Jews was not due to both groups being bound by the Abrahamic covenant. For, according to Aquinas' view of the matter, the advent of the incarnate Christ heralded the transformation of God's convenant with the Jews into a covenant between God and those who accept the incarnate Christ. Hence, biological descent from the original convenanters no longer, alone, secured membership of the covenant. The true descendents of the pre-Christian House of Israel being now the Christians, the Jewish exile from their homeland could be regarded almost as a living proof as well as a symbol of their exile from God. The exile and the ending of the covenant were seen as but two aspects of a single historic event. And though the Jews did indeed rejoin that the spirit of their homeland so far from having departed from them in their exile accompanied them in the form of the *Shekhina*, you would not expect that rejoinder to have fallen on sympathetic ears.

Nevertheless, it is clear from that rejoinder that the Jews were far from regarding themselves as a relic. Any relic theory of the Jews will have the

[7] Ia-IIae, q. 103, a. 4 and q. 104, a. 3.

entire spirit of Jewish history to contend with. The ghettos of medieval Europe contained the descendents of pre-Christian Jewry, but its relics never. However, we cannot expect Aquinas to share that point of view. For his doctrine of the discontinuity of the pre-Christian House of Israel with medieval Jewry carries with it, logically, the doctrine that the latter group is indeed a relic of the spiritual ancestors of the Catholic Church. Even if we attributed to Aquinas the view that medieval Jewry, as the relic of a holy nation, is a holy relic, this would not serve to bring his doctrine any closer to the Jewish view of their history.

I have so far been considering the relationship between the Jews before, and the Jews after Christ as seen from their own point of view and from that of Aquinas. Aquinas' position with regard to the Jews turns out to have certain elements tending contrary to any view asserting the total alienation of the medieval Jews from their pre-Christian ancestors. Whatever else they may be, he sees them also as not merely unbelievers, but unbelievers who are at the same time, by virtue entirely of their history, the relic of a holy nation. Thus Aquinas' classification of unbelief becomes a matter it is of prime importance to understand if we are to understand his attitude to the medieval Jews.

Aquinas held that unbelief may take the form either of lack of faith or of positive opposition to it [8]. In the former kind of case, where unbelief is mere lack of faith, the unbelief is a punishment for the sin of the first parent, and as such does not render the unbeliever worthy of damnation. In the latter case the unbeliever, refusing to accept the faith or despising it, merits damnation in consequence.

The foregoing distinction between lack of faith and positive rejection of it enables Aquinas to distinguish between two kinds of unbeliever [9]. There are the pagans and heathens, to whom Christianity has never been presented as a real alternative. There are also, however, the Jews and Christian heretics who, having accepted the faith, then resisted it. Between these latter two groups, the Jews and the heretical Christians, one distinguishing characteristic is of especial significance to the thesis of this paper. As we have already seen, the Jews, according to Aquinas, accepted Christ in his prefigurative form though resisting him as incarnate. But the Christian heretics, on the other hand, though also resisting Christ, do so after having accepted him in his incarnate form. Thus Aquinas' classification of unbelievers is effectively tripartite.

[8] IIa-IIae, q. 10, a. 1.
[9] IIa-IIae, q. 10, a. 5.

His analysis does not rest at this point. For he straightaway orders the three classes in accordance with two grading principles [10]. To take the first one first : if we consider there to be a correlation between sin and unbelief then, with regard to their degree of sinfulness, how would it be proper to grade our three classes of unbeliever? Aquinas held that to accept the faith is like making a promise [11]. For each of these actions confers an obligation on the agent. In the one case it is an obligation to keep faith with the faith accepted. In the other case it is an obligation to keep faith with the promisee. Hence Jews and Christian heretics are more sinful than pagans and heathens.

Nevertheless, one distinction must be maintained between Jews and Christian heretics. Aquinas held that it is the Christian heretics who are the more culpable, for they, unlike the Jews who had accepted only the prefigurative Christ, had also accepted Christ incarnate, but had then rejected him. By no stretch of the imagination can the Jews properly be accused of breaking faith with the incarnate Christ to whom they certainly cannot be considered as having made any promise whatsoever. Thus on Aquinas' teaching, though the unbelief of the Jews is more sinful than that of the pagans and heathens it is certainly less sinful than that of the Christian heretics.

We come next to the second grading principle [12]. Here we are concerned with the degree of corruption in matters of faith which is involved in the unbelief in question. Aquinas, not unexpectedly, finds the greatest degree of corruption among pagans and heathens, since their systems of unbelief are furthest from the dogmas of the Church. The Jews, Aquinas maintains, are closer to those dogmas, since they do at least accept the teaching of the Old Testament, a Book whose validity is accepted by the Church also. Closer still to the dogmas of orthodoxy are the systems of belief of the Christian heretics.

However, Aquinas is not, on this account, inclined to look kindly upon the Christian heretics, for, as he insists, from the point of view of guilt those who accept the incarnate Christ and then reject him are the most culpable — infidelitas haereticorum est pessima [13]. Thus according to both grading principles the Jews are regarded by Aquinas as worse than one of the two remaining classes of unbelievers and better than the other class. On neither principle are the Jews the worst.

[10] IIa-IIae, q. 10, a. 6.
[11] IIa-IIae, q. 10, a. 6.
[12] IIa-IIae, q. 10, a. 6.
[13] IIa-IIae, q. 10, a. 6.

Once Aquinas has established the position of the Jews in the hierarchy of unbelievers, the ground is set for an examination of practical problems concerning the Christianly way to treat the Jews. In this connection a number of issues present themselves for consideration. For instance, should one dispute with the Jews? Should Jewish adults be forcibly converted? Should Jewish children be baptised against the wishes of their parents? Should the rites of the Jews be tolerated? On all these questions Aquinas pronounces with moderation. In this respect, certainly, he was not always taken as a model to be followed.

The religious disputation was, of course, characteristic of the medieval Church and by the thirteenth century such disputations with the unbelievers had become a commonplace occurrence. One possible reason for this might lie precisely in the firm belief, widely held, that many of the fundamental tenets of the Church were subject to rational proof. On this basis an evident practical conclusion follows, namely, that unbelievers should be brought face to face with these proofs. For in so far as the unbelievers have any capacity for rational thinking a little logic will do what all the exhortation in the world never could. And from that position the path to the universal Church becomes the natural one for them to take.

The reason why Jews were considered appropriate protagonists in such disputations is easily stated in broad outline. The Hebrew Bible was a common inheritance of both the Jews and the Church, though the interpretation each offered differed. This common bond, amounting to more than either the pagans or heathens could claim to have with the Church, placed the Jews close enough to the threshold of entry to attract the close attention of proselytising disputants. The Jews must have appeared a more vulnerable target for missionary activity than did the pagans or heathens. And such reluctance as the Church may have felt at disputing with the Jews would certainly have been diminished by their status of *servi camerae regis*. They were, theoretically, the personal property of their secular lords, and as such enjoyed a legal standing that allowed the Church to dispute with them without in so doing debasing itself.

However, Aquinas was not without qualms, albeit on strategic grounds, in respect of such disputations with the Jews. For instance, what guarantee could there be of the Christian disputant's competence? Suppose doubts were, in the end, sown in the minds of the Christian audience itself. After all, instruction, or even faith, were not always reliable. Or come to that, suppose the Christian audience to be amicably disposed towards its Jewish neighbours. These were real possibilities, and so therefore were the dire consequences that could result for the faithful. Hence, Aquinas maintains that in the interest of religious security a disputation must be fortified by such conditions as would ensure the least possible danger to the souls of the faithful. As a matter of fact we know from the contemporary records that on the whole it was. For example, the proselytising Christian was often a former Jew, since he would know enough about the Talmud to be able to argue on the Jewish disputant's home territory.

However, it must have seemed to many of the faithful that this method of converting Jews was at best going to be far too slow, and was in any case useless when applied to the unintelligent. Was the obvious thing not to take the unbelievers in hand and use as much force as necessary to secure their fast conversion? But to Aquinas such an approach was intolerable. His own integrity rebelled against the use of force as a means of bringing men into the Church. For he recognised as clearly as anyone could that in the face of violence a person's beliefs will not change. Indeed, how could they? Only his broken will remains and his sham asseverations [14]. Hence, though Aquinas recommends that in certain circumstances force should be used against the Jews, this is not in order to secure their conversion, but rather to prevent them trying to hinder others practising Christianity.

In respect of the use of force as a means of bringing religious pressure to bear the case is different, Aquinas maintained, as between Jews and Christian heretics. We have observed him to hold that joining the Church is a form of promising. Now, while he does not regard a promiser as under an absolute obligation to keep his word solely because he has given it, there are cases, grounded in religion, where the commitment to keep one's word is absolute. For in religion what is at stake is itself absolute. Consequently, Aquinas believes, force is legitimately used to bring renegade Christians back into the Church. The Jews, however, are quite differently situated. Not having been received into the Church, they cannot be saved by the use of force from reneging on previously existing obligations. Hence, Aquinas concludes : 'Judaei, si nullo modo acceperunt fidem, nullo modo sunt cogendi ad fidem, si autem acceperunt fidem, oportet ut fidem necessitate cogantur retinere' [15].

The distinction between renouncing one's Christian obligation, and

[14] IIa-IIae, q. 10, a. 8.
[15] IIa-IIae, q. 10, a. 8, ad 2.

never having been under such an obligation, is also applied by Aquinas in determining the question whether it is permissible for Catholics to communicate with unbelievers. Christian heretics, as corrupters of the faith, and, even more, Christian apostates, as total renouncers of the faith, are excommunicates, and as such the faithful are prohibited communication with them. Jews, on the other hand, are not excommunicates, for which reason Aquinas countenances the communication of the faithful with them — 'et maxime si necessitas urgeat' —[16].

The limitations imposed on such communications are again set by Aquinas upon the basis of the absolute priority of the Christian obligation above all others. Provided only that the communication with a Jew will not lead to the Christian's loss of faith, such communication is permissible. Otherwise it is absolutely to be prohibited. In a word, Aquinas did not advocate the total isolation of the Jews, but rather the isolation from the Jews of those Christians of a faith weak enough to be at religious risk in contact with Jews.

It is, then, for no more sinister reason than we have been considering, that Aquinas disapproves of, and indeed prohibits the acquisition by Jews of authority over the faithful. Here too is the ground of Aquinas' approval of the canon legal enactment that if a *vernaculus* (a born slave) of a Jew becomes a Christian he should promptly, and gratis, receive his freedom.

Earlier we observed Aquinas pronounce against the practice of baptising the Jews by force. Later in the same *quaestio* [17] he returns to this matter, having recognised an important omission in the earlier pronouncement. The omission concerns whether it is permissible to baptise a Jewish infant. Since, for Aquinas, the distinction between those possessing a will and those not is a paramount one, he did not deal with the baptism of adults and of infants as if that distinction made no real difference. In brief, infants, lacking reason, lack will, and hence cannot be treated in any way, nor therefore baptised, against their will. It might be urged that therefore baptism of Jewish infants is permissible. Now of course, it is not to be supposed that the parents of a Jewish infant would not seek to defend their child against baptism; and to go contrary to their wishes would certainly involve the threat, if not the application, of force. However, it could be argued that this force would not be directed against the parents personally but against their hindering the activities of the

[16] IIa-IIae, q. 10, a. 9.
[17] IIa-IIae, q. 10, a. 12.

Church in respect of a person (the infant) who was not in fact objecting to those activities. And in that case, why should the Church submit to this obstructive behaviour?

Aquinas' reply to this line of argument can come as no surprise to those familiar with his pastoral pronouncements, already considered here, concerning the Christianly way to treat the Jews. In those pronouncements Aquinas demanded for the Jews a toleration limited only by the need not to put at risk the faith of any Christian. Thus we would expect him to argue that baptism of an infant against the will of its parents, no less than the forced baptism of the parents themselves, could not be justified, since the salvation of a committed Christian is in no way at stake. Having said this I am now required to demonstrate that the position of Aquinas does indeed accord with our expectations.

The ground principle here is : 'Maximam habet auctoritatem Ecclesiae consuetudo, quae semper est in omnibus aemulanda' [18]. Aquinas insists that it is not the custom of the Church to baptise Jewish infants against the will of their parents. Therefore, by this fact alone the practice of such baptism is to be condemned. But Aquinas does not let the matter rest here. He engages to provide rational justification for the *Ecclesiae consuetudo* in question. And he proposes two such justifications.

The first of these has something almost naively honest about it. It might be easier to baptise a Jewish infant contrary to the will of its parents than to hold it to its baptismal faith. We have seen that for Aquinas the renunciation of the faith appears as almost an absolute evil, and even the thought of creating such an occasion must have been something horrifying to him. We have only to speculate on the way he must have viewed the possibility of renunciation of the faith in even a single case opening the gates to imitation to see how strongly he must have felt that the risks involved were far too great to be undertaken — even supposing no other reason against the enterprise.

But there was indeed another reason, and a more telling one. Prior to birth a child, by nature part of its mother, and enfolded in its mother's womb, is part of its mother's body and is thus entrusted by nature to its mother's care. After birth, but prior to the time it has the use of its reason, it remains within the womb, not the physical womb of its mother, but the spiritual womb provided by its parents and within which it remains entrusted by nature to them. Since it is natural that a child in the womb, whether the physical or the spiritual womb, should belong

[18] IIa-IIae, q. 10, a. 12.

to its parents, it would be contrary to natural justice if the Church were to baptise the infant against the will of its parents. Such a baptism would be contrary to nature — an unnatural act — because it would involve a practical denial of the parents' natural entitlement to the custody of their infant.

This parental custody loses its metaphysical power once the infant has developed a free will, and is no longer a possession of its parents. After this transition the Church becomes entitled to take up a different attitude to the child, since it is not with the parents' will, but with the child's that the Church now has to deal. And in this transformed circumstance the Church is entitled to seek to persuade the child to enter the fold of the faithful.

It is as clear as can be that there is nothing whatsoever in Aquinas' teaching that provides the slightest justification for conversion of the Jews by force. Consequently, whenever such forcible conversion has been undertaken by the Church the mighty weight of Aquinas' authority can certainly not be called upon in its support but on the contrary stands out as a living flame of denunciation.

Aquinas' refusal to tolerate either the forcible conversion of Jews or the baptism of Jewish infants against their parents' will receives, though indirectly, further expression in his explicit willingness to tolerate the rites of the Jews. Though the justification that he presents for his tolerance may not have been flattering to the Jews, medieval Jewry, less concerned with the motive than the outcome, would no doubt have been thankful had the outcome accorded with Aquinas' pronouncement. But the teachings of Aquinas and the practices of the Church were, of course, by no means always identical.

Just as in his discussion on the baptism of Jewish infants, so at the start of his discussion on the tolerability of Jewish rites, Aquinas lays down the principle on the basis of which the solution is to be established : 'Humanum regimen derivatur a divino regimine, et ipsum debet imitari' [19]. Human government ought to imitate divine government. But divine government, it certainly seems, is not designed to exclude from the universe all possible evil. Reasons and justifications for this are beyond the scope of this present discussion. What concerns us is this : since within the scheme of divine government not all those evils are prevented which most certainly could be, is there any conclusion for us to draw from this in respect of human government? Perhaps I may be

[19] IIa-IIae, q. 10, a. 11.

permitted just one piece of theodicy here, and remark that it is almost as if the fact of evil being permitted is a kind of evidence, from a Thomist standpoint, for the correspondingly greater good to be anticipated as a consequence. We need not be surprised therefore that Aquinas judges the human situation also to require on occasion evil on behalf of a greater good. The position he enunciates here he supports firmly with the principle stated by St. Augustine who expounds it as affording some grounds for the toleration of permissiveness : 'Aufer meretrices de rebus humanis, turbaveris omnia libidinibus' [20]. With a degree of delicacy perhaps more suited to Aquinas' noble purpose than to the fittingness of such an epithet when attached to of all people the Jews, he gently bids the Church remember that more is gained than lost by treating Jewry as a harlot. Since on Aquinas' interpretation of the Hebrew Bible the rites performed by the medieval Jews were identical with those originally designed to foreshadow the Christian faith, he felt able to conclude that the Jews, though enemies of the Church, in those very rites bear witness to the inner truth of the Catholic faith. Aquinas himself, one feels, stops just short of affirming that Jewish witness to the faith is more impressive evidence than witness by the faithful.

It is difficult to imagine the possibility of more contrasting interpretations of medieval Jewish ritual than by Aquinas on the one hand and the Jewish practitioners themselves on the other. However, the evil of that ritual, Aquinas is certain, is more than amply compensated for by this living mirror that the Jews, amid the Christian community, maintained steadily reflecting yet the prophetic past — 'et ideo in suis ritibus tolerantur' [21].

For Aquinas the heart had been eaten out long ago, and the husk alone remained in continuing testimony. Later polemicists were to say the same thing in metaphor appropriate to later ages, and the conception of the Jews as a fossilised relic is having a long run. However, the outcome of Aquinas' argument, by whatever the means effected, is clear, namely, that the performance by the Jews of their religious rites is to be tolerated. The rites of the pagans and heathens, on the other hand, lacking even a single redeeming feature, warrant no such attitude of permissiveness.

In effect Aquinas believed that the Jews are really a species of Christian, and it is this that underpins his persistent demand for tolerance of the Jews. The term 'prefigurative' might be employed to indicate the kind of

[20] *De ordine* 2,4.

[21] IIa-IIae, q. 10, a. 11.

Christians he takes the Jews to be. But a Christian of the prefigurative variety is, after all, a Christian of sorts, and though very far indeed from the orthodox faith at least escapes the accusation of being a renegade from the faith.

A Jew would not, of course, accept the label 'Christian' even if it were diluted by the qualification 'prefigurative'. For the validity of that label depends on the validity of Aquinas' teaching on the relationship between the Old and the New Testaments; and any Jew who accepted that teaching would *ipso facto* believe in the incarnate Christ and would thus be a Christian in a much tougher sense than that indicated by the qualification 'prefigurative'. It is true that a Jew can accept the Hebrew Bible as performing a prefigurative function, but not this function as overtaken by events. Aquinas was, of course, well aware of the Jewish denial that the *lex vetus* has a merely provisional didactic value which drained away with the advent of the incarnate Christ and the establishment of the *lex nova*. What he was unable to lose sight of was the continued subjection of the medieval Jews to the very legislation divinely promulgated to prepare them for the advent of the saviour. The medieval Jews were thus a living witness to the kerugmatic essence of the *lex vetus*, and it is this consideration that stands at the heart of Aquinas' argument, if not plea, for the extension towards the Jews of a tolerance he neither gave nor recommended be given in the case of pagans or heathens or, especially, those considered as having reneged upon their Christian faith. This is not perhaps the place to say how after Aquinas the Church did treat those Jews within its power, or to say how it ought to have treated them. But if anything at all is certain here it is that had the teaching of Aquinas been accorded, in those sad intervening centuries, the degree of respect now considered its due, many pages of history would not have been written that much better for all of us had not been.

Willehad Paul Eckert

THEOLOGIE UND RECHTSPRECHUNG HINSICHTLICH DER JUDEN IM 13. JH.

Theologie und Rechtsprechung hinsichtlich der Juden im 13. Jh. stehen in einem eigentümlichen Wechselverhältnis. Allerdings sind weder die theologischen noch die juristischen Äußerungen völlig neuer Art. Sie stehen weitgehend im Banne einer schon durch die christliche Antike vorgeprägte Tradition. Es sei darum kurz daran erinnert, wie das Bild von den Juden durch die Theologie der Kirchenväter geprägt war. Die Juden gelten als die Gegner der Christen, ja mehr noch. Sie werden nicht nur, soweit sie die Zeitgenossen Jesu waren, für dessen Tod verantwortlich gemacht, sondern in den Augen der Christen gelten auch die viele Jahrhunderte später lebenden Juden, da sie den Glauben an Christus nicht annehmen, als für seinen Tod verantwortlich. Schon Justin der Märtyrer erklärt : 'Den Gerechten habt ihr getötet ..., und jetzt verstoßt ihr die, welche auf ihn und den allmächtigen Gott, der ihn gesandt hat, ihre Hoffnung setzen und entehrt sie, indem ihr die Christusgläubigen in euren Synagogen verflucht... Nachdem ihr Jesus gekreuzigt habt, ... habt ihr nicht nur eure Freveltaten nicht bereut, sondern habt auch erlesene Männer aus Jerusalem ausgesucht und in alle Welt geschickt, um zu verkünden, im Christentum sei eine gottlose Sekte entstanden ...' [1].

[1] Justin der Märtyrer, *Dialog mit dem Juden Tryphon*, 16,4; 17,1; 93,4; 96,2 u.ö. Hier zitiert in der Übersetzung von Bernhard Kötting, in *Kirche und Synagoge : Handbuch zur Geschichte von Christen und Juden*, hrsg. v. Karl Heinrich Rengstorf und Siegfried von Kortzfleisch, I (Stuttgart, 1968), S. 139. Eine Übersetzung des gesamten Dialogs bietet Karl Thieme, *Kirche und Synagoge. Die ersten nachbiblischen Zeugnisse ihres Gegensatzes im Offenbarungsverständnis : Der Barnabasbrief und der Dialog Justins des Märtyrers*, Kreuzritter-Bücherei, 3 (Olten, 1945); Edgar Johnson Goodspeed, *Die ältesten Apologien* (Göttingen, 1914). Vgl. dazu auch Justins Ausführungen in seiner *Apologie* I, 31,5f. : 'In dem erst kürzlich stattgefundenen Krieg der Juden hat Bar-Kochba, der Führer des Aufstands der Juden, allein die Christen zu furchtbaren Martern abzuführen befohlen, sofern sie nicht Jesus den Christus verleugneten und lästerten', deutsche Übersetzung von Karl Heinrich Rengstorf in ders. und Siegfried von Kortzfleisch, *Kirche und Synagoge*, S. 69. In seinem Kommentar weist Rengstorf auf den Grund dafür hin (S. 69) : Der Grund kann nur gewesen sein, daß sie — offenbar 'Judenchristen' — nicht bereit waren, ihm, der mit messianischem Anspruch auftrat, zu folgen und sich am Kampf gegen die Römer zu zu beteiligen.

Bei Justin taucht aber auch schon eine andere These auf. Sie war für die mittelalterliche Theologie nicht weniger folgenreich. Schon in der Antike, aber auch noch im Mittelalter, wurde die Legitimität eines Anspruches gegenüber einem konkurrierenden Anspruch durch den Hinweis auf das höhere Alter verteidigt. Das ist ein Grundsatz, der auch noch nach dem Mittelalter gerne wiederholt wurde. Wer Neues durchsetzen will, beweist — oder versucht es wenigstens — die Legitimität seines Anspruches durch die Berufung auf die Quellen bzw. auf die Urzeit. So wenden sich noch christliche Humanisten wie etwa Erasmus von Rotterdam gegen das mittelalterliche Brauchtum mit der Forderung, zu den ursprünglichen Quellen zurückzukehren. Wer jünger ist, hat also einen weniger guten Anspruch. Im Verhältnis Kirche und Judentum scheint zunächst der Anspruch der Kirche weniger gut gegründet zu sein; denn sie ist ja jünger als das Judentum. Also muß der Nachweis geführt werden, daß dieser Anschein trügerisch ist, daß in Wahrheit die Kirche älter ist als das gegenwärtige Judentum, insofern sie die wahre jüdische Tradition in sich aufgenommen hat, während die Juden von ihr abgeirrt sind. So nennt bereits Justin die Juden ein törichtes und hartherziges Volk und will auf sie das Wort des Ezechiel anwenden : 'Ich werde Menschen ins Leben rufen, mein Volk Israel, die euch beerben werden, und ihr werdet ihm als Eigentum gehören (Ez. 36, 12)' [2]. Bernhard Kötting bemerkt dazu : 'Damit ist zum ersten Mal eine theologische Begründung für die Unterordnung der Juden unter die Christen ausgesprochen. Sie fügte sich zu der anderen, daß die Mörder Christi zu dauernder Sklaverei verurteilt seien. Beide Argumente haben die Gewissensrechtfertigung für die soziale Unterwerfung der Juden in den christlichen Reichen der Spätantike und des Mittelalters gegeben' [3]. Wiewohl die Juden als im Widerspruch zum Christentum stehend gewertet wurden und ihre volle Integration in die christlichen Reiche nur durch ihre Konversion als möglich erschien — wie Guido Kisch [4] wiederholt zu Recht betont hat —, so unterscheidet sich doch die Haltung der Kirche ihnen gegenüber, verglichen mit der Haltung gegenüber den Häretikern

[2] Justin, *Dialog*, 123,3-6. Das Zitat stammt aus Ez. 36,12. Übersetzung von Kötting, S. 140.

[3] Kötting, S. 140.

[4] Vgl. Guido Kisch, *Forschungen zur Rechts- und Sozialgeschichte der Juden in Deutschland während des Mittelalters* (Zürich, 1955), vor allem dort seine Studie 'Die Rechtsstellung der Juden in Deutschland im Mittelalter', S. 16-90; ders. : *The Jews in Medieval Germany : A Study of their Legal and Social Status*, sec. edition (New York, 1970), vor allem cap. XII : 'The Medieval Conception of the Jew and his Destiny', S. 305-341.

durch eine relative Toleranz. Dies ist nicht zuletzt in der Erkenntnis begründet, daß die Juden den Christen unentbehrlich sind. Sie lesen die Heilige Schrift des Alten Bundes in der Ursprache, im Hebräischen. Auf sie sind darum die Christen, die das Hebräische nicht genügend verstehen, angewiesen. Freilich wird dieses Angewiesensein wieder dadurch eingeschränkt, daß die Juden angeblich nur den Literarsinn der Schrift verstehen, nicht aber den spirituellen. Augustinus beschreibt sie darum als blinde Bücherträger [5]. Aber immerhin mußte doch zugestanden werden, daß die Juden die Ursprache der Heiligen Schrift beherrschen. Aber diese galt viele Jahrhunderte lang bis weit ins Mittelalter, so auch bei dem jungen Dante in *De vulgari eloquentia* — nicht jedoch bei dem späten Dante der *Divina commedia* [6] — als die Ursprache der Menschheit, vielleicht sogar als die Sprache, in der Gott sich den Menschen offenbart hatte, die Sprache Adams. Schließlich galt schon den frühen Christen das Leben der Juden in der Diaspora in der Zerstreuung, in einer unterdrückten Existenz als ein Beweis für den Kreuzestod Christi und der sich daraus ergebenden Folgen für diejenigen, die für diesen Tod verantwortlich waren [7]. Von diesen Konzeptionen her ist die Rechtsprechung seit dem konstantinischen Zeitalter bestimmt. Der Glaube der Juden bleibt *religio licita*. Hier sei nur auf die wichtigsten Bestimmungen Kaiser Konstantins hingewiesen. Sie zielen vor allem darauf ab, eine Missionstätigkeit der Juden zu unterbinden. Wer 'aus dem Volke' zu ihnen übertritt, macht sich dadurch straffällig [8]. Heidnische wie christliche

[5] Augustinus, *Enarrationes* in ps. 56,9. Vgl. Willehad Paul Eckert, 'Das Judentum in der christlichen Umwelt des Mittelalters', in *Judentum und christlicher Glaube*, hrsg. v. Clemens Thoma (Wien-Klosterneuburg-München, 1965), 75-138 (S. 79).

[6] Vgl. dazu Hans Rheinfelder, 'Dante und die hebräische Sprache', in *Judentum im Mittelalter : Beiträge zum christlich-jüdischen Gespräch*, hrsg. v. Paul Wilpert und Willehad Paul Eckert, Miscellanea Mediaevalia, IV (Berlin, 1966), S. 442-457.

[7] Vgl. Augustinus, *Enarrationes* in ps. 58, I.N. 22 : Über alle Völker sind die Juden zerstreut worden als Zeugen ihrer Ungerechtigkeit und unserer Wahrheit. Vgl. Willehad Paul Eckert, *Das Judentum*, S. 76.

[8] Gesetz vom 18. Oktober 315. Vgl. zur Bedeutung Hermann Dörries, 'Das Selbstzeugnis Kaiser Konstantins', *Abhandlungen der Akademie der Wissenschaften in Göttingen*, Philologisch-Historische Klasse, Dritte Folge, Nr. 34 (Göttingen, 1954), S. 170, 277. Ob das Gesetz wirklich auf den Kaiser oder erst auf Constantius zurückgeht, ist wegen der Spannung in der es zu den übrigen Judengesetzen Kaiser Konstantins steht nicht unumstritten, vgl. S. 170, Anm. 1. Demgegenüber weist Ludwig Voelkl, *Der Kaiser Konstantin : Annalen einer Zeitenwende*, 306-337 (München, 1957), S. 78 darauf hin, daß der Kaiser nur auf ein Gesetz des Kaiser Trajan zurückzugreifen (brauchte), das den Übertritt eines Heiden zum Judentum mit dem Feuertod strafte. Schon Marcel Simon, *Verus Israel : Étude sur les relations entre Chrétiens et Juifs dans*

Sklaven, die beschnitten werden, sollen frei sein [9]. Wenn ihnen auch alle Missionstätigkeit untersagt ist, so bleibt den Juden dennoch ihr Eigenleben gewährleistet. Schon fallen jedoch abfällige Worte zur Charakterisierung des jüdischen Glaubens und Kultes [10]. Die von Konstantin eingeleitete Linie wird von den späteren christlichen Kaisern fortgesetzt und im Codex Justinianus vollendet [11]. Bemerkenswert sind dabei vor allem die Erlasse, die Juden die Erringung von Ämtern untersagen, damit sie nicht etwa Christen beherrschen könnten. Aus dem theologischen Satz von der Knechtschaft der Juden, verstanden als Knechtschaft durch die Sünde, nämlich des Unglaubens, steht die These von der geknechteten Stellung des Juden, die es eben ausschließt, daß Juden Herrenstellungen einnehmen können [12]. Jedenfalls der Theorie nach sind Juden von der Erlangung von Ämtern ausgeschlossen [13]. Es sollte sich freilich in der Geschichte der Spätantike und des Mittelalters immer wieder zeigen, daß

L'Empire Romain (136-425), 238, Anm. 1 interpretiert den Wortlaut des Gesetzes so, daß damit jeglichem Übertritt zum Judentum die Todesstrafe angedroht sei. Demgegenüber weist Dörries S. 170, Anm. 2 daraufhin, daß der Nachfolger Konstantin, Constantius, 'nur Vermögenverlust darauf (gesetzt hat), während doch im allgemeinen die Judengesetzgebung an Schärfe zu-, nicht abnimmt'.

[9] Constitutio vom 21. Oktober 336, zur Bedeutung vgl. Dörries, S. 203; 277; Voelkl, S. 233.

[10] In der Constitutio vom 18. Oktober 315 wird den Juden der Tod durch Feuer angedroht, falls sie es wagen, jemanden, der ihre tödliche Sekte (feralem sectam) flieht und zur Verehrung Gottes übergeht (ad cultum respexerit) mit Steinen zu bewerfen, vgl. Dörries, S. 170; Anm. 1 zur Datierungsfrage. (Vgl. Anm. 7)

[11] Vgl. Bernhard Blumenkranz in Rengstorf und von Kortzfleisch, *Kirche und Synagoge*, I, S. 100.

[12] Kisch, *Forschungen zur Rechts- und Sozialgeschichte der Juden*, S. 64f. : Nach der christlichen Lehre waren die Juden zu ewiger Knechtschaft verdammt als einer gerechten Strafe für ihre Verwerfung und Kreuzigung des Erlösers ... Schon Augustin hatte die Juden als Sklaven der Christen im christlichen Staat betrachtet : 'Der Ältere soll dem Jüngeren dienen'. ... 'Ecce Iudaeus servus est Christiani...' ...Es ist wohl kein bloßer Zufall, daß diese Sätze nur wenige Jahre später niedergeschrieben wurden, nachdem die Juden im Römerreich durch Kaiser Honorius von jeglichem Kriegsdienst ausgeschlossen wurden... Die kirchliche Lehre vom servitus Judeorum blieb unverändert und herrschend während der folgenden Jahrhunderte... Diese Knechtschaft ist von den frühen Kirchenvätern und den mittelalterlichen Theologen ursprünglich in einem rein spirituellen Sinn aufgefaßt worden. Aber von der Mitte des 13. Jahrhunderts an — wahrscheinlich unter dem starken Einfluß der steigenden Macht des römischen Rechts, dem das Lehnsrecht zur Seite stand — wurde der Begriff der spirituellen Oberherrschaft ersetzt durch das juristische Schema des privaten Eigentums (nämlich des Kaisers. Als Servi camerae werden die Juden zu einem wichtigen Regal.).

[13] Blumenkranz, in Rengstorf und von Kortzfleisch, S. 100; Bernhard Kötting, ebenda S. 148.

die Theorie nur in Grenzen realisierbar war. Mindestens in bestimmten Bereichen konnten Juden sehr wohl zu Ämtern aufsteigen. Dies gilt vor allem im Bereich der Finanzverwaltung. Es sei nur an die jüdischen Finanzbeamten erinnert, die in den christlichen Reichen Spaniens nicht selten wichtige Schlüsselstellungen inne hatten [14]. Mit der Rezeption aber des Römischen Rechtes im Mittelalter mußte auch die Theorie von der Knechtstellung der Juden aufgenommen werden.

Die Rechtstellung der Juden im Mittelalter wird nun allerdings nicht nur von theologischen Gesichtspunkten bestimmt. Hinzu kommt vielmehr der konkurrierende Herrschaftsanspruch zwischen Papsttum und Kaisertum. Im 13. Jh. erreicht der Kampf zwischen dem kaiserlichen und dem päpstlichen Universalanspruch seinen Höhepunkt. In dieser Zeit erheben Papst und Kaiser jeweils auch den Anspruch auf die Herrschaft über die Juden. Zum Ausweis der allgemeinen Gültigkeit der Herrschaft gehörte es, daß sie alle Menschen umschließt, nicht nur die Christen, sondern auch die Nichtchristen, insbesondere also die Juden [15]. In dem Maße, in dem die kaiserliche und die päpstliche Universalherrschaft durch die landeskirchlichen und landesfürstlichen oder nationalstaatlichen Bestrebungen eingeschränkt werden, wird auch die Herrschaft über die Juden von den partikularen Mächten beansprucht.

[14] Hermann Kellenbenz, 'Die wirtschaftliche Bedeutung und soziale Stellung der sephardischen Juden im spätmittelalterlichen Spanien', in Wilpert und Eckert, *Judentum im Mittelalter*, S. 99-127 (bes. S. 104) : 'Wenn Jakob I. 1228 vor den Cortes zu Barcelona erklärte, daß den kanonischen Vorschriften entsprechend Juden keine Staatsämter bekleiden sollten, so meinte er, wie er erläuternd hinzufügte, solche Ämter, die eine richterliche oder eine Straf-Gewalt in sich schlossen. Der König hatte auch Juden als Sekretäre und Diplomaten, als finanzielle Berater und gelegentlich als Bankiers...'; Eusebio Colomer, 'Die Beziehung des Ramon Llull zum Judentum im Rahmen des spanischen Mittelalters', in Wilpert und Eckert, *Judentum im Mittelalter*, S. 193 : 'Von Alfons VI. und Ramon Berenguer III. bis zum Ende der Reconquista fehlte es den spanischen Höfen niemals an jüdischen Beamten'.

[15] Darum lassen sich die Päpste als Schutzherrn von den Juden in Rom huldigen und billigen ihr Gesetz, vgl. dazu Ferdinand Gregorovius, *Der Ghetto und die Juden in Rom*, Bücherei des Schocken Verlags, 46 (Berlin, 1935), S. 35-39. Die Bedeutung der Huldigung des Papsts durch die Juden wird illustriert durch die Beschreibung des Huldigungsaktes für auf dem Konstanzer Konzil gewählten Papst Martin V. in der Chronik des Ulrich von Richental, bildliche Darstellung in der Handschrift des Rosgarten-Museums, Konstanz. Kaiser Heinrich VII. ließ sich in Rom bei seiner Kaiserkrönung ebenfalls von den Juden huldigen, 29. Juni 1312, und bestätigte ihnen gleich den Päpsten ihr Gesetz. Der Codex Balduini, eine illuminierte Beschreibung der Romfahrt Heinrich VII. bringt eine Darstellung dieser Szene, abgebildet in Franz-Joseph Heyen, *Kaiser Heinrichs Romfahrt : Die Bilderchronik von Kaiser Heinrich VII. und Kurfürst Balduin von Luxemburg* (*1308-1314*) (Boppard am Rhein, 1965), Tafel 22a.

Die Unterwerfung der Juden unter die Oberhoheit der Fürsten findet ihren Ausdruck in dem Wort von der Knechtschaft der Juden. Bereits bei Innozenz III. (1198-1216), der auf die Judengesetzgebung einen starken Einfluß genommen hat, wird dieser Begriff durchaus auch juristisch interpretiert [16]. Die Meinung, die er von den Juden hatte, kommt sehr deutlich in der Einleitungsformel zu der von ihm herausgegebenen Bulle *Sicut Judeis* [17] zum Ausdruck : 'Wenn auch der Unglaube der Juden in vielfacher Hinsicht zu verwerfen ist, so sollen sie, weil dennoch durch sie unser Glaube wahrhaftig bewiesen wird, von den Gläubigen nicht schwer bedrückt werden, wie da der Prophet sagt : "Du wirst sie nicht töten, wenn sie einmal deines Gesetzes vergessen", und wie noch klarer gesagt wird : "Du sollst nicht die Juden völlig vernichten, damit nicht vielleicht deines Gesetzes vergessen könnten", daß sie, ohne es selbst zu erkennen, in ihren Büchern den Einsichtigen vorstellen' [18]. Mit der Formulierung des letzten Satzes spielt der Papst auf den von den Kirchenvätern vielfach, insbesondere von Augustinus vorgetragenen Gedanken an, daß die Juden die blinden Bücherträger der Christen seien. Von Augustinus übernahm Innozenz III. auch den Begriff der Knechtschaft der Juden, der allerdings von dem Kirchenvater nur theologisch gemeint war, eben als Folge der Sünde der Verleugnung Christi. Innozenz III. aber gibt diesem Gedanken einen juristischen Sinn, indem er aus ihm das Recht und die Pflicht der Fürsten ableitete, über die Juden zu verfügen. Das kommt schon in seinem Schreiben an den Erzbischof von Sens und Bischof von Paris vom 15. Juli 1205 zum Ausdruck. Ebenso erinnerte er König Philipp August von Frankreich, 1180-1223, an seine Oberherrschaft über die Juden : 'Die Juden unterwarf ihre eigene Schuld ewiger Knechtschaft, da sie den Herrn gekreuzigt haben ... Wir bitten daher unseren in Christus sehr geliebten Sohn Philipp, den berühmten König von Frankreich, und wir tragen auf dem edlen Herrn M., dem Herzog von Burgund, und der Gräfin von Troyes auf, daß sie also die Ausschreitungen der Juden unterdrücken, daß diese es nicht wagen, ihren Nacken, der dem Joch ewiger Knechtschaft unterworfen ist, zu erheben ... Sondern sie sollen gleichsam als Knechte, die der Herr verworfen hat, zu dessen Tod sie sich nichtswürdigerweise verschworen hatten, wenigstens

[16] Kisch, *Forschungen zur Rechts- und Sozialgeschichte*, S. 70.

[17] Solomon Grayzel, 'The Papal Bull *Sicut Judeis*', in *Studies and Essays in Honor of Abraham A. Neumann*, hrsg. v. Meir Ben-Chorin, Bernard D. Weinryb, Solomon Zeitlin (Leiden-Philadelphia, 1962), 243-280 (S. 250).

[18] Solomon Grayzel, *The Church and the Jews in the 13th Century* (Philadelphia, 1933), S. 92ff.; ders., *The Papal Bull*, S. 256, Anm. 2.

durch die Wirkung des Werkes erkennen, daß sie Sklaven derer sind, die der Tod Christi zu Freien gemacht hat, während er sie selbst zu Sklaven machte ... Die ungläubigen Juden sollen weiterhin auf keinen Fall übermütig sein, sondern unter knechtlicher Furcht immer die Scham ihrer Schuld betrachten, und sie sollen die Ehre des christlichen Glaubens achten' [19]. Bemerkenswert ist, daß nicht nur die kirchliche Rechtsprechung, bzw. Gesetzgebung, hier durch Papst Innozenz III., sondern daß auch Theologen vom Range eines Thomas von Aquino in ähnlicher Weise argumentieren. In der *Summa Theologiae* (IIa-IIae, q. 10, c. 10) erklärt der Aquinate, die Juden seien Sklaven der Kirche, die daher über sie als ihr Eigentum verfügen könne.

Es lohnt sich, auf diesen Artikel im einzelnen einzugehen. Er handelt von der Frage, ob die Ungläubigen die Herrschaft über Gläubige haben können. In der Antwort bezeichnet er die mögliche Herrschaft Ungläubiger über Christen als ein Scandalum und als eine Gefahr für den Glauben. Daher könne es die Kirche auf keine Weise gestatten, daß Ungläubige Herrschaft über Gläubige erlangen könnten. Allerdings schränkt der Aquinate diesen Passus durch die Präzisierung ein, daß es sich dabei um die Frage der Neuerrichtung einer Herrschaft handeln müsse. Es sind soziologische und politische Gründe, die Thomas von Aquin veranlassen, hinsichtlich einer bereits bestehenden Herrschaft von Ungläubigen über Gläubige eine tolerierende Haltung der Kirche zu rechtfertigen. Aber dies solle eben nur mit bestimmten Einschränkungen gelten. Die Juden sieht er grundsätzlich der Herrschaft der Kirche unterstellt. Daher fügt das Kirchenrecht den Juden kein Unrecht zu, wenn es gebietet, daß der Sklave eines Juden freigelassen werden muß, wenn er Christ ist. Er sagt dann wörtlich : 'Darin tut die Kirche kein Unrecht; denn weil die Juden Sklaven der Kirche sind, kann sie über ihr Eigentum disponieren' [20].

Doch wenden wir uns noch einmal der Sicut Judeis-Formel zu. Papst Innozenz III. hat sie nicht erfunden. Der Text taucht in wesentlichen Teilen schon vor dem 13. Jh. auf und wird erstmals als Ganzes im

[19] Innozenz III., *Opera omnia*, PL, 215, 694ff. Dieser Text wird auch im CIC zitiert : c. 13 *de Iudaeis* 5,6. Vgl. Kisch, *Forschungen zur Rechts- und Sozialgeschichte der Juden in Deutschland*, S. 68ff. und S. 69 Anm. 68. Dort auch Verweis auf das Schreiben Papst Innozenz III. vom 17. Jan. 1208. Vgl. auch Grayzel, *The Church and the Jews*, S. 126, Nr. 24. Zur Aufnahme dieses Satzes in die weltliche Gesetzgebung vgl. Salo W. Baron, 'Medieval Nationalism and Jewish Serfdom', in *Studies and Essays in Honor of Abraham A. Neumann*, S. 17-48. Dort weitere Literatur.

[20] Thomas von Aquino, IIa-IIae, q. 10, a. 10.

Jahre 1120 gebraucht. Vor Innozenz III. hatten sich im 12. Jh. bereits fünf andere Päpste dieses Textes bedient. Doch erst seit Innozenz III. erhält er sein volles Gewicht. Dieser Papst bediente sich des Textes am 15. Sept. 1199. Es folgten Honorius III., 7. Nov. 1217, Gregor IX., 3. Mai 1235, Innozenz IV. 22. Okt. 1246 und abermals am 9. Juli 1247, Alexander IV. am 22. Sept. 1255, Urban IV. am 26. April 1262, Gregor X. am 7. Okt. 1272 und möglicherweise am 12. Sept. 1274, Nikolaus II. am 2. Aug. 1278, Martin IV. am 2. Aug. 1281 und schließlich noch zu einem nicht fixierten Datum die Päpste Honorius IV. (1285-1287) und Nikolaus IV. (1288-1292). Diesen zehn Promulgationen der *Sicut Judeis*-Bulle im 13. Jh. stehen nur vier während des 14. Jh. (in dieser Zahl ist auch ein Gegenpapst mit eingeschlossen) und drei während des 15. Jh. gegenüber [21]. Der Grundtext wurde den jeweiligen Anlässen entsprechend erweitert oder ergänzt. Über die allgemeine Schutzklausel hinaus wenden sich einige Fassungen der *Sicut Judeis*-Bulle gegen die Behauptung, Juden hätten Ritualmorde begangen, andere Fassungen haben den Schutz der Juden vor Übergriffen der Inquisition zum Gegenstand.

Der Schutz, den die Bulle gewähren konnte, war allerdings aus mehreren Gründen begrenzt. Dabei handelt es sich zunächst um äußere Gründe. Die päpstliche Schutzbulle konnte nur soweit wirksam werden, als sie von kaiserlichen bzw. fürstlichen Obrigkeiten respektiert wurde. Dies erklärt die Bedeutung, die der Bestätigung bzw. der Aufnahme der *Sicut Judeis*-Bulle in kaiserliche oder fürstliche Edikte zukommt. So anerkennt Rudolf von Habsburg 1275 die drei Jahre zuvor von Papst Gregor X. erlassene *Sicut Judeis*-Bulle. Die von Nikolaus II. 1278 erlassene Bulle wird bestätigt durch ein Edikt König Martins und Königin Marias von Sizilien vom 28. Juni 1392 [22]. Die inneren Gründe sind durch den Text der *Sicut Judeis*-Bulle selbst gegeben. Sie schützt die Juden nämlich nur insoweit, als sie nichts gegen den christliche Glauben unternehmen. Dieser Zusatz war aber sehr dehnbar. Was hatte denn nämlich im einzelnen als Angriff auf den christlichen Glauben zu gelten? Je engherziger ein Papst oder ein Bischof oder Fürst eingestellt war, desto leichter konnte er Angriffe wittern. Insbesondere mußte mit dem stets latenten aber wiederholt auch offen geäußerten Verdacht gerechnet werden, daß

[21] Zu den Daten vgl. die Übersicht bei Grayzel, *The Papal Bull Sicut Judeis*, S. 253ff., 264ff. u.ö.

[22] Vgl. Grayzel, *The Papal Bull Sicut Judeis*, S. 262, Anm. 3. Dort noch weitere Beispiele.

die Juden in ihren Synagogen Christus lästerten. Wenn solcher Verdacht geäußert wurde, lagen Zwangsmaßnahmen gegen die Juden und ihre Einrichtungen nahe. Außerdem sind die Schutzbestimmungen in der *Sicut Judeis*-Bulle mit Beschränkungen der Rechte der Juden gekoppelt. Verstießen die Juden gegen die einschränkenden Bestimmungen, so konnte der Text der Bulle gegen sie verwendet werden. Schließlich dürfte auch nicht ohne Bedeutung gewesen sein, in welcher Art die Bulle eingeführt wurde. Schon in der Einleitungsformel, wie sie Innozenz III. verwandte, spricht sich deutlich eine antijüdische Stimmung aus. Die *Sicut Judeis*-Bulle garantiert den Juden die Ausübung ihres Kultes und verbietet den Christen die Belästigung der Juden und die Ausübung eines Zwanges auf sie, um sie zu bekehren und zu taufen : 'Wenn auch den Juden nicht erlaubt ist, in ihren Synagogen sich mehr herauszunehmen, als das Gesetz es gestattet, so dürfen sie jedoch in dem, was ihnen zugestanden ist, keine Beeinträchtigung erfahren. Obwohl sie eher auf ihrer Hartnäckigkeit bestehen wollen, als die Worte der Propheten und die Geheimnisse ihrer Schrift erkennen und zur Kenntnis des christlichen Glaubens und ihres Heiles gelangen, so wollen wir doch, weil sie unsere Verteidigung und Hilfe wegen der Milde christlicher Frömmigkeit begehren, den Spuren unserer Vorgänger ... folgen und ihre Bitten anhören und ihnen den Schild unseres Schutzes gewähren. Wir bestimmen aber, daß kein Christ sie wider ihren Willen oder, wenn sie nicht wollen, mit Gewalt zwingen, zur Taufe zu kommen; aber wenn jemand von ihnen freiwillig zu den Christen um des Glaubens willen seine Zuflucht nehmen sollte, so soll er, nachdem sein Wille offenkundig geworden ist, ohne jeden Trug Christ werden. Daß jemand den wahren christlichen Glauben habe, soll man nicht meinen, wenn man erkennt, daß er nicht freiwillig zur Taufe der Christen kommt, sondern daß er wider seinen Willen kommt. Kein Christ wage es, ohne das Urteil der Obrigkeit seines Landes sie zu verletzen oder zu töten, um ihnen ihr Geld zu nehmen oder ihr gutes Gewohnheitsrecht zu ändern, das sie in dem Gebiet, in dem sie bis jetzt wohnen, besitzen. Außerdem soll kein Christ sie bei der Feier ihrer Feste mit Knüppeln oder Steinen stören, und es soll niemand sie zu Knechtsdiensten nötigen außer denen, welche sie in früheren Zeiten zu tun pflegten. Indem wir der Schlechtigkeit böser Menschen und der Habsucht entgegentreten, bestimmen wir : 'Es soll niemand wagen, der Juden Friedhöfe zu verletzen oder zu verkleinern, oder um Geld zu bekommen, die begrabenen Leichname wieder ausgraben... Wir wollen aber unter den Schutz dieses Dekretes allein diejenigen nehmen, die sich nicht herausnehmen, etwas zur Untergrabung des christlichen Glaubens zu unternehmen' [23].

Das im Grundtext der Bulle *Sicut Judeis* ausgesprochene Verbot der Zwangstaufe wird von Theologen und Juristen des Mittelalters des öfteren wiederholt, wobei aber zwischen direktem und indirektem Zwang unterschieden wird. Gleichwohl waren Zwangstaufen im Mittelalter ungemein häufig. Insbesondere im Zeitalter der Kreuzzüge ereigneten sich eine Reihe Zwangstaufen, wie uns auch aus christlichen Quellen zur Genüge berichtet wird. So haben auf dem ersten Kreuzzug von 1096, wie der zeitgenössische Chronist Ekkehard von Aura sich ausdrückt, die Kreuzfahrer 'die Überreste der ruchlosen Juden, dieser inneren Feinde der Kirche, in allen Städten, durch die sie kamen, entweder ganz ausgetilgt oder sie zur Taufe gezwungen' [24]. Das gleiche bestätigen die jüdischen Schriftsteller [25]. War die Gefahr für Leib und Leben vorbei, so kehrten viele der zwangsweise Getauften zum Glauben der Väter zurück. Daraus ergab sich die Frage nach der Gültigkeit der Zwangstaufe und demgemäß der Erlaubtheit oder Nichterlaubtheit des Rücktritts zum alten Glauben. Wenn die Päpste des 12. und 13. Jh. in der *Sicut Judəis*-Bulle die Unerlaubtheit der Zwangstaufe betonen, so konnten sie sich dabei auf die Gesetzgebung der christlichen Antike berufen, auf das vierte Konzil von Toledo [26], sowie auf Gregor den Großen [27]. Ebenso haben auch viele

[23] Zum Text vgl. Grayzel, *The Church and the Jews*, S. 92-95, Nr. 5; ders., *The Papal Bull Sicut Judeis*, S. 244f. u. S. 244, Anm. 1.

[24] Monumenta Germaniae Scriptores, VIII, 208; PL, 154, 959. Vgl. Peter Browe, *Die Judenmission im Mittelalter und die Päpste*, Miscellanea Historiae Pontificiae, 6 (Roma, 1942), S. 218f.

[25] Vgl. z.B. Elieser bar Nathan : 'Die meisten Metzer Juden wurden (1096) in ihrer Sündenschuld gewaltsam getauft und blieben so, bis die Tage des Zorns vorüber waren' in Hebräische Berichte über die Judenverfolgungen während der Kreuzzüge, hrsg. v. A. Neubauer und M. Stern, übersetzt v. S. Bär, *Quellen zur Geschichte der Juden in Deutschland*, Bd. 2 (1892), S. 137.

[26] Das 4. Konzil von Toledo erklärt in c. 57 : 'De iudaeis autem hoc praecipit s. synodus, nemini deinceps vim inferre; "cui enim vult Deus miseretur et quem vult indurat"; non enim tales inviti salvandi sunt, sed volentes, ut integra sit forma iustitiae. Sicut enim homo proprii arbitrii voluntate serpenti obediens periit, sic vocante gratia Dei propriae mentis conversione homo quisque credendo salvatur. Ergo non vi, sed liberi arbitrii facultate ut convertantur suadendi sunt, non potius impellendi'. Wer aber in der Vergangenheit wenn auch gezwungermaßen den christlichen Glauben angenommen hat, soll genötigt werden, in ihm zu bleiben, damit der Name Gottes nicht gelästert und der Glaube nicht verhöhnt werde. PL, 84,379. Dieser Text wurde ganz oder wenigstens teilweise in die Gesetzessammlungen des Burchard von Worms, Decr. IV, c. 82, Ivo von Chartres Decr. I, c. 276, XIII c. 94; Pan. I. c. 72 und Gratian

weltliche Fürsten und Behörden das Verbot der Zwangstaufe in eigenen Gesetzen eingeschärft, so in Deutschland 1090 Heinrich IV., 1157 Friedrich I., so der um 1275 verfaßte *Schwabenspiegel* und das von ihm abhängige Stadtrechts- und Landrechtsbuch Ruprechts von Freising, so in Kastilien Alfons X., 1252-1282, so in Frankreich Karl V., 1368 [28]. Gemeint war aber damit immer der direkte Zwang. Bei solcher von außen aufgelegten Taufe weigert sich der Wille Ja zu sagen. Von dem Empfang des Charakters Indelebilis konnte dann keine Rede sein; denn die Taufe setzt eine Selbstentscheidung, eine selbstgewollte Annahme des Glaubens voraus. Wer innerlich Nein sagt, kann nicht Bürger des Reiches Christi werden. Darum schreibt 1201 Papst Innozenz III. an den Erzbischof von Arles : 'Es ist der christlichen Religion ganz entgegen, daß jemand wider seinen Willen und trotz seines Widerspruches zu ihrer Annahme und zur Beobachtung ihrer Gebote genötigt wird' [29]. Auch die Theologen haben den gleichen Grundsatz immer wieder betont. So schreibt Berthold von Freiburg, der als Lesemeister in Freiburg im Breisgau am Anfang des 14. Jh. lebte, in seiner moral-theologischen Summe, die Taufe sei ungültig, die 'mit geschoß oder mit spießen und lanczen erreicht wird oder wurd mensch wider seinen willen gestoßen in das wasser' [30]

Thomas von Aquino unterscheidet zwischen direkten und indirekten Zwang. In der *Summa Theologiae* handelt er u.a. auch über die Frage, wieweit die Willensfreiheit zur Annahme des Glaubens notwendig ist und wie weit es zuläßig ist, jemand den Glauben aufzuzwingen. In diesem Zusammenhang erörtert er auch das Problem der Zwangstaufe : 'Ich antworte, man muß sagen, daß es gewisse Ungläubige gibt, die niemals den Glauben empfangen haben, wie die Heiden und die Juden, und diese

D. 45, c. 5 aufgenommen. Vgl. Browe, *Die Judenmission im Mittelalter und die Päpste*, S. 232f. und Anm. 113.

[27] Bernhard Blumenkranz, *Les auteurs chrétiens latins du moyen âge sur les Juifs et le Judaïsme* (Paris, 1963), S. 73ff.; ders., in Rengstorf und von Kortzfleisch, *Kirche und Synagoge*, I, S. 108f. Browe, *Die Judenmission im Mittelalter und die Päpste*, S. 231f. Gregors Brief an den Fürsten Landulf von Benevent, in dem er darauf hinweist, daß wir 'von unserm Herrn Jesus Christus nie gehört haben, daß er jemand gewaltsam in seinen Dienst gezwungen habe, sondern er gewann die Menschen durch schlichte Überredung; er ließ ihnen ihren freien Willen und brachte sie nicht durch Drohungen von ihrem Irrtum ab, sondern dadurch, daß er sein Blut für sie vergoß' ist nur durch die Reception in die Sammlung des Ivo von Chartres, I c. 179, bekannt.

[28] Belege bei Browe, *Die Judenmission im Mittelalter und die Päpste*, S. 236f.

[29] Browe, *Die Judenmission im Mittelalter und die Päpste*, S. 238.

[30] Browe, *Die Judenmission im Mittelalter und die Päpste*, S. 245f.

dürfen auf keine Weise zum Glauben gezwungen werden ...; denn glauben ist eine Sache des freien Willens. Sie sollten aber doch von den Gläubigen genötigt werden, wenn die Möglichkeit besteht, daß sie dem Glauben nicht schaden durch Lästerungen oder durch böse Reden, oder sogar durch offene Verfolgung ... Es gibt aber andere Ungläubige, die bereits den Glauben empfangen und ihn bekannt haben, wie die Irrgläubigen und alle Apostaten. Diese aber sind mit physischer Gewalt zu nötigen, daß sie erfüllen, was sie versprochen haben und halten, was sie einmal empfangen haben ... Man muß sagen, daß die Juden, wenn sie niemals den Glauben empfangen haben, keinesfalls zum Glauben gezwungen werden dürfen. Wenn sie ihn aber empfangen haben, müssen sie notwendigerweise gezwungen werden, daß sie ihn behalten' [31]. Juden, die einmal die Taufe empfangen haben, aber wieder zum Glauben der Väter zurückkehrten, galten nach kirchlichem Rechtsdenken als Häretiker. Dafür sei hier nur auf den kirchlichen Widerstand hingewiesen, der sich erhob, als Kaiser Heinrich IV. nach dem ersten Kreuzzug den Juden gestattete, zum Glauben ihrer Väter zurückzukehren, die lediglich aus Furcht vor dem Tod angesichts der Bedrohung durch die Kreuzfahrer sich hatten taufen lassen [32]. Verwiesen sei aber auch noch auf die Bestimmungen des Konzils von Basel Sessio XIX, Dekret über die Juden und die Neugetauften [33]. Entsprechend seiner grundsätzlichen Entscheidung gegen die Zwangstaufe der Juden erklärt der Aquinate, es sei auch nicht zulässig, die Kinder der Juden gegen den Willen ihrer Eltern zu taufen; denn dies widerspreche dem Kirchenrecht. Auch sei es gefährlich, eine solche Praxis neu einzuführen. Darüberhinaus aber widerspreche ein solches Tun dem Naturrecht, das den Eltern die Herrschaft, die Sorge und die Verantwortung zubillige [34]. 'Ein solches Vorgehen widerspricht der natürlichen Gerechtigkeit; denn das Kind ist seiner Natur nach ein Stück seiner Eltern, und zwar unterscheidet es sich zunächst seinem Leibe nach nicht von den Eltern, solange es im Mutterschoß eingeschlossen ist. Dann aber, wenn es den Mutterschoß verläßt, wird es, bevor es den Gebrauch des freien Willens hat, unter der Sorge

[31] Thomas von Aquino, IIa-IIae, q. 10, a. 8, ad 2.

[32] Der Gegenpapst Klemens III. erklärte die von Kaiser Heinrich IV. gewährte Erlaubnis für 'unerhört und frevelhaft' und forderte den Bischof von Bamberg auf, sie rückgängig zu machen und die Beobachtung der kanonischen Vorschriften durchzusetzen. Vgl. Browe, *Die Judenmission im Mittelalter und die Päpste*, S. 256f.

[33] Mansi, XXIX 100, vgl. Browe, *Die Judenmission im Mittelalter und die Päpste*, S. 259.

[34] Thomas von Aquino, IIa-IIae, q. 10, a. 12, vgl. dazu IIIa, q. 68, sowie *Quaestio quodl.* II, 7 und III,11.

der Eltern wie in einer Art geistigen Mutterschoßes gehalten ... Daher wäre es gegen die natürliche Gerechtigkeit, wenn das Kind, bevor es den Gebrauch der Vernunft erlangt, der Sorge der Eltern entzogen würde, oder wenn etwas über dasselbe angeordnet würde gegen den Willen der Eltern. Nachdem es aber den Gebrauch der Vernunft erlangt hat, beginnt es schon, sein eigener Herr zu sein, und dann kann es in den Dingen, die das natürliche oder göttliche Recht betreffen, für sich selbst sorgen. Dann aber ist es zum Glauben zu bringen nicht durch Zwang, sondern durch Überzeugung. Dann kann es auch gegen den Willen der Eltern dem Glauben zustimmen und sich taufen lassen, nicht aber bevor es den Vernunftgebrauch hat' [35]. Der Aquinate billigt den Eltern also nur solange ein unbedingtes Recht auf die Erziehung der Kinder zu, als diese noch nicht den Vernunftgebrauch haben. Nun aber ist es die Frage, wann von dem eigenen Vernunftgebrauch die Rede sein kann. Darüber ließen sich verschiedene Thesen aufstellen. Über die Problematik, die gerade hierin steckt, unterrichtet der Bericht des Freiburger Juristen Ulrich Zasius im späten Jahrhundert in seiner Schrift *Quaestiones de parvulis Iudaeorum Baptizandis a communi doctorum assertione dissidentes* [36].

Eine grundsätzlich andere Stellungnahme bezieht der Franziskaner-Theologe Johannes Duns Scotus in seinem Sentenzenkommentar. In seinem Denken spielt der göttliche Wille eine entscheidende Rolle. Richtig ist, was dem Willen Gottes entspricht. Da nach seiner Überzeugung der Glauben der Juden dem Willen Gottes widerstreitet, ist er bestrebt, sie zum christlichen Glauben zu nötigen. Dementsprechend ist er der Ansicht, es sei erlaubt, die Kinder der Juden auch gegen den Willen der Eltern zu taufen. Man sei sogar dazu verpflichtet, vorausgesetzt, daß dadurch den Kindern kein leiblicher Schaden entsteht. Mindestens die Fürsten, so meint er, haben das Recht und die Pflicht, die Kinder der Juden taufen zu lassen. Zwar leugnet der Franziskanertheologe das Elternrecht nicht, doch schränkt er es ein. Größer als das

[35] Thomas von Aquino, IIa-IIae, q. 10, a. 12. Vgl. dazu Josef Schröteler, *Das Elternrecht in der katholisch-theologischen Auseinandersetzung auf Grund ungedruckter und gedruckter Quellen dargestellt* (München, 1936), S. 173-179; Mario Condorelli, *I fondamenti giuridici della tolleranza religiosa nell' elaborazione canonistica dei secoli XII-XIV, Contributo storico-dogmatico*, Università di Catania, Publicazioni della Facoltà di Giurisprudenza, 36 (Milano, 1960). Dort sind auch die Fragen der Zwangstaufe, der gewaltsamen Wegnahme jüdischer Kinder zwecks Taufe und die Sklaveneigenschaft der Juden behandelt.

[36] Guido Kisch, *Zasius und Reuchlin : Eine rechtsgeschichtlich-vergleichende Studie zum Toleranzproblem om 16. Jahrhundert*, Pforzheimer Reuchlinschriften, 1 (Konstanz-Stuttgart, 1961), S. 1 und Anm. 3.

Recht der Eltern ist das Herrschaftsrecht Gottes über die Kinder. Das höhere Recht aber begrenzt jeweils und schränkt das niedere Recht ein. Pflicht des Fürsten sei es, das Herrschaftsrecht des höchsten Herrn zu wahren, d.h. das Recht Gottes durchzusetzen. Daraus folgert er : 'Also darf der Fürst nicht nur sondern er muß sogar die Kinder der Gewalt der Eltern entziehen, die sie im Widerspruch zum Kulte Gottes erziehen wollen, der doch der oberste und verehrenswerteste Herrscher ist, und er muß sie dem göttlichen Kult zuführen. Ich sage also kurz, wenn der Fürst dies mit guter Vorsicht tut, so daß die Eltern vorher nichts merken und deswegen ihre Kinder nicht töten, und wenn er dann die Getauften gut erziehen läßt, so ist dies gut getan, ja, ich möchte sogar glauben, daß es, was noch mehr ist, religiös gehandelt ist, wenn die Eltern selbst durch Drohungen und Schrecken zum Empfang der Taufe und nachher zur Bewahrung der einmal empfangenen genötigt werden. Denn wenn sie auch nicht wahrhaft Gläubige in ihrem Herzen sein werden, so ist es doch weniger schlimm für sie, wenn sie nicht ungestraft ihr unerlaubtes Gesetz beobachten können, als wenn sie es frei bewahren könnten. Ferner würden ihre Kinder, wenn sie gut erzogen würden, in der dritten oder vierten Generation wahrhaft Gläubige sein ... Wenn du sagst, daß jene, die dem Antichrist anhängen, sich bekehren werden, wenn sie seinen Sturz gesehen haben, dann antworte ich, daß man nicht wegen so weniger und so spät sich Bekehrender so viele Juden in so vielen Gebieten der Welt und so langen Zeiten dulden soll, die in ihrem Gesetz beharren, weil aus ihnen endlich eine Frucht für die Kirche kommen und diese bescheiden sein wird. Daher würde es genügen, wenn man einigen wenigen, die man auf eine Insel verbannt, gestatten würde, ihr Gesetz zu beobachten' [37]. Diese Stellungnahme des Johannes Duns Scotus muß im Zusammenhang mit der Vertreibung der Juden aus England im Jahre 1291 gesehen werden [38].

Gerade in diesen extremen Ansichten artikulieren sich letzte Konsequenzen aus dem Herrschaftsanspruch der Kirche über die Juden. Diesen Anspruch sehen wir in Konkurrenz mit dem Herrschaftsanspruch der Kaiser und Fürsten. Auch hier begegnet der Begriff der Knechtschaft, der sich im Laufe des Mittelalters in dem Rechtsbegriff der Kammerknechtschaft kristallisiert. Guido Kisch hat an der Frage der Erlaubtheit bzw. des Verbots des Waffentragens für die Juden die Entwicklung

[37] Johannes Duns Scotus, *In Lib. IV Sententiarum*, dist. 4, q. 9, in *Opera omnia*, XVI (Paris, 1894).

[38] Cecil Roth, *A History of the Jews in England*, 3. Aufl. (Oxford, 1964), S. 68-90.

dieser Rechtsvorstellung demonstriert [39]. Dabei unterstrich er die Position des Eike von Repkow als die des Übergangs, in der sich bereits Neues ankündigt, aber noch immer ältere Anschauungen, nämlich die von der ursprünglichen Waffenfähigkeit der Juden, nachwirken gegenüber den neueren, vom kanonischen Recht beeinflußten Anschauungen der späteren deutschen Rechtssammlungen des *Schwaben-* und des *Deutschenspiegels*. Nach Eikes Ansicht 'widersprach jede Art der Unfreiheit dem Gedanken der Göttlichkeit des Rechts und war daher grundsätzlich Unrecht und deshalb widerrechtlich' [40]. Er lehnt es darum ab, die Entstehung der Unfreiheit auf eine theologisch und/oder rechtlich zu rechtfertigende Grundlage zu stellen. Die Rechtssicherheit der Juden beruhte nach dem *Sachsenspiegel* auf dem Judenschutz der Kaiser bzw. des Königs als des Rechtsnachfolgers des römischen Kaisers. Die königliche Oberherrschaft nämlich hat ebenso wie die Rechte der Juden ihren Ursprung in römischer Zeit. Nach der Eroberung und Zerstörung Jerusalems wurden die überlebenden Juden Knechte des Kaisers Vespasian. Sie sanken damit in den Zustand der Rechtlosigkeit ab. Doch da Josephus Flavius — wie Eike von Repkow zu berichten weiß — des Kaisers Sohn, Titus, von der Gicht zu heilen vermochte, gewann er die Dankbarkeit Vespasians und nützte sie zugunsten seiner Glaubensgenossen. Eike übernimmt hier eine Legende, die anscheinend auf den Talmud zurückgeht [41], und bedient sich ihrer, um den Rechtsschutz der deutschen Könige als der Nachfolger der römischen Kaiser für die Juden gewissermaßen historisch zu erklären. Diese sogenannte Josephus-Stelle wurde auch in den *Deutschenspiegel* und verschiedene Versionen des *Schwaben-*

[39] Kisch, *Forschungen zur Rechts- und Sozialgeschichte der Juden in Deutschland*, S. 20-55; ders., *The Jews in Medieval Germany*, S. 111-128.

[40] Kisch, *Forschungen zur Rechts- und Sozialgeschichte der Juden in Deutschland*, S. 72; vgl. ders., *The Jews in Medieval Germany*, S. 153.

[41] Kirsch, *Forschungen zur Rechts- und Sozialgeschichte der Juden in Deutschland*, S. 74; *The Jews in Medieval Germany*, S. 154f., hält es für sehr wahrscheinlich, daß die Geschichtskonstruktion Eikes auf die rabbinische Legende von der Heilung Vespasians durch Rabbi Jochanan ben Sakkai zurückgeht, die im *Talmud*, Gittin 56a-b, erzählt wird; in den späteren Fassungen, von denen eine Eike bekannt gewesen sein dürfte, tritt an die Stelle Jochanan ben Sakkais Josephus Flavius. Als solche Zwischenquelle kommen die *Vindicta Salvatoris*, ein Zyklus von Erzählungen über die Sühne der Kreuzigung Christi, der noch vor dem Ende des 10. Jahrhunderts zusammengestellt wurde, in Frage. Aus ihm haben Landolfus Sagax (um 1000) in der *Historia miscella* und Jacobus de Voragine in seiner *Legenda aurea*, verfaßt zwischen 1263 und 1273, geschöpft. Ein sicherer Nachweis, daß Eike die Legende auf dem Weg über die *Vindicta Salvatoris* kennengelernt hat, läßt sich jedoch nach Kisch, *Forschungen zur Rechts- und Sozialgeschichte*, S. 74, Anm. 82, nicht führen.

spiegels übernommen [42], ohne daß daraus die gleichen Folgerungen gezogen worden wären wie bei Eike. Für diesen aber hatte die Ziterung keinen anderen Sinn als den einer rechtsgeschichtlichen Erklärung der hoheitlichen Gewalt des Kaisers (bzw. des Königs) über die Juden und die Ansprüche der letzteren auf Rechtsschutz [43]. Er trat damit freilich in Gegensatz zur theologisch und kanonistisch begründeten Konzeption von der Knechtschaft der Juden, jenes Zustands, dessen Erhaltung die Kirche wünschte. Wenn Eike jedoch die Juden als Freie — allerdings im Zustand der Schutzbedürftigkeit — ansah, dann stand er damit innerhalb jener Tradition, die sich noch in den Landfriedensgesetzen von 1221 und 1224 manifestiert, die — ein Jahrzehnt bevor die Formel von der Kammerknechtschaft der Juden ausdrücklich gebraucht wird — die Juden noch immer mit den Gruppen zusammensehen, denen die Freiheit und allgemeine Rechtsfähigkeit nicht fehlen [44]. Die Ablehnung der Unfreiheit, gegeben als Factum historicum, als Rechtsgrund dürfte, wie Kisch glaubhaft macht, wohl auch der Grund dafür sein, daß die Legende vom Verkauf der überlebenden Juden nach der Eroberung von Jerusalem, die in späteren Rechtssammlungen wie dem *Schwabenspiegel* zur rechtsgeschichtlichen Begründung und Rechtfertigung der Kammerknechtschaft herangezogen wird, keinen Eingang in den *Sachsenspiegel* fand [45]. Eike war nämlich diese Legende durchaus bekannt. Er hat sie selbst in seiner *Sächsichen Weltchronik* verwendet. Doch dort ging es ihm lediglich um den Bericht des Factum historicum [46]. Im *Sachsenspiegel* aber ging es ihm um das Geltende, das Dauernde, das Allgemeingültige. Die These von der Freiheit aller Menschen wurzelt in der biblischen Konzeption von der Gottebenbildlichkeit des Menschen [47]. Der Freie ist waffenwürdig. Konsequenterweise hat die Dresdener Bilderhandschrift des *Sachsenspiegels* [48] auch die Juden als Waffenträger dargestellt. Eike

[42] Kisch, ***Forschungen zur Rechts- und Sozialgeschichte***, **S. 73;** ***The Jews in Medieval Germany***, **S. 154.**

[43] Kisch, ***Forschungen zur Rechts- und Sozialgeschichte***, **S. 75f.;** ***The Jews in Medieval Germany***, **S. 156.**

[44] Vgl. dazu auch Kisch, ***Forschungen zur Rechts- und Sozialgeschichte***, **S. 56ff.**

[45] Kisch, ***Forschungen zur Rechts- und Sozialgeschichte***, **S. 77;** ***The Jews in Medieval Germany***, **S. 158.**

[46] Kisch, ***Forschungen zur Rechts- und Sozialgeschichte***, **S. 78;** ***The Jews in Medieval Germany***, **S. 159f.**

[47] Kisch, ***Forschungen zur Rechts- und Sozialgeschichte***, **S. 78;** ***The Jews in Medieval Germany***, **S. 158.**

[48] Kisch, ***Forschungen zur Rechts- und Sozialgeschichte***, **S. 24;** ***The Jews in Medieval Germany***, **S. 90.**

selbst freilich, wiewohl er die Waffenfähigkeit der Juden nicht grundsätzlich bestreitet, schränkt freilich dennoch das Recht, Waffen zu führen für sie ein, ja er geht sogar noch darüber hinaus; denn im *Sachsenspiegel* (III, 2) ist ein ausdrückliches Waffenverbot für die Juden zu finden. Dabei ergibt sich sowohl aus christlichen als auch jüdischen Quellen, daß Juden noch im 13. Jahrhundert tatsächlich Waffen geführt und sich z.B. in Städten, in denen sie Wohnrecht besaßen, an der Verteidigung nicht nur durch Schanzarbeiten, sondern mindestens gelegentlich auch mit der Waffe in der Hand beteiligt haben. Wenn der *Sachsenspiegel* den Juden das Recht zur Waffenführung abspricht, dann tut er das nicht weil er sie der Waffen für unwert hält, sondern, weil die Juden wie auch andere Gruppen z.B. die Geistlichen unter dem besonderen Schutz des Königs stehen. Indem der König den Schutz übernimmt, bzw. ihn den Juden garantiert, wird deren Selbstverteidigung durch die Waffe gewissermaßen überflüssig, ja die Nichtführung der Waffe ist eine conditio sine qua non für den besonderen Königsschutz. Doch war der *Sachsenspiegel* schon bei seiner Veröffentlichung von der Rechtsentwicklung überholt. Im Fortschreiten vom *Sachsenspiegel* zum *Schwabenspiegel* finden wir die sich wandelnde Rechtsauffassung dokumentiert. Das Waffenverbot wird aus dem *Sachsenspiegel* in den *Deutschen-* und in den *Schwabenspiegel* übernommen. Doch der Tenor wandelt sich. Jetzt wird die Gruppe der Juden von anderen Gruppen, die ebenfalls nicht die Erlaubnis haben, Waffen zu führen deutlich unterschieden. Was den anderen Gruppen, z.B. den Geistlichen zur Ehre gereicht, gereicht den Juden zur Unehre [49]. Inzwischen hat sich nämlich die Rechtsauffassung von der Kammerknechtschaft durchgesetzt. 'Die entscheidenden Phasen der Entwicklung liegen in dem halben Jahrhundert zwischen der Entstehung des *Sachsenspiegels* (etwa 1215-1235), dem Kammerknechtschaft und servitus Judeorum gleich fremd sind, und dem *Schwabenspiegel* (etwa 1275), in welchem sich die theologischen Anschauungen und juristischen Lehren bereits unzertrennlich durchdringen' [50]. Diese Synthese wurde für das politische Schicksal der Juden in Deutschland aber auch in anderen Ländern von größter, ja verhängnisvoller Bedeutung. Guido Kisch [51] hat an den verschiedenen Rezensionen von Eikes *Sächsischer Weltchronik* den Prozeß

[49] Kisch, *Forschungen zur Rechts- und Sozialgeschichte*, S. 33f. Vgl. *The Jews in Medieval Germany*, S. 121.

[50] Kisch, *Forschungen zur Rechts- und Sozialgeschichte*, S. 79; *The Jews in Medieval Germany*, S. 159.

[51] Kisch, *Forschungen Rechts- und Sozialgeschichte*, S. 80f. mit Belegen für das Folgende, ebenso *The Jews in Medieval Germany*, S. 159f.

des Wandels der Rechtsanschauung verdeutlicht. Er hat dabei darauf hingewiesen, daß die Zusätze parallel laufen zu den historischen Entwicklungen, z.B. dem Judenprivileg, 1237, Kaiser Friedrichs II. für Wien, das bereits deutlich von der Lehre des *servitus Judeorum* geprägt ist. Bereits 1236 hatte Friedrich II. die Kammerknechtschaft der Juden in Deutschland proklamiert. Er wiederholte diese Proklamation 1238. Erste praktische Konsequenzen verraten sich im Steuerverzeichnis der deutschen Städte aus dem Jahre 1241. Hier wird erstmals die seither regelmäßige Reichsjudensteuer erhoben. Ungefähr zur gleichen Zeit nennt Berthold von Regensburg (1210-1272) die Juden in seinen Predigten *servi nostri*, 'unsere Knechte'. Sie sind für die Christen das 'Testimonium veritatis'. Gleichzeitig tritt er aber für den Schutz der Juden ein, indem er ähnlich wie Eike betont ,daß der Kaiser sie in seinen Frieden genommen habe. Für den *Schwabenspiegel* ist die Kammerknechtschaft der Juden schon eine voll ausgebildete Rechtseinrichtung. Sein Verfasser, der nach Kisch ein Geistlicher von streng päpstlicher Gesinnung war, hat nicht nur deutsches, sondern auch römisches und kirchliches Recht rezipiert. So nimmt er ausdrücklich Bezug auf den 6. Teil im 5. Buch Gregor IX. Dekretalensammlung (*Liber Extra, De Judeis*) [52]. Die Rechtsstellung der Juden sucht er historisch zu erklären. Darin also stimmt er mit Eike überein. Doch ist die Tendenz, in der er die historische Erklärung abgibt eine von seinem Vorgänger wesentlich verschiedene. Er vermehrt die judenrechtlichen Bestimmungen des *Sachsenspiegels* um zahlreiche, den Juden ungünstige Rechtsätze, die auf das kanonische Recht zurückgehen. Zwar kennt er auch noch den Judenschutz durch Königsfrieden. Doch ist dieser nicht mehr wie im *Sachsenspiegel* Quelle der Freiheit und der Rechte der Juden. Er ist nur die historische Ursache für Duldung und Schutz der Juden im Zustand der Knechtschaft [53]. Wo immer der *Schwabenspiegel* Rechte der Juden sieht, wertet er sie als Ergebnis von Gnadenerweisen, ja sogar von Übergriffen der römischen Könige, Übergriffen insofern die Privilegien nicht im Einklang mit dem kanonischen Recht stehen. An einer Stelle erklärt er sogar, dies hätten die Könige den Juden widerrechtlich gewährt (L 261, G 214, 7). Der Kammerknechtschaft der Juden liegt nach dem *Schwabenspiegel* der historische Grund vor, nämlich der Verkauf der gefangenen Juden nach der Eroberung Jerusalems. Damals habe Titus die überlebenden Juden in des römischen Königs Kammer als Eigenleute gegeben. Dadurch sei der römische

[52] Kisch, *Forschungen zur Rechts- und Sozialgeschichte*, S. 85.
[53] Kisch, *Forschungen zur Rechts- und Sozialgeschichte*, S. 85.

König zugleich der Schirmherr der Juden geworden [54]. Der *Schwabenspiegel* ist wichtig als Beleg dafür, wie sich auch im Bereich des weltlichen Rechtes die theologische Lehre von *servitus Judeorum*, der Knechtschaft der Juden, durchsetzte und zu einer wichtigen Stütze der Kammerknechtschaft in Theorie und Praxis wurde. Auf dem Gebiet des Reichsrechtes wurden die rechtlichen Folgen der Kammerknechtschaft z.B. sichtbar in dem Mandat Kaiser Rudolf I. aus dem Jahre 1286 betreffend die Einziehung der Güter flüchtiger Juden [55]. Auch andere Rechtsquellen können hier zitiert werden. So weiß der holländische Sachsenspiegel in Artikel 16 und 65 darauf hin, daß Gott die Juden bis zu allen Enden der Welt zerstreut habe, um Zeugnis abzugeben von ihren alten Sünden [56]. Dies dient dann zur Umschreibung der Stellung der Juden als Unfreie.

Mehrfach haben wir bereits Papst Innozenz III. zitiert hinsichtlich seiner Auffassung von der Knechtstellung der Juden. Er war auch maßgeblich für die Bestimmungen des vierten Laterankonzils 1215 hinsichtlich der Judengesetzgebung. Die 67. Konstitution des Konzils wendet sich gegen den Wucher, den sie nicht nur den Christen sondern auch den Juden verbietet. Unter Wucher wird dabei auch jedes Zinsnehmen verstanden; denn nach kirchlicher Auffassung kann Geld sich nicht vermehren. In der 67. Konstitution heißt es : 'Da wir Vorsorge treffen wollen, daß die Christen nicht unermeßlich von den Juden beschwert werden, so bestimmen wir durch Konzilsdekret, daß, wenn weiterhin die Juden unter welchem Vorwand auch immer von den Christen schwere und unangemessene Wucherzinsen erpressen, ihnen die Gemeinschaft mit den Christen entzogen werden soll, bis sie wegen dieser unangemessenen Beschwerung geziemend Genugtuung geleistet haben. Die Christen aber sollen, wenn es nötig ist, durch kirchliche Zensur nach erfolgter Ermahnung angehalten werden, sich vom Handelsverkehr mit ihnen zu enthalten. Den Fürsten aber machen wir es zur Pflicht, daß sie deswegen nicht den Christen gram sein, sondern vielmehr dafür eifern, daß die Juden sich einer so großen Beschwerung enthalten' [57]. Verklausuliert wird den Juden zugestanden, mäßige Zinsen zu nehmen. Einerseits war

[54] Kisch, *Forschungen zur Rechts- und Sozialgeschichte*, S. 86.

[55] Kisch, *Forschungen zur Rechts- und Sozialgeschichte*, S. 87; *The Jews in Medieval Germany*, S. 166.

[56] Kisch, *Forschungen zur Rechts- und Sozialgeschichte*, S. 88; *The Jews in Medieval Germany*, S. 167.

[57] *Conciliorum Œcumenicorum Decreta*, Ed. Centro di Documentazione Istituto per le Scienze Religiose (Basiliae, Barcinone, Friburgi, Romae, Vindobonae, 1962), S. 241f. mit Literaturverweis in Anm. 1, S. 242.

für den Wirtschaftsverkehr des hohen und späten Mittelalters bereits das Verleihen gegen Zinsnahme unentbehrlich geworden. Andererseits war die Verklausulierung der Gestattung eines mäßigen Zinses derart, daß manche Theologen die Zinsnahme schlechthin ablehnten. Das gilt auch für Thomas von Aquino in seiner Schrift *De regimine Judaeorum*. Darin heißt es : 'Was die Juden durch Wucher von anderen erpreßt haben, dürfen sie erlaubterweise nicht behalten'. Die Fürsten dürfen nach der Ansicht des Aquinaten auch nicht damit die Erlaubnis zum Zinsnehmen motivieren, daß sie am Gewinn steuerlich beteiligt werden; denn sie könnten für den Verlust durch den Verzicht auf derartige Steuereinnahmen kompensiert werden, wenn sie die Juden veranlaßten, durch Arbeit ihren eigenen Lebensunterhalt zu erwerben. Dies sei bereits in einigen Gebieten Italiens mit Erfolg geschehen [58]. Daß das rigorose Zinsverbot jedoch zu unlösbaren wirtschaftlichen Konflikten führte, mußte noch im 15. Jh. Nikolaus von Kues erfahren, der mit seinem elften Reformdekret, dem Judendekret, völligen Schiffbruch erlitt. Papst Nikolaus V. hat auf Bitten der Städte, insbesondere der Stadt Nürnberg, das Reformdekret seines Legaten, des Kardinal Nikolaus von Kues, wieder außer Kraft gesetzt [59].

Außer dem Wucherverbot erließ das vierte Laterankonzil noch zwei weitere Konstitutionen, die nicht weniger folgenreich waren. In der 68. Konstitution wird verlangt, daß Juden und auch Sarazenen eine Kleidung tragen, durch die sie sich von den Christen unterscheiden [60]. Zwar wurde diese Konstitution nicht überall und sogleich durchgesetzt. Doch hat sie jene Entwicklung angebahnt, die schon durch die unterscheidende Tracht und mehr noch die diskriminierenden Abzeichen Judenhut und Judenring die Juden von ihrer nichtjüdischen Umwelt isolieren sollte. Diese Entwicklung wurde durch die Einrichtung des obligatorischen Gettos und die Ausweisung der Juden aus vielen Städten und Ländern im Spätmittelalter vollendet. Die Motivierung der besonderen Kleidung für

[58] Thomas von Aquino, *De regimine subditorum ad ducissam Brabantiae*, in *Opuscula omnia*, Bd. 1, *Opuscula philosophica*, ed. Joannes Perrier (Paris, 1949), S. 213-219. Der Editor wählte aufgrund einiger Handschriften statt des bisher üblichen *De regimine Judaeorum* diesen Titel. Vgl. dazu Hans Liebeschütz, 'Judaism and Jewry in the Social Doctrine of Thomas Aquinas', *The Journal of Jewish Studies*, 13 (1962), S. 57-81; Bernhard Blumenkranz in seinem Beitrag zu diesem Band, S. 101-117.

[59] Vgl. zum Itinerar der Legationsreise des Nikolaus von Kues Josef Koch, 'Nikolaus von Kues und seine Umwelt', in *Untersuchungen zur Cusanus-Texte*, IV, Briefe, Erste Sammlung, Sitzungsberichte der Heidelberger Akademie der Wissenschaften, Philos.-hist. Kl., Jahrg. 1944-48, 2. Abh. (Heidelberg, 1948).

[60] *Conciliorum Oecumenicorum Decreta*, S. 242.

die Juden durch Hinweis auf das vierte Buch Moses, das von den Schaufäden spricht, die am Gebetsmantel zu tragen seien, wird aus der 68. Konstitution des vierten Laterankonzils auch in die Schriften der Theologen übernommen, so z.B. von Thomas von Aquin in *De regimine Judaeorum*. In der 69. Konstitution wird den Juden verboten, öffentliche Ämter zu übernehmen [61]. Das vierte Laterankonzil beruft sich dabei auf die Gesetzgebung des Konzils von Toledo. Die Konstitution bezeichnet die Juden als Lästerer Christi und erklärt es deshalb für widersinnig, daß Juden über Christen Gewalt haben dürfen. Darum dürfen sie zu öffentlichen Ämtern nicht zugelassen werden. Die 70. Konstitution will den Rückfall der Konvertiten verhindern. Sie verbietet ausdrücklich den Rücktritt zum alten Glauben. Die kirchlichen Oberen sollen darauf achten, daß Konvertiten sich gänzlich von der Beobachtung der alten Riten enthalten, 'sodaß, was ihnen der freie Wille in der christlichen Religion gebracht hat, die Notwendigkeit heilsamen Zwangs in ihrer Beobachtung erhält; denn es ist weniger übel, den Weg des Herrn nicht zu erkennen, als, nachdem man ihn erkannt hat, wieder zurückzukehren' [62].

Als Menschen, die niemals dem christlichen Glauben angehört hatten, unterstanden die Juden ebenso wie die Heiden an sich nicht der im 13. Jh. etablierten Inquisition. Dennoch konnten auch sie in bestimmten Fällen vor das Gericht der Inquisition zitiert werden. So sahen die Inquisitoren die Behinderung der Konvertiten durch die Juden ebenso wie den Versuch, sie für den Glauben ihrer Väter zurückzugewinnen als einen Grund an, die Juden vor ihr Gericht zu ziehen. In diesem Sinne rechtfertigt der Inquisitor Bernhard Gui (um 1260-1331) in seinen *Practica inquisitionis* die Beschäftigung mit den Juden und ihren Bräuchen sowie den gerichtlichen Prozeß gegen Juden, die Konvertiten zum Glaubensabfall veranlassen. Er äußert die Ansicht, die Juden versuchten heimlich die Christen zu betören und zu ihrem jüdischen Glauben hinüberzuziehen. Vor allem seien die Konvertiten gefährdet die sie zurückzugewinnen suchten. Er empfiehlt darum besondere Wachsamkeit und strenge Strafen gegen diejenigen, die ein solches Verhalten an den Tag legen [63].

[61] *Conciliorum Oecumenicorum Decreta*, S. 243.

[62] *Conciliorum Oecumenicorum Decreta*, S. 243.

[63] Bernard Gui, *Practica inquisitionis heretice pravitatis*, éd. par Célestin Douais (Paris, 1886), Pars 5, C 5, § 1, p. 288. In § 2 schildert er den Ritus den die Juden seiner Zeit bei der Wiederaufnahme von Konvertiten ins Judentum beobachteten, § 3 enthält das Schema für ein Verhör von Juden bezw. von solchen, die zum Judentum zurückgekehrt sind.

Noch weiter ging der Dominikaner Nikolaus Eymerich (1320-um 1399). Für die Richter der Inquisition schrieb er 1376 in Avignon ein *Directorium inquisitorum*, das auch für die Durchführung der Hexenprozesse grundlegend wurde. In diesem Handbuch stellt er die Frage, ob Juden und sonstige Nichtchristen der Inquisition unterstehen. Er bejaht dies für die Juden, soweit es sich um Glaubensartikel handelt, die Juden und Christen gemeinsam sind [64]. Man darf darin eine letzte Konsequenz des Verhaltens sehen, das schon in den Prozessen gegen den *Talmud* seinen Ausdruck gefunden hatte.

Die Aufmerksamkeit der Christen auf den *Talmud* lenkte der zum christlichen Glauben übergetretene einstige Jude Donin aus La Rochelle, der in der Taufe den Namen Nikolaus angenommen hatte. Anscheinend hatte er sich vor seiner Konversion bereits der Sekte der Karäer zugewandt. Darauf deutet der Anstoß, dem er vor allem an den haggadischen Partien des *Talmuds* genommen hatte [65]. Das artikuliert sich auch noch in den Anklagepunkten gegen den *Talmud*, die er Papst Gregor IX. (1227-1241) überreichte. Der Papst veranlaßte ein Verfahren gegen den *Talmud* [66], das im März 1240 stattfand. Wenn man die Anklagepunkte durchmustert, findet man, daß es bei diesem Verfahren christlicherseits darauf ankam, festzustellen, ob Blasphemien gegen Gott, gegen Jesus und Maria im *Talmud* enthalten waren. Denn sofern Gotteslästerungen sich feststellen ließen, war diese allerdings verurteilenswert. Die Duldung eines Werkes, das für die Interpretation der Heiligen Schrift den Juden unentbehrlich war, konnte nur solange zugestanden werden, als daraus keine Rechtfertigung einer Gotteslästerung abzulesen war. Das gefährlichste Argument gegen die Juden war eben der Vorwurf der Gotteslästerung. Es kam dabei nicht darauf an, daß christliche Zuhörer Anstoß nahmen, sondern entscheidend allein war der objektive Tatbefund. Um des Heiles aller willen konnte nicht geduldet werden, daß irgendwo, und sei es im Geheimen, Gott gelästert würde. Sonst wäre die Rache Gottes zu fürchten gewesen. Die rechtliche Verteidigung des *Talmuds* war darum an den Nachweis gebunden, daß die Unterstellung der Gotteslästerung unzutreffend war. Noch Reuchlin hat dies in seiner Argumentation zu

[64] Nikolaus Eymerich, *Directorium Inquisitorum* cum Commentariis Francisci Pegne (Venetiae, 1608), P. 2., Q. 46., S. 352f.

[65] Bernhard Blumenkranz, 'Jüdische und christliche Konvertiten im jüdisch-christlichen Religionsgespräch des Mittelalters', in Wilpert und Eckert, *Judentum im Mittelalter*, 264-282 (S. 279ff.).

[66] Grayzel, *The Church and the Jews*, S. 42; Peter Browe, 'Die religiöse Duldung der Juden im Mittelalter', *Archiv für katholisches Kirchenrecht*, 118 (1938), S. 47f.

Gunsten des *Talmuds* im frühen 16. Jh. berücksichtigt [67]. Demgegenüber hat das Argument, daß der *Talmud* die Juden in ihrer Hartnäckigkeit bestärke und dadurch die Möglichkeit der Konversion behindere, nur sekundäre Bedeutung. Es ließ sich sogar durch das Gegenargument widerlegen, daß im *Talmud* auch mancherlei Hinweise enthalten seien, die den Glauben an Christus nahelegten. Diese Argumentation findet sich bei spanischen Judenmissionaren. Reuchlin sollte sie sich zu eigen machen [68]. Als Beispiel aus dem 13. Jh. sei der Dominikaner Ramon Marti (um 1220-1284) zitiert. In seinem *Pugio fidei adversus Mauros et Judaeos* äußert er die Ansicht, der *Talmud* enthalte zwar mancherlei Törichtes, daneben aber auch echte prophetische Tradition. Solche von den Propheten überkommene Lehre solle man dankbar annehmen : 'Der Kluge verachtet ja auch keineswegs einen Edelstein, mag man ihn auch im Haupte eines Drachen oder Kröte finden ... Daher weisen wir diese Überlieferungen nicht zurück ...' [69].

So zeigt uns eine Durchmusterung der juristischen und theologischen Quellen die vielfache Bezogenheit von theologischen und juristischen Argumentationen hinsichtlich der Juden. Wiewohl das Gewicht der Tradition groß ist, viele Ansichten daher wenig Originelles haben, sind doch die zeitgeschichtlichen Veränderungen ebenfalls in Theologie und Rechtsprechung des 13. Jh. hinsichtlich der Juden zu bemerken.

[67] Johannes Reuchlin, *Gutachten über das jüdische Schrifttum*, hrsg. und übersetzt v. Antonie Leinz-Dessauer, Pforzheimer Reuchlinschriften, Band II (Konstanz-Stuttgart, 1965), F. XII^{v} : 'Die Juden aber sind in Dingen, die ihren Glauben betreffen, einzig ihresgleichen und sonst keinem Richter unterworfen ... Der Talmud ... ist nicht zu unterdrücken noch zu verbrennen'; Fol. XV^{r} : 'Zu dem zweiten Argument, wonach man sagen könnte, solche Bücher beschimpften Jesus, Maria und die Apostel, ebenso uns und unsere christliche Ordnung. Dieses Argument und die zugrundeliegende Tatsache wäre stark, weshalb ich solche Schriften, wo immer sie gefunden würden, oben an erster Stelle für gesetzlich verurteilt erklärt habe. Ich habe aber solche noch niemals weder gesehen noch gelesen außer zweien, nämlich Nizzachon und Tolduth Jeschu ha nozri. In allen anderen Schriften, die ich bisher zu Gesicht bekam, finde ich keine Beschimpfung. Denn was den Glauben betrifft, sind sie der Meinung, ihr Glaube sei richtig und der unsere unrichtig.

[68] Johannes Reuchlin, *Gutachten*, Fol. IX^{v}.

[69] Raymundus Martinus, *Pugio fidei adversus Mauros et Judaeos*, cum observationibus Josephi de Voisin et Introductione Jo. Benedicti Carpzovi (Lipsiae, 1687), Prolog.

Ermenegildo Bertola

MOSÈ MAIMONIDE E TOMMASO D'AQUINO DI FRONTE ALLA PROVA RAZIONALE DELLA ESISTENZA DI DIO

Lo scopo di questa ricerca non è l'esame generale dei rapporti e degli influssi circa il pensiero di Mosè Maimonide e di Tommaso d'Aquino, rapporti ed influssi che toccano gli attributi negativi di Dio, la necessità della creazione, la profezia, il problema dell'eternità del mondo ed i rapporti tra fede e ragione, esame questo che è già stato, varie volte, fatto; e non è neppure l'esame dei rapporti, circa qualcuna delle prove dell'esistenza di Dio, tra il Maimonide e Tommaso, campo anche questo oggetto ormai di più di una indagine.

Il nostro proposito è invece di studiare ed indicare qui quale sia stato l'atteggiamento di Mosè Maimonide e di Tommaso d'Aquino rispetto al problema della dimonstrazione dell'esistenza di Dio intesi in senso globale, studio che è, salvo errori, ancora nuovo. Questo proposito è il completamento ed il frutto di due indagini separate su Tommaso e sul Maimonide che abbiamo fatto e per un certo verso le presuppone.

Che il Maimonide nella sua nota *Guida dei perplessi*, o *Moreh nevukim* porti o riporti più di una prova per dimostrare razionalmente che Dio è, è cosa nota, come è cosa nota che Tommaso conosceva quest'opera del Maimonide, sia per la esistenza, al suo tempo, di una traduzione latina di essa dal testo ebraico, con il titolo di *Dux neutrorum*, sia per la esistenza, sempre ai tempi di Tommaso, di un estratto, in lingua latina, della *Guida* del Maimonide, noto con il titolo di *De uno Deo benedicto*, contenente proprio le prove razionali del Maimonide. Vi è anche, lo abbiamo accennato, chi con buoni argomenti afferma che la terza via tomistica circa la esistenza di Dio, contenuta nella *Summa Theologiae*, derivi direttamente dal Maimonide.

* * *

Comunemente si crede che il Maimonide tratti una sola volta il problema della esistenza di Dio nella sua *Guida*, quando egli, all'inizio del secondo libro, porta quattro dimostrazioni razionali o prove, dimostrazioni razionali o prove che vengono sovente citate e riassunte nelle varie esposizioni storiche del pensiero giudaico e nelle varie enciclopedie giudaiche, a proposito del Maimonide. In verità il Maimonide tratta questo problema nella sua *Guida dei perplessi*, una volta citando l'autorità della Sacra Scrittura, una seconda volta citando l'autorità dei Motecallemin o dei Midabberim, ed una terza volta, quella più nota, citando l'autorità dei Filosofi. Una quarta volta ancora portando un argomento proprio. Chi vuole conoscere la posizione del Maimonide sul problema della dimostrazione razionale della esistenza di Dio, deve tenere presente tutte e quattro queste esposizioni.

Per motivi didattici seguiremo qui l'ordine inverso del Maimonide ed inizieremo dagli argomenti più noti, quelli appoggiati sull'autorità dei Filosofi. All'inizio, come abbiamo detto, del secondo libro della sua *Guida*, il Maimonide espone e riporta venticinque principi introduttivi o '*principia preparatoria*', come dice la versione latina, o '*haqddamoth*', come dice il testo ebraico, ricavati da Aristotele e dai suoi seguaci. Principi che servono di fondamento alla esposizione successiva. Dopo di chè il Maimonide espone le quattro prove. Egli inizia la esposizione della prima dicendo : 'E' necessario, posto il venticinquesimo principio, che vi sia un motore che muova la materia generabile e corruttibile, quando questa riceve la forma'. Inizia poi la seconda prova dicendo : 'Quando si trova una cosa composta da due elementi e si trova che uno di essi è per se stesso, fuori della cosa composta, anche l'altra deve trovarsi necessariamente fuori della stessa cosa'. La terza è invece fondata sul principio che le cose non sono né tutte generabili e corruttibili, né tutte ingenerabili ed incorruttibili, ma solo in parte generabili e corruttibili. La quarta infine parte dalla constatazione che 'noi vediamo continuamente delle cose che sono in potenza e che escono all'atto'.

Questi quattro argomenti o prove sono indicati, dallo stesso Maimonide come argomenti filosofici '*Speculationes philosophicae*', o '*yun filosofi*', che vuol dire argomenti portati dai Filosofi. Di una sola di queste prove il Maimonide dice che deriva da Aristotele.

Questi argomenti portati dal Maimonide non sono dunque suoi ed egli non ci tiene ad attribuirsene la paternità, essi sono, lo dice esplicitamente, ricavati o riportati dalle opere dei Filosofi, i quali sono qui Aristotele ed i suoi seguaci greci ed arabi. Il Maimonide si limita ad un lavoro di riassunto, di chiarimento o, se si vuole, di esposizione divulgativa. Questi argomenti, come abbiamo visto, sono fondati sulla considerazione del moto, sulla composizione degli elementi, sull'argomento del necessario e del contingente e sul quello della potenza e dell'atto, o argomento della causalità.

Ma prima di questa esposizione, e precisamente nel capitolo settantaquattro del libro primo della *Guida dei perplessi*, il Maimonide aveva già affrontato lo stesso problema riportando ben sette argomenti ricavati, questa volta dal Kalam arabo, come abbiamo detto, dai Motecallemin o Midabberim, i quali erano, si sa, dei teologi speculativi e degli apologeti della dottrina religiosa musulmana. Questi argomenti dei Motecallemin non si propongono in verità di dimostrare la esistenza di Dio, ma la creazione del mondo. Appare però evidente che se si dimostra che il mondo è stato creato, si dimostra altresì la esistenza di un Creatore, cioè la esistenza di Dio creatore del mondo. Ciò appare chiaramente del resto, tanto dal contenuto di questi argomenti, quanto dalle parole stesse del Maimonide, al termine di questa esposizione, poichè egli ci dice che questi Teologi dimostrando che il mondo è 'ex novo', dimostrano la esistenza di un Creatore il quale agisce di sua volontà.

Egli inizia questa esposizione con queste parole : 'Questo è il capitolo nel quale io riassumerò, per te, le prove dei Midabberim sul (fatto) che il mondo è generato "ex novo" '. Notiamo qui come le prove riportate dai Filosofi per dimostrare l'esistenza di Dio erano, dal Maimonide, indicate come argomenti o speculazioni, mentre ora egli indica questi ragionamenti dei Teologi come vie e metodi (*derek*).

Non è possibile, né in fondo interessa fare un esame analitico di questi vari argomenti, ma non è forse inutile un breve accenno su ciascuno di essi. Il primo di questi ragionamenti è fondato sul fatto che dalla esistenza anche di un solo essere che si evolve, si deve ammettere la esistenza di un artefice, che dal di fuori, 'ex novo', lo faccia evolvere. Analogamente questo vale per tutte le cose ed altresì per il mondo intero. Il secondo è fondato sulla considerazione che se vi sono degli esseri che derivano per generazione, in questa derivazione non si può andare all'infinito, il chè vuol dire che vi è qualcuno che 'ex novo' ha prodotto il tutto. Il terzo argomento ci dice che gli esseri non sono necessariamente né tutti uniti, né tutti divisi, e che per spiegare il fatto della loro unificazione, divisione e riunificazione, occorre ammettere la esistenza di qualcuno che li divida e riunisca. Il quarto ci dice che tutto il mondo è composto di sostanza ed accidenti e che non esiste una sostanza senza accidenti. Ora poichè tutti gli accidenti sono 'ex novo' è necessario che anche la sostanza, portatrice degli accidenti, sia 'ex novo'. Dunque tutto il mondo è 'ex novo'. Il quinto ragionamento è detto metodo o via della '*determinazione*' o anche, diciamo noi, della '*individuazione*'. Se una cosa è quella che è, con i suoi accidenti, con le sue caratteristiche di figura, di tempo e di luogo, è perchè vi è qualcuno che così l'ha fatta, questo qualcuno è

Dio : 'Colui che determina le cose è Dio', conclude il Maimonide. Più avanti egli stesso farà propria questa argomentazione e la interpreterà come una esegesi alle parole di Isaia : 'Alzate i vostri occhi verso il cielo e guardate : chi ha creato queste cose?' (XL, 26). Il sesto si fonda sul fatto che se le cose possono essere e non essere, e tuttavia hanno l'essere, vuol dire che vi è qualcuno che ha fatto preferire loro l'esistenza alla non esistenza, e questo è Dio. Il settimo ragionamento, infine, si fonda sul fatto della impossibilità della eternità del mondo, poichè se così fosse, si avrebbero ormai un numero infinito di anime umane il chè è impossibile. Non essendo eterno il mondo esso è 'ex novo' e vi è qualcuno che lo ha portato alla esistenza.

Per sottolineare che questi argomenti non sono suoi il Maimonide inizia ciascuno di essi con la parole : 'Essi dicono', oppure : 'Alcuni di essi dicono'. Nella esposizione del Maimonide vi sono anche dei giudizi su questi ragionamenti, così, ad esempio, del quarto ragionamento il Maimonide ci dice che è la via 'più efficace delle altre e la migliore che vi sia presso di loro' (cioè presso i Motecallemin o Medabberim) 'tanto che molti di loro pensarono che questa sia la prova (per eccellenza)'. Del quinto ragionamento ci dice che il suo scopo gli 'sembra il migliore delle altre vie'. Infine, a proposito dell'ultimo ragionamento, ci dice che esso è opera dei teologi più recenti, e che usa un argomento filosofico, quello della permanenza delle anime, ed aggiunge che con questo ragionamento si vuole mostrare cose nascoste con altre più nascoste. Come abbiamo detto più avanti il Maimonide porta un suo interessante argomento personale sulla creazione, fondato sulla individualizzazione degli esseri o sulla varietà delle stelle e delle sfere. (Ci scusiamo di non poterlo, per economia di tempo, esaminarlo qui.)

Ma il Maimonide, prima di questi due gruppi di argomenti o prove, dei Filosofi e dei Teologi aveva affrontato il problema della esistenza di Dio a proposito di un passo biblico, a proposito cioè del noto colloquio, riportato nell' *Esodo*, tra Mosè et il Signore, presso il roveto ardente e della definizione che Dio diede di se stesso.

Il testo del Maimonide non è sempre di facile comprensione, ma le sue convinzioni sono chiare. Secondo il Maimonide è Dio stesso che ci ha dato la prova della sua esistenza e nello stesso tempo della sua principale caratteristica che lo distingue da tutti gli altri esseri. Ora questa prova è contenuta nella risposta che Dio diede a Mosè quando questi gli chiese di dirgli chi è, al fine di convincere gli ebrei della sua missione. La risposta di Dio fu la famosa affermazione : 'Ehyeh ascer ehyeh', che letteralmente dice : 'Io sono quello che sono', essendo 'ehyeh' la prima persona del verbo 'hayah' (essere) inteso qui come indicativo presente. Ora secondo il Maimonide questo vuole dire che Dio svela agli uomini che Egli è l'Essere, poichè il secondo 'ehyeh' indica la essenza del primo, cioè di Dio, e vuol dire essere, esistente. L'essenza di Dio è l'essere, la sua esistenza. Per il Maimonide ciò vuol dire che Dio afferma che in Lui non vi è distinzione tra essenza ed esistenza, che Egli è Colui che non può non essere, che basta una considerazione su chi è per convincersi che Egli è un essere necessario. 'Dio diede (a Mosè) una conoscenza', dice il Maimonide, 'che doveva trasmettere ad essi, essere vero presso di loro che Dio esiste, e questo è *Ehyeh ascer ehyeh* (Io sono quello che sono)'.

A noi qui non interessa il valore probante di questa prova e neppure l'uso di concetti derivati da Avicenna o meglio da alFarabi, quanto ci interessa la convinzione del Maimonide. Se la prova della esistenza di Dio è quella data da Dio stesso, si può ben comprendere come il Maimonide consideri con un certo distacco i vari argomenti proposti dai Teologi e dai Filosofi.

Il Maimonide mette in primo piano, sul problema della esistenza di Dio, la parola rivelata, trovando in essa la prova.

* * *

Vogliamo ora esaminare la posizione di Tommaso sullo stesso tema. Comunemente si crede che Tommaso abbia affrontato il problema della dimostrazione razionale della esistenza di Dio soltanto nella sua *Summa contra Gentiles* e nella sua *Summa Theologiae*, anche per Tommaso, come per il Maimonide, la realtà è diversa. Tommaso ha incontrato ed affrontato questo problema anche in altre varie sue opere come ha dimostrato con una serie di interessanti studi il Van Steenberghen.

Anche Tommaso quando espone gli argomenti razionali per la esistenza di Dio nella sua *Summa contra Gentiles*, altro non fa che riassumere argomenti altrui, quelli dei Filosofi e dei Teologi, egli lo dice esplicitamente : 'Ad probandum Deum esse, procedamus ad ponendum rationes quibus tam philosophi, quam doctores catholici Deum esse probaverunt'. Questi filosofi e questi teologi sono qui, si sa, Aristotele, il Damasceno e, per un certo verso, Averroè. E' questa una esposizione nella quale Tommaso assume una posizione staccata, come quella assunta dal Maimonide. Del resto nella *Quaestio* X, art. 12 del *De Veritate*, dopo averci detto delle tre posizioni quella ricordata dal Maimonide, quella di Avicenna e di Anselmo, Tommaso, a modo di soluzione, si accontenta di dirci che già i Filosofi avevano dimostrato che Dio è e non aggiunge altro.

Ma prima della composizione della *Summa contra Gentiles*, Tommaso aveva già incontrato lo stesso problema. Lo aveva incontrato all'inizio del suo *Commento alle Sentenze* lombardiane, quando il Maestro delle Sentenze, citando le parole dell'Apostolo : 'Invisibilia Dei, a creatura mundi, per ea quae facta sunt conspiciuntur', aveva riportato quattro argomenti per dimostrare la esistenza e la natura di Dio. Tommaso nel commentare questo tratto dell'opera del Lombardo perfeziona gli argomenti, ma non dimostra di volerli far propri e neppure si impegna di offrircene degli altri.

Ancora nel Commento al secondo *Libro delle Sentenze* troviamo altri argomenti interessanti ed acuti propri, questa volta di Tommaso. Uno di essi è fondato sulla distinzione di essenza ed esistenza, esso dice : posto che vi è qualcosa di comune a tutte le essenze esistenti, fuori di esse questo qualcosa deve avere una causa, la quale è puro essere. Questo argomento Tommaso lo indica col nome di 'ex natura rerum', ed è quello che si trova anche nel *De Ente et essentia*, al capitolo quarto. Un altro argomento è indicato da Tommaso come 'ex ipso ordine universi', il titolo stesso di dice del suo contenuto. Un terzo è indicato come 'ex immaterialitate ipsius Dei', esso ha per base il moto e la necessità di una causa esterna immateriale.

Questi tre ultimi argomenti Tommaso non li porta però per dimostrare che Dio è, bensì per provare che il mondo è stato creato e che pertanto esso rimanda ad un suo creatore. E' questa una posizione simile a quella che trovammo nel Maimonide, con la differenza che Tommaso fa propri gli argomenti e non li riporta come opera di altri.

Nel secondo libro della stessa *Summa contra Gentiles*, già ricordata, troviamo due altri argomenti non meno interessanti di quelli riportati dai Filosofi e dai Teologi. Uno dice : vi sono nel mondo delle cose che possono essere e non essere, tali sono gli esseri generabili e corruttibili. Ora ciò che è possibile ad essere ha una causa della sua esistenza, questa a sua volta un'altra, all'infinito non si può andare, bisogna dunque ammettere la esistenza di un essere necessario che è uno e che è Dio. Un altro argomento sostiene che nel mondo vi è qualcosa che passa dalla potenza all'atto, ma perchè ciò avvenga occorre che vi sia qualcosa prima, per opera del quale avviene questo passaggio. Ora all'infinito non si può andare, occorre pertanto ammettere che vi sia uno che è atto senza essere in potenza, e questo è Dio. Anche questi argomenti non sono usati da Tommaso per dimostrare la esistenza di Dio, ma per affermare la sua eternità e la sua potenza.

Due altri gruppi di argomenti razionali si trovano nella raccolta di

Quaestiones disputatae, intitolata *De Potentia*. Questi sono forse i più profondi, dal punto di vista speculativo, di tutti quelli portati da Tommaso. Il primo gruppo si trova nella *Quaestio* 19 di questo gruppo. Riassumiamo qui brevemente questi argomenti : 1) Se in una molteplicità di cose si trova un 'quid' comune, ciò postula la esistenza di una unica causa. Ora in tutte le cose troviamo un 'quid' comune che è il loro essere, bisogna dunque ammettere la esistenza di una causa unica, dalla quale è derivato l'essere, o la esistenza, di tutte le cose; 2) Se vi è qualcosa che accertiamo esservi in diversi ed in diverso modo, ciò vuol dire che esiste qualcosa nel quale vi è in modo perfettissimo ciò che troviamo in modo imperfetto nelle diverse cose, questo qualcosa è l'Ens perfettissimo e verissimo; 3) Ciò che è per altro deriva da ciò che è per sé come da sua causa. Esiste dunque un essere necessario che è causa di tutti gli altri, un essere, dice Tommaso, 'quod est ipsum suum esse'. Il Van Steenberghen chiama la prima di queste dimostrazioni argomento dell'essere partecipato e la considera come la prova metafisica dell'esistenza di Dio.

Dobbiamo notare che neppure questi vari e profondi argomenti sono stati usati da Tommaso per dimostrare l'esistenza di Dio, egli infatti scrive, a modo di conclusione di questa sua esposizione : 'Sic ergo ratione demonstratur et fide tenetur, quod omnia sint a Deo'. Egli cioè usa questi argomenti per dimostrare razionalmente che il mondo è stato creato, questo è, a quanto sembra, il problema che lo preoccupa più di quello della dimostrazione della esistenza di Dio.

Il secondo gruppo di argomenti lo troviamo alla *Quaestio* 20 dello stesso gruppo *De Potentia* .Qui Tommaso si preoccupa di dimostrare l'esistenza di un solo principio dal quale tutto è derivato. A questo proposito Tommaso ci dice : 1) Se in cose diverse si trova un 'aliquid unum' comune occorre ammettere una causa per questo 'unum'. Vi è dunque un solo principio causa di tutte le cose; 2) Ogni agente agisce secondo che è in atto, vale a dire secondo che è in qualche modo perfetto. Perfezione vuol dire anche bontà, esiste dunque un 'Bonum' che è principio di creazione; 3) Nell'universo esistono cose corruttibili ed incorruttibili, spirituali e corporei, esseri più o meno perfetti, i quali appartengono tutti ad una realtà ordinata. Ciò non può spiegarsi col semplice caso, ma occorre ammettere la esistenza di un principio ordinante al quale tutto viene ricondotto.

Tommaso affronta più tardi direttamente il problema della esistenza di Dio con argomenti razionali, che, a parte la loro fonte, si possono considerare propri di Tommaso. Questo avviene nella *Summa Theo-*

logiae, all'inizio; argomenti che sono poi le note cinque vie tomistiche. Il ragionamento o la prova dal moto, quello della causa efficiente, del possibile e necessario, dei gradi di perfezione e quello del governo delle cose. La notorietà di queste cinque vie di Tommaso ci esime di riassumerle o di ripeterle qui. Ci è sufficiente ricordare che il motivo di esse, cioè lo scopo per cui Tommaso ha fatto questa esposizione nelle sua *Summa*, non è quello di dimostrare ai lettori di essa che Dio esiste. La *Summa Theologiae* fu dedicata, si sa, agli 'incipientes' ed ai 'novitii' della verità cattolica e della religione cristiana, dunque fu dedicata a credenti in Dio. Queste vie furono scritte specialmente per motivi metodologici, come base necessaria per una scienza di Dio. Non è forse errato dire che lo scopo delle vie tomistiche non è tanto di dimostrare che Dio è, quanto di mostrare che si può dimostrare la sua esistenza. Esse si presentano come un esempio di tale possibilità.

Potremmo ora fare qui una serie lunga di considerazioni circa questi molteplici argomenti che abbiamo trovato nelle varie opere di Tommaso, ma queste, pur interessanti considerazioni ci porterebbeno fuori dal nostro scopo.

* * *

Già lungo il corso di questa rapida esposizione, abbiamo potuto cogliere alcuni elementi comuni e una certa somiglianza tra il Maimonide e Tommaso a proposito della dimostrazione razionale della esistenza di Dio : un certo comune distacco a proposito delle prove dei Filosofi, distacco forse più accentuato nel Maimonide che in Tommaso; una molteplicità di argomenti per la esistenza di Dio; la preoccupazione della dimonstrazione della creazione del mondo.

Ma ora, a conclusione di questa ricerca, possiamo aggiungere qualcosa di più. Per il Maimonide esiste una prova razionale della esistenza di Dio, ma questa prova va cercata specialmente nelle Sacra Scrittura, poichè è stato Dio stesso ad offrircela. Per acquisire la certezza razionale che Dio esiste occorre comprendere il Sacro Testo non nel suo significato letterale, ma nel suo significato profondo. La verità sulla esistenza di Dio e la certezza di essa, secondo il Maimonide, prima di essere contenuta nei libri dei Filosofi e nei ragionamenti dei Teologi, è contenuta nella Rivelazione, se ad essa si applica la ragione questa certezza si acquista. Il Maimonide non è certo un fideista, le polemiche sorte nel mondo ebraico medioevale sulla sua dottrina ne sono una conferma; egli non lo è neppure, su questa questione, se così fosse il Maimonide avrebbe criticato le varie prove sia dei Filosofi che dei Teologi. Egli non ci dice che queste prove filosofiche e teologiche non valgono, a parte certi difetti di alcune di esse, che il Maimonide ci fa notare, ma di esse, per lui, vale di più quella che si trova nella Bibbia. Il suo contributo come pensatore consiste nell'aver usato il metodo della ragione ed i concetti filosofici, per trovare nelle parole di Dio, la prova della Sua esistenza e con essa anche, almeno in parte, la conoscenza della Sua natura.

Il pensiero di Tommaso su questo tema, abbiamo visto, è più ricco. Egli ha una mentalità più speculativa di quella del Maimonide, tuttavia nonostante i vari argomenti da lui portati, più numerosi di quanto comunemente si crede, non notiamo, in Tommaso, a proposito della dimostrazione della esistenza di Dio, una particolare preoccupazione. Tommaso porta gli argomenti razionali con un certo distacco, lo abbiamo notato, quando addirittura non li usa per altri scopi, per dimostrare la creazione, per la potenza e la eternità di Dio, per la affermazione di un unico principio e cosi via. Proprio la ricchezza delle argomentazioni che troviamo nelle opere di Tommaso, ed il modo con il quale egli ce li offre, dimostra che in fondo ciò che per lui vale, in questo problema, è l'affermazione dell'Apostolo e perciò della Sacra Scrittura : la certezza e la conoscenza di Dio ci viene dalla considerazione sul mondo. Basta applicare quanto dice la Rivelazione, basta guardare il mondo nei suoi vari aspetti : il moto, l'imperfezione di esso, il suo ordine, la distinzione tra essere ed essenza, il passaggio dalla potenza all'atto, la gerarchia degli esseri, l'essere il mondo un possibile, un effetto, ed altro ancora.

A differenza del Maimonide, Tommaso non trova nella Sacra Scrittura la prova della esistenza di Dio, né in realtà egli la cerca, egli trova però in essa il metodo della prova, il metodo per acquisire, in vari modi, la certezza razionale che Dio è. Vi è dunque un qualcosa di comune, o, se si vuole, una analogia tra la posizione del Maimonide e quella di Tommaso di fronte alla prova razionale della esistenza di Dio. Il qualcosa di comune o la analogia è la esistenza, nelle loro opere, di uno sforzo speculativo e di una conoscenza storica, che hanno come frutto una serie di dimostrazioni della esistenza di Dio. Ambedue credenti essi sono però radicati, sia pure in modo diverso, a proposito di questo problema, sulla Rivelazione ed è da essa, più che da altro, che essi traggono la certezza dell'essere di Dio,

Questo qualcosa di comune o analogia o somiglianza non è derivato tanto da un influsso di uno sull'altro, quanto dalla loro grande fede che produce il convincimento che ogni speculazione su Dio deve essere radicata nella parole di Dio. E' un loro modo pratico, se così si può dire, di attuare il rapporto tra fede e ragione, tra Rivelazione e speculazione.

BERNHARD BLUMENKRANZ

LE *DE REGIMINE JUDAEORUM* : SES MODÈLES, SON EXEMPLE

Notre rapide étude aura pour objet l'attitude de Thomas d'Aquin envers les Juifs telle qu'elle apparaît dans son opuscule *De regimine Judaeorum.* D'abord un mot sur cet ouvrage. Le titre que je viens d'énoncer lui est traditionnellement attribué. Nous le trouvons ainsi formulé dans la quasi totalité des catalogues les plus anciens des œuvres de Thomas d'Aquin [1] et surtout dans l'immense majorité des manuscrits [2]. Un examen des plus rapides montre aussitôt combien ce titre est injustifié et combien l'autre, bien plus rare, *De regimine subditorum*, serait mieux adapté à son contenu. S'il est vrai qu'apparemment cinq des huit questions soulevées regardent les Juifs, elles sont en réalité répétitives, et se laisseraient aisément réduire à un nombre bien moins élevé, nous le verrons dans un instant. Mais nous voyons aussitôt (en nous tenant à l'édition Perrier), que la place consacrée aux Juifs représente 91 lignes, celle aux autres *subditi* 97, trois lignes regardent les uns et les autres (plus exactement les usuriers en général auxquels il conviendrait d'appliquer le traitement préconisé à l'égard des Juifs); vingt lignes (15 + 5) constituent l'introduction et la conclusion générales.

Ajoutons encore que la multiplication indue du nombre des questions au sujet des Juifs n'est pas tant le fait de Thomas d'Aquin que de sa correspondante. Reprenons-les dans l'ordre :

1º Faut-il jamais — et dans quelle mesure — faire des prélèvements fiscaux sur les Juifs? Question subsidiaire : ne faut-il pas généralement s'en abstenir puisque l'argent ainsi prélevé doit être restitué (sous-entendez : aux propriétaires légitimes auxquels les Juifs l'avaient injustement extorqué)?

2º Faut-il infliger à un Juif en situation fautive (pour un délit ou un crime) une peine pécuniaire?

3º Faut-il accepter leurs dons ou autres contributions (volontaires) en argent?

[1] Cf. le tableau synoptique dans Giovanni Felice Rossi, *Antiche e nuove edizioni degli opuscoli di S. Tommaso...* (Piacenza, 1955), p. 68-69.

[2] Thomas Aquinas, *Opuscula omnia*, ed. Jean Perrier (Paris, 1949), p. 212 et 213.

4º Si la somme (ainsi) acceptée du Juif dépasse ce qui lui est réclamé par le chrétien (en réparation du dommage injustement subi), que faire du surplus?

5º (c'est dans l'opuscule, la dernière et huitième question) Faut-il forcer les Juifs au port d'un signe distinctif?

Si, pour la commodité de la démonstration, j'anticipe déjà en tenant également compte des réponses du Docteur angélique, deux problèmes se laissent dégager :

1º Faut-il tirer des Juifs quelques revenus qu'ils soient (réguliers, judiciaires ou volontaires), et, dans l'affirmative, quelle destination convient-il de donner aux sommes ainsi recueillies?

2º Quelle place faut-il accorder ou imposer aux Juifs dans la société chrétienne, sur le plan économique et social?

Venant ainsi à entrer dans le contenu des réponses de Thomas d'Aquin, il faut encore nous arrêter sur la personne de sa correspondante mentionnée tout à l'heure, en passant seulement. Elle est désignée en tant que duchesse de Brabant. La démonstration que je me propose de produire ici viendra en renfort de celle produite par H. Pirenne [3] pour, identifier cette duchesse avec Aleyde, qui, à partir de la mort de son mari, le duc Henri III, le 28 février 1261, assura la régence jusqu'au 25 mai 1267 et pour assigner comme date de ses questions et de la réponse de Thomas d'Aquin un moment très rapproché de son accession à la régence. Si Pirenne n'a pris son point de départ qu'avec le testament du duc Henri III, je me propose de remonter plus haut pour rechercher l'origine des préoccupations dont témoigne le texte du docteur angélique.

Dès la première croisade, les communautés juives d'Europe occidentale — nous le savons de la manière la plus formelle pour celles de la vallée du Rhin — ont dû s'accommoder à contribuer sur le plan financier à l'effort des guerriers chrétiens. Encore ne s'agissait-il alors que d'une initiative spontanée des Juifs, ainsi quand ceux de France remettaient à Pierre l'Ermite une lettre destinée aux communautés juives sur son chemin et qui les engageait à lui fournir des vivres [4]. Au contraire, une situation tout à fait nouvelle se présente lors des préparatifs de la seconde croisade, fin 1146 et début 1147. Dans une lettre adressée à Louis VII, roi de France, Pierre de Cluny pose alors la double affirmation sur l'illégitimité des biens détenus par les Juifs et sur le droit de les leur prendre pour les affecter au

[3] Henri Pirenne, 'La duchesse Aleyde de Brabant et le *De regimine Judaeorum* de saint Thomas d'Aquin', *Revue néo-scolastique*, 30 (1928), 193-205.

[4] Cf. Julius Aronius, *Regesten zur Geschichte der Juden im fränkischen und deutschen Reiche bis zum Jahre 1273* (Berlin, 1902), nos 179 et 180, p. 82-83.

financement de la croisade. Il rappelle d'abord tout le sacrifice accepté allègrement par les croisés qui 'quittent honneurs et richesses et vie agréable, voire la famille et la patrie, décidés à suivre le Christ, à peiner et à combattre pour lui, à mourir ou à vivre pour lui'. Mais, ajoute-t-il pourquoi poursuivre les ennemis de la foi chrétienne en pays lointains, quand ici même on laisse sans dommage les Juifs, les pires ennemis du Christ et des chrétiens. Il ne s'agit pas, a-t-il soin de préciser, de s'attaquer à leurs vies, mais il faut leur enlever leurs richesses qu'ils n'ont acquises que par la fraude : 'Car ce n'est pas par l'exercice de l'agriculture ... ou de tout travail honnête ou utile qu'ils remplissent leurs greniers de blé, leurs caves de vin, leurs bourses de monnaie, leurs coffres d'or et d'argent, mais grâce à ce qu'ils soutirent ... par la ruse aux chrétiens'. Et l'emploi pour ces biens confiqués est vite trouvé : '... que l'argent leur soit pris de manière à ce que par les bras des chrétiens soutenus par les biens des Juifs blasphémateurs soit vaincue l'audace des sarrasins incroyants' [5]. Nous avons ici, dans toute sa brutalité, la désignation de la fortune des Juifs comme bien mal acquis, en même temps que la justification de sa confiscation et de son emploi à des œuvres pies, en l'occurrence au financement de la croisade. Pierre de Cluny, en décrivant les prétendues fraudes des Juifs dans l'acquisition de leurs richesses, fait penser au commerce d'objets. Son contemporain Bernard de Clairvaux, qui en opposition à lui prend la défense décidée des Juifs, envisage pourtant lui aussi une contribution financière des Juifs à la croisade, et à cette occasion il désigne l'activité économique qui en fournirait l'occasion : le prêt à intérêt. Dans son exercice, les Juifs subiront une importante restriction, puisqu'ils sont tenus ne pas percevoir des intérêts de la part des croisés parmi leurs débiteurs. Mais, pour éviter toute erreur d'appréciation à ce propos, pour qu'on ne pense pas que les Juifs seuls exercent le prêt à intérêt, il a soin d'insister sur le fait que 'là où il n'y a pas de Juifs, des usuriers chrétiens, à notre grande peine, font les Juifs, s'il convient seulement de les appeler chrétiens et non pas plutôt des Juifs baptisés' [6]. La suspension des intérêts dont doivent bénéficier les débiteurs qui prennent la croix avait été ordonnée par le pape Eugène III sans distinction des créanciers, qu'ils soient chrétiens ou Juifs. Notons encore, en passant, puisque nous aurons à revenir à la terminologie employée, que Bernard de Clairvaux parle d'une exemption

[5] *Epist.* 36, PL, 189, 366 D, 367 A et D, 368 A et D.
[6] *Epist.* 363,7, PL, 182, 567 C et 568 A.

des intérêts : 'Ut omnes ... ab usurarum exactione liberos omnino *dimittant*' [7].

A partir de la seconde moitié du XIIe siècle, les textes canoniques contre l'usure se multiplient. Nous les trouvons avantageusement réunis dans les décrétales de Grégoire IX [8]. Là nous voyons l'évolution de la législation. Elle tend d'abord à supprimer le scandale par excellence qu'est l'activité usuraire exercée par des clercs. Elle s'attaque ensuite à ceux parmi les laïcs chrétiens pour qui le prêt à intérêt est l'activité principale si non pas exclusive : les 'usuriers manifestes', *usurarii manifesti*. Par une interprétation extensive du canon 25 du IIIe Concile du Latran (1179), ils seront tenus à la restitution des usures perçues : ... *reddant quod tam prave receperant*, ou, pour employer les termes de la rubrique : ils sont tenus à *restituere usuras* (chap. 5). Quand, dans ce contexte, est invoquée la bulle d'Innocent III obligeant les Juifs à 'remettre' aux croisés les intérêts des dettes contractées ('Iudaeos ad *remittendas* christianis usuras ... compelli praecipimus'), c'est-à-dire à ne pas *percevoir* des intérêts, la rubrique innove par une extension surprenante : 'cogendi sunt Iudaei ad usuras *restituendas*' (chap. 12). Avant que la compilation canonique opérée sur l'ordre et sous la responsabilité de Grégoire IX ne soit parvenue à cette rigueur, le IVe Concile du Latran en 1215, dans son canon 67, n'avait légiféré que contre les usures 'lourdes et immodérées' que les Juifs exigeraient des chrétiens ('... si ... Judei a Christianis graves immoderatasve usuras extorserint ...'). Pour y obvier, les chrétiens devaient être engagés à s'abstenir de tout commerce avec les Juifs, et les princes à en empêcher les Juifs, par des dispositions légales, bien sûr [9].

Le roi de France Louis IX, en automne 1237 — nous sommes à peine au lendemain de la compilation des décrétales de Grégoire IX et de l'aggravation qui y est introduite au sujet de l'activité usuraire des Juifs — manifeste des scrupules à propos des revenus qu'il avait tirés des Juifs, et qui proviennent assurément des usures opérées par eux. Pour que 'leur péché ne (lui) soit imputé', il voudrait donner réparation. Mais, dit-il dans sa lettre au pape Grégoire IX où il expose ce conflit de conscience, 'beaucoup de ceux à qui les Juifs ... avaient extorqué (ces)

[7] Eugène III, Lettre à Louis VII, 1er déc. 1145, PL, 180, 192 D; Bernard de Clairvaux à l'endroit cité 568 A.

[8] Livre V, titre XIX, *De usuris*, éd. Aemilius Friedberg, *Corpus juris canonici*, II (Leipzig, 1881), 811-16.

[9] Pour plus de commodité, nous renvoyons, pour ce texte et les suivants, à Solomon Grayzel, *The Church and the Jews in the XIIIth Century* (Philadelphia, 1933; réimpression New-York, 1966), 306-9.

usures ne peuvent être identifiés', c'est pourquoi il se propose d'affecter l'argent qu'il aurait été tenu à leur rendre, comme subside au bénéfice de l'Empire de Constantinople. Grégoire IX, par une lettre du 6 octobre 1237, donne son accord [10].

Ce n'est pas le lieu ici d'examiner l'ensemble de la politique de Louis IX à l'égard des Juifs, ni même sa politique fiscale. Ce qui nous intéresse ici est l'incidence du scrupule religieux dans ces domaines. Et là, nous devons constater combien le 'saint' roi veut sauvegarder les apparences de la piété, tout en se réservant une action efficace sur le plan politique. Un échange de lettres entre les archevêque et évêque de Sens et de Senlis et Grégoire IX, au printemps de 1238, nous apprend une apparente croissance des scrupules du roi : non seulement lui, mais déjà ses prédécesseurs avaient perçu des Juifs de l'argent provenant d'usures. Mais il redoute que la recherche des propriétaires légitimes auxquels il conviendrait de rendre cet argent ne prête l'occasion à de faux serments et à de nouveaux scandales : beaucoup se déclareraient indûment victimes de l'usure juive. Et voici Louis IX comme casuiste : il rappelle que ses prédécesseurs avaient, avec cet argent, agi pour la paix et pour le bien de la foi chrétienne, en finançant les expéditions en Terre Sainte aussi bien que contre les Albigeois; qu'ils en avaient également disposé, dans leurs testaments, en faveur des pauvres. Grégoire IX apaise volontiers l'inquiétude spirituelle de Louis IX à ce propos, mais n'engage pas moins ses correspondants à veiller à ce que les sommes destinées à l'Empire de Constantinople lui soient intégralement conservées, sans retenue frauduleuse [11].

[10] Grayzel, n°s 90-93, p. 232-39.

[11] A une situation de la sorte semble correspondre la curieuse pièce qui forme feuille de garde du ms BN, lat. 16741; il s'agit ici de réclamations présentées par un grand nombre de gens devant des commissaires qui ne sont pas davantage précisés. Tous ces gens affirment avoir fait des emprunts avec stipulation d'intérêts, et ils demandent récupération de ces intérêts; cf. Jean Barthélémy Hauréau, *Notices et extraits de quelques manuscrits latins de la Bibliothèque Nationale*, V (Paris, 1892), 138. Nous suivons volontiers la supposition de J. B. Hauréau que les prêteurs sont des Juifs dont les biens ont été confisqués. Il est bien possible que l'intention affichée par Louis IX de procéder à des restitutions a pu amener des gens de peu de scrupule à se prétendre indûment comme ayants droit : c'est à de tels abus que se réfère Louis IX, pour obtenir — de ne plus rien rendre à personne. — La jurisprudence établie ainsi par Grégoire IX en faveur de Louis IX sera suivie par le pape Clément V envers Philippe le Bel qui pourtant ne pouvait nullement se prétendre un 'roi très chrétien'. Quand le 23 décembre 1305, le pape lui accorde absolution d'avoir fait main basse sur des biens de l'Église, il n'y a pas de raison qu'il soit plus sévère à propos des sommes que le roi avait prises à des Juifs et à d'autres usuriers. Aussi lui accorde-t-il que ces sommes 'qui doivent être restituées à des personnes non précisées qu'il est impossible

— Notons encore que l'exemple de Louis IX est imité par Thibaut IV comte de Champagne.

La solution la plus expéditive pour éviter de tels conflits de conscience aurait été, assurément, le bannissement des Juifs. Louis IX semble s'y être décidé en 1250 lorsque, durant la retraite après la bataille désastreuse de Mansoûra (8 février), il avait été fait captif par les musulmans (nuit du 5 au 6 avril). Qu'il me soit permis d'en relater les circonstances selon le récit de Matthieu Paris : l'élément apparemment superfétatoire — au sujet des Cahorsins — aura, comme on le verra tout à l'heure, son importance. Voici donc ce que le chroniqueur anglais relate : 'En ce même temps, quand ce roi de France ... entendit des reproches amers (de la part des musulmans) sur le fait que les chrétiens toléraient que les Juifs qui avaient crucifié le Christ vivaient parmi eux et commerçaient avec eux, il prescrivit de bannir irrévocablement les Juifs de son royaume ...'. Et le chroniqueur ajoute ici, non sans malice : 'Quand le roi d'Angleterre en eut connaissance, il se retint à peine d'ordonner pareille mesure à leur propos. Mais quand il lui fut dit qu'il était plus répréhensible de supporter que les faux chrétiens, à savoir les Cahorsins, qui jouissaient de la protection du pape, s'engraissent, il tolérait les uns et les autres de mauvais cœur, pour qu'il ne paraisse porter offense à Dieu par la destruction complète des Juifs, et pour ne pas provoquer de quelque manière le pape par le bannissement des Cahorsins' [12].

L'ordre d'expulsion ne semble pas avoir reçu exécution. Aussi, en 1254, Louis IX envisage-t-il une mesure moins radicale que l'expulsion, mais aussi efficace pour lui éviter les scrupules sur l'emploi des revenus des Juifs : en leur interdisant simplement toute activité usuraire. Une ordonnance de cette année stipule, en effet, 'que les Juifs cessent de usures. ... Et si vivent tous les Juifs des labeurs de leurs mains, ou des autres besoignes sans usures' [13]. Pour bien intentionnée qu'elle fût, l'ordonnance ne semble

de connaître (avec sûreté) ou de retrouver', le roi pourra les employer selon son bon vouloir en œuvres pieuses ou charitables; texte ap. Karl Wenck, 'Aus den Tagen der Zusammenkunft Papst Klemens' V. und König Philipps des Schönen zu Lyon, November 1305 bis Januar 1306', *Zeitschrift für Kirchengeschichte*, 27 (1906), 199-203 (201 et 203). — Pour Philippe III le Hardi, nous ne possédons pas les textes qui régissaient ces 'restitutions', mais uniquement les rubriques de deux lettres qui ont dû s'y rapporter, rubriques conservées dans la table d'un formulaire compilé par son clerc Jean de Caux, et où il est question (189) *De restitucionibus faciendis de hiis que rex male habuit*, et (190) *De inquisicione Judeorum*; table éd. d'après Archives Nationales JJ I² et JJ I¹ par Ch. V. Langlois, 'Formulaires de lettres du XIIe, du XIIIe...', *Notices et extr.*, 35, 2e partie (1857), p. 801.

[12] Ed. F. Madden, t. 3 (Londres, 1869), p. 103-4; cf. p. 324 et 133.

[13] *Ordonnances des rois de France*, I, 75.

pas avoir été exécutée : les nécessités économiques étaient plus fortes que les pieuses intentions du roi.

L'indice que cette ordonnance est restée lettre morte, on le trouve en 1257 ou 1258, dans une autre ordonnance de Louis IX qui prescrit que 'les usures seront restituées à ceux qui les ont payées, ou à leurs héritiers, s'ils peuvent être trouvés' [14], preuve que les Juifs avaient continué à encaisser des intérêts, mais qu'ils venaient d'en être dépouillés une nouvelle fois, sur l'ordre du roi, et une fois de plus avec toute l'apparence d'une grande justice puisque les emprunteurs lésés devaient être remboursés. Il ne semble rien en avoir été, en réalité. Car, à la fin de l'été 1259, le roi se fait adresser par tous les archevêques et évêques une lettre, conforme à un modèle établi par sa chancellerie, et disant ceci :

> Des cas se présentent à votre Excellence, dans lesquels il importe au scrupule de votre conscience de procéder à certains remboursements, mais vous ne pouvez trouver avec certitude les personnes auxquelles ces remboursements seraient à verser. Nous permettons en ce qui nous concerne, par les présentes, voulant veiller à votre sécurité et à votre salut, que si de tels cas se rencontrent dans notre ville ou dans notre diocèse, que ce soit à propos des biens des Juifs ou d'autres quelconques, qu'il vous soit permis de dépenser cette somme ou ces sommes qu'il convient de restituer pour les raisons énoncées, par vous ou par d'autres, au profit d'œuvres pies, selon Dieu et conformément à ce que sera votre bon plaisir [15].

Nous sommes ainsi arrivés à la veille de la rédaction du *De regimine* et pouvons, peut-être, mieux saisir les contradictions entre lesquelles doit se débattre la duchesse Aleyde. Le 28 février 1261, à la mort du duc Henri III, elle se trouve investie non seulement de la régence du duché, mais encore chargée de gérer cette régence selon les volontés que son mari avait énoncées en un testament rédigé deux jours avant sa mort. Elle se trouvait ainsi astreinte à de très grandes libéralités, en même temps que privée d'une grande partie des ressources coutumières du duché. En effet, non seulement elle ne devait plus lever aucune imposition sur ses sujets sauf 'quatre cas' bien précisés, mais encore elle devait expulser 'les Juifs et les Cahorsins de la terre de Brabant ... de manière à ce qu'aucun d'entre eux ne reste plus dans cette terre, sauf ceux seulement qui voudront commercer comme les autres marchands et sans prêts ni usures' [16]. Nous pouvons donc parfaitement comprendre que dans cette

[14] *Ordonnances des rois de France*, I, 85.

[15] Archives Nationales J 367, 1-38; cf. Gérard Nahon, 'Les ordonnances de Saint Louis sur les Juifs', *Les nouveaux cahiers*, 23 (1970), p. 21.

[16] Georges Boland, 'Le testament d'Henri III, duc de Brabant (26 février 1261)', *Revue d'histoire ecclésiastique*, 38 (1942), 59-96 (p. 81-82 et 94); cf. Pirenne, 195.

situation embarrassante, Aleyde se soit adressée à Thomas d'Aquin pour demander conseil sur la conduite à adopter, mais ayant déjà arrêté la décision de ne pas procéder à l'expulsion des Juifs; la réponse du savant dominicain ne laisse pas non plus imaginer qu'elle lui aurait communiqué la teneur du testament et de ses obligations.

Mais, dans la mesure où la réponse permet de reconstituer les questions, nous pouvons y reconnaître une certaine sollicitation. Nous pouvons tenter de reconstituer sa première question à peu près de la manière suivante : Est-il permis de lever des impôts sur les Juifs et si oui dans quelle mesure? N'est-il pas plutôt *recommandé* de lever des impôts sur les Juifs, puisque l'argent pris sur eux est produit d'usure et pourra donc — une fois perçu — être restitué, comme il se doit, aux ayants droit? Thomas d'Aquin se laisse bien entraîner dans ce sens. Il commence par rappeler la servitude des Juifs exprimée par les textes du droit : il fait ici référence à des textes canoniques tels que la bulle d'Innocent III du 15 juillet 1205, à l'archevêque de Sens et à l'évêque de Paris : '... Judaeos ... propria culpa submisit perpetuae servituti ...' [17], et des textes de droit français tels que la fameuse ordonnance de 1230 formant Statut des Juifs et qui définit la subordination des Juifs au roi ou aux seigneurs comme s'ils étaient leurs serfs : tanquam proprium servum [18]. Cette soumission des Juifs étant établie, l'Aquinate ajoute aussitôt qu'elle comporte des limites. Notamment, rappelle-t-il, 'il ne faut pas exiger d'eux des prestations dont ils n'avaient pas l'habitude dans le passé' : *ab eis coacta servitia non exigantur quae ipsi praeterito tempore facere non consueverunt*. C'est là une citation presque littérale de la bulle de protection d'Innocent III, du 15 septembre 1199 : *neque aliquis ab eis coacta servitia exigat nisi ea que ipsi preteritis temporibus consueverunt* [19].

J'ai glissé, à l'instant, sur une affirmation de Thomas selon laquelle la servitude des Juifs impliquait que tout ce qu'ils possédaient pouvait être considéré par le seigneur territorial comme son bien propre. Bien davantage m'importe l'affirmation à laquelle il parvient maintenant : que les Juifs ne peuvent retenir légitimement ce qu'ils ont acquis par l'usure : *ea quae Judaei per usuras ab aliis extorserunt non possunt licite retinere*. Il est superflu de produire les modèles pour cette opinion : tout au long de la première partie je m'y suis employé. De l'illégitimité de la possession

[17] Grayzel, n° 18, p. 114 et 115.

[18] *Ordonnances des rois de France*, I,53; sur l'ensemble du problème, v. Gavin I. Langmuir, '*Judei nostri* and the Beginning of Capetian Legislation', *Traditio*, 16 (1960), 203-239 (226 sqq.).

[19] Grayzel, n° 5, p. 94.

juive, Thomas d'Aquin déduit l'impossibilité pour la duchesse de garder à son profit les impôts payés avec du gain usuraire, sauf si elle-même ou ses prédécesseurs avaient versé des intérêts aux Juifs : dans ce cas, elle serait en droit de récupérer son dû. Mais ce que les Juifs ont pris comme usures à d'autres, elle devra le restituer à ceux-là mêmes à qui les Juifs sont tenus à restitution : quibus ipsi restituere tenebantur. Là il y a une innovation introduite par Thomas d'Aquin pour laquelle j'ai été incapable de trouver aucun modèle. On se souvient que même lorsque, dans les textes canoniques ou dans leur présentation, il a été question de l'obligation de restitution pour les Juifs, jamais le bénéficiaire immédiat de la restitution n'a été indiqué. Et dans la pratique même, nous avons vu comment le roi de France ou le comte de Champagne ont désespéré de pouvoir se substituer aux Juifs défaillants pour procéder eux-mêmes à ces remboursements et se sont fait accorder par le pape ou par les archevêques et évêques le droit d'employer pour des œuvres pies, les sommes qu'ils ont perçues des juifs. Là encore Thomas d'Aquin innove puisqu'il accepte également comme emploi légitime 'le bien commun du pays', *in communem utilitatem terre*, c'est-à-dire du Brabant. Innovation encore que la franchise avec laquelle il admet — ce qui était partout pratique courante — que la peine pécuniaire dont pouvait être frappé un Juif condamné devait être plus forte que celle infligée à quelqu'un d'autre dans le même cas. Mieux encore, puisque le Juif payait sa pénalité avec de l'argent qui en réalité ne lui appartenait pas, cette peine apparaissait insuffisante et devait être doublée d'une autre — il faut entendre par là une peine corporelle ou privative de liberté. Puisque cette fois encore la duchesse comme tout autre prince ne serait pas en doit de s'attribuer le produit de ces amendes, mais devrait les affecter aux usages déjà énoncés : indemnisation des victimes de l'usure juive, œuvres pies ou alors le bien commun du pays, ni elle ni aucun prince ne doit s'en plaindre puisqu'ils tolèrent les Juifs dans cette activité. Et là la suggestion s'inspirant de l'ordonnance de Louis IX de 1254 — mais peut-être aussi du testament du duc Henri III : 'Mieux vaudrait qu'ils (les princes) forcent les Juifs à travailler pour gagner leur vie, comme ils (les Juifs) le font dans certaines parties de l'Italie, que de les laisser vivre oisivement et s'enrichir des seules usures'. Inspiration lointaine du réquisitoire violent de Pierre de Cluny, dans la comparaison avec les voleurs et les brigands.

La troisième question de la duchesse Aleyde, au sujet des dons volontaires des Juifs, aussi bien que la quatrième sollicitent assez ouvertement une réponse conciliante de Thomas d'Aquin. Il ne fait aucune concession à propos de celle-là; pour celle-ci, au moins, quand il s'agit de savoir ce qu'il convient de faire du surplus qui resterait après le remboursement des ayants droit lésés par les usures des Juifs, il accorde qu'il pourrait profiter à la duchesse.

En négligeant, ainsi que je l'ai annoncé, les 5e, 6e et 7e questions sans rapport avec les Juifs, nous en venons à la huitième et dernière qui appartient au problème de la place des Juifs dans la société chrétienne, problème que nous avons déjà rencontré à propos de leur fonction économique. Nous avons déjà vu jusqu'ici combien la duchesse Aleyde tenait à profiter des revenus tirés des Juifs. Non seulement ne songeait-elle donc point à les chasser, mais encore voulait-elle éviter que de leur propre initiative ils ne s'en aillent s'ils trouvaient, en dehors même des activités économiques, leurs conditions insatisfaisantes. Une telle situation s'était bien présentée en Castille, en 1219, d'où les Juifs avaient préféré partir en direction des territoires sous domination musulmane, plutôt que de se soumettre au port du signe distinctif imposé par le IVe concile du Latran (canon 68) [20]. La réponse de Thomas d'Aquin n'offre à la duchesse aucune atténuation de la réglementation canonique à ce propos. Il se limite à renvoyer à la décision conciliaire de 1215 qu'il cite textuellement (avec quelques variantes qui mériteraient d'être retenues pour l'établissement du texte critique du concile concerné). C'est tout juste en fin de ce canon, là où le concile s'était contenté d'affirmer qu'un vêtement distinctif avait été imposé aux Israélites par Moïse, que Thomas d'Aquin cite Num. 15,38 : 'dis-leur de se faire des franges aux coins de leurs vêtements', en ajoutant que ces franges devaient les distinguer des autres hommes. Je n'ai pas eu trop de peine à trouver l'origine de ce passage puisque Thomas d'Aquin lui-même nous l'indique, quand il y a recours dans la Somme Théologique : il l'emprunte au commentaire de saint Jérôme sur Matthieu [21].

Arrivé ainsi à la Somme Théologique — mais sans pousser nos investigations à travers ses autres œuvres — nous pouvons nous demander dans quelle mesure les vues sur les Juifs qu'il y expose se retrouvent dans le *De regimine* et inversement. Un moraliste chrétien qui devrait caractériser les Cahorsins, les appellerait des 'mauvais chrétiens'. C'est quelque chose d'approchant que nous avons vu faire par Bernard de Clairvaux qui prend la défense des Juifs même en ce qui concerne leurs usures, en rappelant qu'il ne manque pas de chrétiens qui en exercent de pires, et qui vient à se demander s'il convient encore de les appeler seulement chrétiens. Et tant d'autres théologiens qui sont également moralistes procèdent à la

[20] Grayzel, p. 150 et 308.

[21] Ia-IIae, q. 102, a. 6 (édition Léonine, VII (Romae, 1892), p. 250).

comparaison entre Juifs, païens, hérétiques et mauvais chrétiens. La comparaison entre les trois premiers se rencontre plusieurs fois dans la Somme Théologique [22], mais jamais les quatrièmes n'y sont également nommés. — On se rappelle son extension audacieuse du concept de la servitude des Juifs, puisque même leurs biens appartiendraient aux rois ou aux princes. Cela se retrouve dans la Somme Théologique où il affirme : 'Les Juifs étant eux-mêmes ses esclaves, l'Église peut disposer de leurs biens'. Et ailleurs il va encore plus loin en affirmant que, selon la loi civile, les rois ou princes dont les Juifs sont les esclaves, seraient en droit de baptiser leurs enfants contre la volonté des parents; mais là, il est vrai, la loi naturelle s'y oppose [23]. Enfin, si l'indication dans le *De regimine* sur le travail manuel des Juifs en quelques parties de l'Italie laisse supposer une certaine connaissance immédiate des Juifs, un seul passage de la Somme Théologique vient en renfort d'une telle supposition : quand, à propos de la circoncision il note que le couteau de pierre n'était pas indispensable 'et on ne le trouve communément employé ni par les Juifs d'autrefois ni par ceux d'aujourd'hui' [24]. Disons aussitôt le mot : la connaissance immédiate n'existe pas. Sa connaissance reste livresque, théorique, loin de la vie réelle. Là où son traité voudra servir d'exemple, il manquera son but.

Nous voici parvenus à la dernière partie de notre investigation. D'abord la fortune propre du traité. Dans la table synoptique de quarante opuscules de l'Aquinate dressée par F. Rossi [25], et à ne considérer que les plus anciens manuscrits et les catalogues dressés fin XIIIe et début XIVe siècle, c'est-à-dire ensemble treize témoins, douze d'entre eux contiennent ou signalent notre traité. Huit traités seulement ont eu une fortune meilleure : d'être attestés par l'ensemble des témoins. Dix-neuf opuscules, c'est-à-dire presque la moitié de ceux qui figurent sur ce tableau, ont eu une fortune moins bonne que le nôtre. — Plus frappant encore est l'enseignement que l'on peut tirer de la liste des incunables qui reproduisent notre texte [26]. En faisant abstraction des éditions des *Opuscula omnia* qui bien sûr contiennent notre texte, neuf impressions échelonnées entre 1471 et 1491 le contiennent en même temps que le *De*

[22] IIa-IIae, q. 10, a. 6, 7 et 8 (VIII, Romae, 1895, p. 86, 87, 89, 90).

[23] IIa-IIae, q. 10, a. 10 (VIII, p. 92); IIa-IIae, q. 10, a. 12 (p. 94); cf. IIIa, q. 68, a. 10 (XII, Romae, 1906, p. 102).

[24] IIIa, q. 70, a. 3 (XII, p. 118).

[25] Rossi, p. 68-69.

[26] Avec sa courtoisie extrême, le R.P. B.G. Guyot, O.P., a bien voulu mettre à notre disposition sa documentation personnelle à ce sujet.

periculis contingentibus circa sacramentum Eucaristie, cette compilation d'extraits de la IIIa Pars de la Somme Théologique. Or, depuis la seconde moitié du XVe siècle, nous pouvons constater une résurgence de l'accusation anti-juive de profanation d'hosties. En témoignent, en France même — où pourtant il n'y a plus de Juifs — les nombreux vitraux qui à partir de là apparaissent avec une représentation du fameux 'miracle des Billettes', sinistre accusation de profanation d'hosties soulevée à Paris en 1290 [27]. En regardant les lieux de parution de ces neuf incunables, on est encore frappé de constater, à côté d'une relative dispersion de cinq d'entre eux (un chaque fois à Cologne, à Augsbourg et à Passau, deux à Bâle), que quatre paraissent à Ulm (entre 1473 et 1476). N'est-on pas en droit de voir un rapport de cause à effet si en 1499 tous les Juifs sont expulsés de cette ville [28]?

Mais, revenons aux problèmes principaux soulevés par le *De regimine*. Si nous sommes dans l'ignorance du profit que la duchesse Aleyde a tiré de la réponse de Thomas d'Aquin, c'est-à-dire dans quelle mesure elle s'est conformée à ses règles de conduite, nous connaissons au moins un homme dans ce duché de Brabant qui a été ému par les mises en garde de l'Aquinate. Girard de Marbais, un ancien conseiller d'Henri III duc de Brabant, s'était adressé au Prieur de l'abbaye cistercienne d'Aulne-sur-Sambre (Hainaut), dans le diocèse de Liège, pour lui exposer son trouble de conscience. Lorsqu'il était au service du duc, il touchait une pension annuelle de 200 livres monnaie de Louvain; mais souvent, sur l'ordre même du duc, cette pension lui fut versée par des Juifs et sur leur argent. Il est troublé à la pensée que ces Juifs avaient extorqué cet argent par l'usure à des chrétiens. Le prieur d'Aulne avait transmis ce cas de conscience à Urbain IV. De la réponse du pape, du 8 février 1263, nous apprenons que si au niveau du simple fidèle le rigorisme de Thomas d'Aquin a eu quelque effet, le Saint-Siège refuse de s'engager sur cette voie. Aussi Urbain IV minimise-t-il le problème soulevé, tout en appréciant 'qu'il est le propre de bonnes âmes de redouter une faute là où il n'y a nulle faute'. Le prieur d'Aulne est chargé de rassurer Girard de Marbais sur le salut de son âme en acceptant de lui, à titre d'aumône, la somme de 100 livres [29]. S'il est vrai que peu de jours plus tard, le 20 février 1263, Urbain IV adresse à Albert, ancien évêque de Ratisbonne

[27] Nous préparons, en commun avec Mme F. Perrot, notre collègue du C.N.R.S., une étude sur ces vitraux et leur contexte liturgique et théologique.

[28] H. Wassermann, art. 'Ulm', dans *Encyclopaedia Judaica*, 15 (Jérusalem, 1971), col. 1524.

[29] *Les registres d'Urbain IV*, éd. Jean Guiraud, t. I (Paris, 1901), no 204, p. 57.

et légat du pape pour la croisade en Allemagne, l'instruction de forcer les Juifs à *restituer* aux croisés les usures, il peut ne s'agir que d'une erreur du scribe [30]. Ceci d'autant plus que, dans une bulle du 23 octobre 1263, ce même pape, et dans le même contexte, ne parle que de la remise des usures au bénéfice des croisés : *Judeos ... ad remittendas usuras ... compelli precipimus ...*[31]. Même formulation, se limitant à la *remise* des usures (*Judeos ... ad remittendas ... usuras ... compelli precipimus*), dans les bulles de Clément IV [32]. Quand ailleurs ce même pape envisage l'affectation de gains usuriers en 'subside pour la Terre Sainte', il s'agit d'usuriers chrétiens [33].

On aurait pu penser que, si Thomas d'Aquin n'a pas réussi à entraîner la papauté dans ses vues, il y aurait au moins réussi — et de manière posthume — au Concile œcuménique de Lyon en 1274. On sait que c'est en route pour ce Concile, obéissant à la convocation que lui avait adressée Grégoire X, que la mort a surpris l'Aquinate. Or, les actes conservés du Concile ne recèlent aucune trace d'une préoccupation au sujet des Juifs. Pourtant, Bruno, évêque d'Olmütz, dans un mémoire adressé au pape sur les propositions qu'il conviendrait d'y faire, avait aussi chargé les Juifs qui emploient des nourrices chrétiennes, exercent des emplois publics, pratiquent l'usure ... L'effet de ce texte a dû être largement effacé par le mémoire que rédige de son côté Humbert de Romans et qui, lui, prend la défense des Juifs contre d'éventuelles nouvelles attaques par les Croisés [34]. Grégoire X lui-même compte parmi les papes les mieux disposés à l'égard des Juifs. En renouvelant, en 1272, la Bulle de protection *Sicut Judaeis...*, il y ajoute la clause que serait irrecevable toute accusation portée contre un Juif et qui ne reposerait que sur des témoins à charge chrétiens. Il s'élève contre les accusations de meurtre rituel qui ont surtout pour but d'extorquer aux Juifs leurs biens [35]. Bien

[30] *Les registres d'Urbain IV*, I, nº 316, p. 87.

[31] *Les registres d'Urbain IV*, II, nº 467, p. 227.

[32] *Les registres de Clément IV*, éd. Edouard Jordan, t. I (Paris, 1893), nº 15, du 26 mars 1265, p. 5; nº 500, du 11 juillet 1267, p. 158.

[33] *Les registres de Clément IV*, nºs 661 et 1568, des 30 juillet 1268 et 27 avril 1265, p. 233 et 471.

[34] Cf. C. J. Hefele — H. Leclerq, *Histoire des conciles*, VI, 1 (Paris, 1914), p. 167; Fritz Heintke, *Humbert von Romans, der fünfte Ordensmeister der Dominikaner*, Historische Studien, 222 (Berlin, 1933), 130-131.

[35] Texte ap. Moritz Stern, *Urkundliche Beiträge über die Stellung der Päpste zu den Juden* (Kiel, 1893; réimpression Westmead, 1970), 5-7; cf. ibid. 7 sqq. Document omis dans l'édition des Registres de ce pape par J. Guiraud et E. Cadier? Aucun renvoi, de toute façon, dans les tables, s.v. *Judaei*.

mieux — et cela laisse deviner également un esprit général de tolérance envers les Juifs qui aurait présidé au Concile de 1274 — le pape rencontre à Lyon le fameux polémiste juif Nathan ben Joseph le Zélateur et discute très libéralement avec lui [36].

Si ni les textes du Concile de 1274 ni ceux de Grégoire X n'accusent aucune influence du *De Regimine*, on pourrait pourtant la déceler dans un Sirventes anonyme et certainement dû à un témoin oculaire du Concile. Quatre vers y répondent :

826 Mal seront mené li juif
Et si vus di, sicom je cui,
Q'il les convendra labourer;
829 Les jor lor convient lor prester

Le premier éditeur de ce texte est assurément allé vite en besogne en voulant voir dans ces quatre vers le résumé d'une constitution conciliaire perdue depuis; il lui trouve même un incipit : 'Cum sacrosancta'. Mes savants collègues et amis qui ont repris et l'édition et l'étude de ce texte, ne voient ici qu'une prise de position toute personnelle; et pour ce qui est de l'incipit 'cum sacrosancta', il ne concerne aucune constitution particulière — et partant aucune constitution antijuive; c'est tout simplement l'incipit de la rédaction du Concile, et qui deviendra 'Fidei devotio' lors de la promulgation [37]. On me pardonnera cet excursus quelque peu pédant : il m'importe de clairement faire voir qu'encore en 1274 l'Église dans ses deux institutions les plus élevées : Papauté et Concile œcuménique, refuse de suivre les propositions du *De Regimine*. Ce traité est pourtant déjà assez connu pour être cité — sans être expressément nommé — par notre Sirventes, en un raccourci saisissant qui se laisse rendre de la manière suivante : les Juifs seront forcés à travailler de leurs mains et (au lieu de prêter à usure) ils prêteront désormais leur temps.

[36] Cf. *Sefer Josef ha-Mekane* de Joseph ben Nathan l'Official, éd. Juda Rosenthal (Jérusalem, 1970), p. XVII et 54. 86. 105 (en hébreu).

[37] Cf. Valentin Putanec, 'Un sirventes en ancien français sur le Concile de Lyon de 1274', dans *Rad, Jugoslavenske Akademije Znanosti i Umjetnosti* nº 324 (Zagreb, 1962), 275-378; v. notamment p. 291. 346 et 356. — Ce Sirventes ayant été cité au Colloque du C.N.R.S. '1274, année charnière', Lyon et Paris 30 sept. — 5 oct. 1974, le R. P. M.-Ph. Hubert, O.P. qui, après avoir organisé ce colloque, dirige la publication de ses actes, a confié l'édition de ce texte 'à nouveaux frais' à MM. Carolus-Barré et J.-Ch. Payen. Ils ont dû repêcher neuf vers omis par Putanec, car ils donnent à nos vers la numérotation 835-838. La seule différence notable, au dernier vers : 'L'ennor lor convient lors prester'. La leçon de Putanec permet mieux de trouver un sens; v. sa traduction libre, p. 346 en apparat : 'Les Juifs seront malmenés, et je vous dis, comme je le pense, qu'il leur faudra travailler; il leur faut prêter les jours'.

Le *De Regimine* sert apparemment avec plus de succès d'exemple au pouvoir civil. Edouard Ier, roi d'Angleterre, semble s'en inspirer dans ses 'Estatutz de la Jeuerie' qu'il édicte en 1275 [38]. Il établit d'une part l'interdiction absolue de toute activité usuraire des Juifs : 'Ke nul geu desoremes ne preste ren a usure', mais 'kil vivent de marchaudise e per lor labur'. Pour leur permettre de vivre désormais de leur travail, il les autorise également à acheter ou prendre à ferme des terres de labour; mais, restriction grave et faite à compromettre l'ensemble des dispositions : l'autorisation de prendre à ferme des terres sera limitée à quinze ans. Il ne manque pas d'intérêt de faire remarquer à ce propos combien cette fois encore se vérifie le rôle assigné aux Juifs sur le plan économique : remplir les vides. Ajoutons également que cette constatation vaut, au-delà des Juifs, pour toute minorité. Quand, au lendemain de la conquête normande, les Juifs avaient commencé à s'installer nombreux en Angleterre, quand en même temps l'introduction d'une imposition générale créait le besoin d'une masse de numéraire disponible, leur fonction économique était clairement dessinée : satisfaire les besoins de circulation monétaire. Une urgence aussi aiguë se présente, dans la seconde moitié du XIIIe siècle, sur le plan agraire : de vastes étendues de terres de l'Angleterre étaient tombées en friche et attendaient vainement l'exploitation [39]. Voilà ce qui peut suffisamment expliquer ce 'transfert d'affectation économique' des Juifs que tentait d'opérer Edouard Ier. Notons encore qu'il n'y a finalement pas réussi. Et la conclusion en fut, quinze ans plus tard, en 1290, l'expulsion générale des Juifs d'Angleterre.

Que l'on me pardonne d'enjamber allégrement les siècles pour citer une dernière résurgence de l'opuscule de Thomas d'Aquin en 1539. Le Landgrave de Hesse Philippe, le plus passionné partisan de la Réforme parmi les princes allemands, dans sa double qualité de chef d'État et de prince suprême de l'Église et de gardien de l'Évangile, se devait de réfléchir sur la place des Juifs dans cette nouvelle 'res publica Christiana' [40]. Il avait demandé à ses conseillers d'élaborer un Statut des Juifs, qui lui fut soumis en décembre 1538. Dans ce texte, nous intéressent en particulier les

[38] *The Statutes of the Realm*, t. 1 (1810), p. 220-21; Cecil Roth, *A History of the Jews in England* (Oxford, 1941), p. 68 sqq., établit déjà le rapport entre ce Statut et l'opuscule de Thomas d'Aquin.

[39] Cf. les travaux de Michael Massey Postan, en particulier *The Agrarian Life of the Middle Ages*, t. 1 de la *Cambridge Economic History of Europe*, éd. sous sa direction (Cambridge, 1966).

[40] Cf. Selma Stern, *Josel von Rosheim : Befehlshaber der Judenschaft im Heiligen Römischen Reich Deutscher Nation* (Stuttgart, 1959), 131 sqq.

articles qui prévoyaient de permettre aux Juifs non seulement le commerce de marchandises, mais encore, sous certaines conditions destinées à éviter toute fraude, le prêt à intérêt au taux modeste de deux à trois pour cent. On voit, que la décision du IVe Concile du Latran de les empêcher de percevoir des 'usures lourdes et immodérées' était ainsi sauve. Le landgrave Philippe soumit ce statut à un groupe de théologiens, comprenant notamment Martin Bucer, cet ancien frère prêcheur qui avait transporté dans la Réforme son Thomisme, et Denis Melander, autre ancien frère prêcheur. C'est un Statut complet des Juifs qu'il s'agissait d'élaborer; les points qui nous intéressent ici dans les propositions de Martin Bucer et de ses compagnons sont ceux qui réglementent leur activité économique, en leur interdisant tout d'abord tout prêt à intérêt. Quelle occupation leur resterait alors permise : 'Les travaux les plus vils, les plus pénibles et les plus incommodes, tels que le travail de mine, de terrassement, de fortification, dans les carrières et les coupes de bois, de chaufournier, de ramoneur, vidangeur, écarisseur et des sembables' [41]. Cette fois encore, les propositions inspirées par Thomas d'Aquin n'ont pas été traduites dans la réalité. Dès le 23 décembre 1538, le landgrave Philippe rejetait l'ensemble des propositions de Martin Bucer et de ses compagnons; il ne se trouvait pas d'accord 'de tenir les Juifs avec autant de sévérité et de restrictions que ne le montre le projet des savants'. Entrant dans le détail des propositions, il remarque que les Juifs 'avaient prouvé envers ses sujets, en prêtant et en avançant de l'argent, plus d'amour et de bonté et avaient pris moins d'usures que les prêteurs chrétiens'.

En arrêtant là mon investigation sur la survie du *De regimine*, je tiens encore à faire état d'un texte inconnu et — me semble-t-il — jamais signalé à ce propos. Je l'ai découvert lors de mes recherches en vue de la présente étude, dans un manuscrit de la fin du XIVe/début du XVe siècle. Il a pour auteur un nommé Jean, pour lors occupant l'office de *lector* des frères mineurs à Paris. Après quelques hésitations, je crois l'avoir identifié avec Jean de Galles qui, après avoir été reçu dans l'ordre des Frères mineurs à Worcester et exercé les fonctions de régent de l'école franciscaine d'Oxford vers 1260, enseigna à Paris vers 1270 [42]. En revanche, je n'ai encore point réussi à élucider qui est cette 'illustre dame' à qui il

[41] Martin Bucer, *Opera Omnia*, Series I : *Deutsche Schriften*, ed. Robert Stupperich, VII (Paris-Gütersloh, 1964), p. 353 et 356.

[42] Cf. Th.-M. Charland, *Artes Praedicandi : Contribution à l'histoire de la rhétorique au moyen âge*, Publications de l'Institut d'études médiévales d'Ottawa, 7 (Paris-Ottawa, 1936), 55.

adresse son opuscule et qu'il qualifie de 'célèbre dans le monde et chère à Dieu' (... *Clara mundo cara Deo* ...). Or, les questions qu'elle venait de lui poser et auxquelles Jean de Galles s'efforce d'apporter d'amples réponses, sont en partie celles-là même auxquelles avait eu à répondre Thomas d'Aquin dans son *De Regimine*. La première, il est vrai, va tout de suite beaucoup plus loin : quel est le régime général qu'il convient d'appliquer aux Juifs. Il faut les tolérer, répond Jean de Galles, mais en usant de beaucoup de précautions à leur égard. Il faut leur interdire d'habiter dans des localités où ils n'avaient pas été établis auparavant, et de construire de nouvelles synagogues. Ils doivent être séparés de l'habitat des chrétiens, ne pas employer des serviteurs ou des servantes chrétiens. Il ne faut pas manger ou boire avec eux. Enfin — et à partir de là nous retrouvons le parallélisme entre ces deux traités accusé de plus en plus — il faut forcer les Juifs à vivre de leur propre travail, et il appartient à ceux qui exercent de l'autorité sur eux de les forcer à restituer les usures. Au delà du *De Regimine*, Jean de Galles semble s'être aussi largement servi de la Somme théologique. — La très mauvaise qualité de l'unique manuscrit pose assez de problèmes pour avoir retardé jusqu'ici l'édition que je me propose d'en présenter [43]. Mais dès maintenant je tiens à invoquer ce texte qui prouverait à lui seul, s'il était encore besoin de cette démonstration, combien une attitude antijuive pouvait se nourrir à la source du docteur angélique.

[43] A paraître dans la *Revue d'histoire ecclésiastique*.

Shlomo Pinès

SAINT THOMAS
ET LA PENSÉE JUIVE MÉDIÉVALE :
QUELQUES NOTATIONS

Avant de proposer quelques notations concernant les rapports entre Saint Thomas et la pensée juive médiévale, je voudrais en circonscrire le sujet.

Je signalerai d'abord certaines ressemblances dans les attitudes de la pensée ou dans la structure des œuvres entre Saint Thomas et des penseurs juifs qui lui sont antérieurs. En second lieu, je parlerai de quelques références de Saint Thomas, explicites ou pas, à des philosophes juifs, et notamment de l'influence qu'ont eue sur lui des doctrines et des positions qu'on trouve chez Maïmonide. En conclusion je tâcherai de faire ressortir le caractère thomiste de quelques conceptions que proposent des philosophes juifs qui ont vécu en Provence ou en Espagne au XIVe et XVe siècle, et qui contrastent avec les doctrines à affinité scotiste ou terministe exposée chez Hasdai Crescas. Je ne parlerai pas à ce propos des auteurs juifs originaires d'Italie pour la plupart, qu'on peut qualifier carrément de thomistes; ces auteurs-là sont traités par M. Sermoneta.

Dans un sens, et au point de vue strictement historique, les termes si discutés de philosophie chrétienne et de philosophie juive médiévale sont plus justifiés que celui de philosophie musulmane, si du moins on applique cette appellation à l'aristotélisme islamique de la grande époque, celle qui va en Orient du VIIIe ou IXe au XIe siècle, et en Espagne et dans le Maghreb se situe au XIe et XIIe siècles. C'est que, si l'on accepte les distinctions d'al-Fārābī, les philosophies chrétienne et juive du moyen âge, à en juger d'après certaines œuvres maîtresses, ressortissent par leur but au Kalām, cet art de raisonnement des *loquentes*, qui est destiné à sauvegarder les vérités de la foi religieuse; il est vrai que, contrairement aux *loquentes*, les philosophes juifs et chrétiens cherchaient à atteindre ce but, tout en retenant, dans la mesure où cela leur paraissait possible, les conceptions aristotéliciennes.

Notons en passant que par un accident historique, peut-être significatif, le plan des grandes sommes scolastiques, celui entre autres de la *Summa Theologica* et de la *Summa contra Gentiles* accuse dans ses grandes lignes une ressemblance avec les structures des œuvres musulmanes ou juives — par exemple l'*Amanāt wa' Itiqādāt* de Sa'adia Gaon, penseur juif du Xe siècle — qui traitent de façon systématique de la doctrine du Kalām non-philosophique.

Cette similitude peut s'expliquer par le fait que, d'une part, les grandes sommes semblent, en ce qui concerne leur mode de composition, être calquées jusqu'à un certain point sur le *De Fide* de Jean Damascène, œuvre traduite en latin par Burgundio de Pise sur l'ordre du pape Eugène IV, et que, d'autre part, la tradition orientale chrétienne, qui a déterminé le plan de ce traité grec, a pu influer, de façon moins directe, sur les structures des exposés doctrinaux faits par les *loquentes* musulmans et juifs.

Parmi les philosophes juifs Saint Thomas connaît Isaac Israéli — mais les références à ce philosophe ne présentent pas grand intérêt — Ibn Gabirol (autrement dit Avicebron), qu'il critique, et surtout Maïmonide. Je ne m'attarderai pas sur les objections formulées dans le *De Substantiis Separatis* contre les doctrines proposées dans le *Fons Vitae* d'Ibn Gabirol. Il s'agit pour Saint Thomas de montrer que cette dernière œuvre, qui est d'inspiration néoplatonicienne, bat en brèche les conceptions qu'au moyen âge on considérait comme aristotéliciennes. C'est l'affrontement de deux doctrines très différentes. Je me bornerai à noter à ce propos un détail curieux et qui laisse soupçonner des contacts sur lesquels on ne possède guère de renseignements. Au VIe chapitre du *De Substantiis Separatis* (44) Saint Thomas, en polémiquant contre la thèse d'Ibn Gabirol qui veut que les substances séparées soient composées de matière et de forme, cite une opinion possible (*potest autem quis dicere*) d'après laquelle le fait que ces substances ne fassent que participer à l'être, et que chacune d'elles soit seulement *ens in potentia*, peut légitimer la thèse qui leur attribue une matière. Cette interprétation, réfutée par Saint Thomas, de la thèse en question me semble être d'un caractère assez distinctif. Il est peu probable que l'idée en ait été conçue par plus d'un auteur. Si donc on la retrouve chez deux auteurs, on peut supposer un cheminement commun. Or on trouve, à propos de la théorie d'Ibn Gabriol dont il a été question, chez Abraham Ibn Dā'ud [1], un philosophe juif d'Espagne qui a vécu au XIIe siècle, et qui est le plus ancien critique du *Fons Vitae* qui nous soit connu, une explication du philosophe néo-

[1] Voir Abraham Ibn Dā'ud, [La Foi Sublime], *Ha-emuna ha-rama*, IV, 3, ed. Simson Weil (Frankfurt, 1852), p. 64 du texte hébreu. L'original arabe de cet ouvrage est perdu. Il en reste deux traductions hébraïques, dont une seulement a été éditée.

platonicien qui, pour l'essentiel, est similaire à celle qui est citée par Saint Thomas [2].

Or il ne semble pas que le traité philosophique d'Ibn Dā'ud, qui est intitulé *La foi sublime*, ait été jamais traduit en latin. Cependant ce philosophe a pu influencer les docteurs chrétiens par une voie différente. En effet, Mlle d'Alverny a proposé une hypothèse fort plausible d'après laquelle Johannes Hispanus qui, en collaboration avec Dominique Gundisalvi, aurait traduit le *Fons Vitae* en latin et qui est identifié à un traducteur d'origine juive nommé Avendaut, ne serait autre qu'Abraham Ibn Dā'ud. Cela pourrait vouloir dire que ce dernier a été mêlé au milieu intellectuel chrétien de Tolède, dans lequel les interprétations qu'il proposait du *Fons Vitae* ont pu être reprises.

Le rapport qui existe entre la pensée de Maïmonide et celle de Saint Thomas pose des problèmes d'une tout autre envergure. Je n'ai pas l'intention de relever les nombreuses citations explicites du premier qu'on trouve dans l'œuvre du second; ce travail a été fait et bien fait par Jacob Guttmann et par d'autres. D'ailleurs la plupart de ces citations ont un caractère occasionnel. Je mentionnerai à titre d'exemple les quatre références à Maïmonide qui se trouvent dans le *De Veritate* XII, c'est-à-dire dans la *quaestio de prophetia*. Maïmonide y est cité (art. 2,6) et approuvé, parce qu'il considère que, en ce qui concerne les choses qu'on connaît par la démonstration, il n'y a pas de différence entre le jugement d'un prophète et celui de quelqu'un d'autre. Il est également approuvé (art. 5) parce qu'il est d'avis que quelqu'un qui, tout en prétendant avoir une vocation de prophète, s'adonne à la volupté et aux sollicitations mondaines ne peut être qu'un faux prophète. Les deux autres citations de Maïmonide qu'on rencontre dans la *quaestio* en cause se trouvent dans l'article 12. La première pose un problème, car Saint Thomas semble dire ou suggérer que Maïmonide considérait que la prophétie qui a une vision imaginative est plus parfaite que celle qui a seulement une vision intellectuelle. Or Maïmonide émet l'opinion contraire au sujet de la prophétie de Moïse, laquelle, d'après lui, ne devait rien à la faculté imaginative.

Dans la quatrième citation Saint Thomas mentionne l'opinion de Maïmonide, d'après laquelle la prophétie de David serait inférieure à celle d'Isaïe et de Jérémie, et l'oppose à celle des saints.

A tout prendre, ces quatre citations de Maïmonide se réfèrent, comme

[2] Notons qu'Abraham Ibn Dā'ud ne met pas cette interprétation sur le compte d'Ibn Gabirol.

la plupart des autres qu'on rencontre dans l'œuvre de Saint Thomas, à des points de détail; à ce point de vue elles rendent bien compte de l'usage que dans la majorité des cas Saint Thomas faisait du *Guide des Égarés.* En effet, on trouve dans la *quaestio* dont il s'agit (XII, 3) une mise au point au sujet de la conception 'philosophique', au sens circonscrit du terme, de la prophétie. C'est la conception dont les tenants considèrent que 'naturaliter potest aliquis propheta esse' (XII, 3,9), et que le prophète est nécessaire à la conservation de la société humaine : car 'societas ... conservari non potest sine iustitia; iustitiae vero regula est prophetia' (XII, 3, 11). Saint Thomas fait remarquer que cette théorie n'est valable que pour la 'prophétie naturelle' à laquelle il oppose la 'prophétie divine'. D'autre part, il cite (XII, 3, 8 et 9) la source où il a rencontré la théorie en question : c'est chez Avicenne, dans VI *De naturalibus*, c'est-à-dire dans la *Sufficientia.* Or il aurait pu relever la même conception, à peu de choses près, dans le *Guide des Égarés*, qu'il a étudié de près, et auquel il se réfère à plusieurs reprises, comme nous l'avons vu, en traitant de la prophétie dans la *quaestio de prophetia.* Le fait qu'il ne l'ait pas fait me semble significatif et caractéristique de l'attitude de Saint Thomas. En effet, si celui-ci porte de l'intérêt au *Guide des Égarés*, ce n'est pas en raison des doctrines philosophiques qu'on y trouve et qui ont été reprises aux aristotéliciens arabes. Le service essentiel que cet ouvrage lui rend est d'indiquer les limites du savoir philosophique et du savoir humain tout court.

A ce propos ce n'est pas la théologie négative de Maïmonide qu'il s'agit de mettre en cause au premier chef. En effet s'il y a une certaine concordance entre le penseur juif et Saint Thomas dans leur façon d'affirmer l'ignorance de l'homme en ce qui concerne Dieu, il y a aussi des divergences assez graves. Comme je ferai remarquer tout à l'heure à propos de Gersonide, les négations de Maïmonide sont bien plus tranchantes que celles de Saint Thomas. D'autre part, ce dernier avait aussi d'autres sources pour sa théologie négative. Cependant, d'après les deux docteurs, les choses divines ne sont pas les seules que l'homme est condamné à ignorer : les limites de son savoir sont tracées bien en deça. C'est en ce qui concerne la détermination de ces limites que la ressemblance entre Maïmonide et Saint Thomas est manifeste.

Ainsi, il apparaît nettement que dans les textes où il traite de l'éternité du monde, question qui, selon les deux penseurs, ne peut être résolue par la raison, Saint Thomas suit Maïmonide sur des points essentiels (comme l'avait fait déjà, mais de façon moins évidente, Albert le Grand). A ce sujet il suffit de rappeler — après Guttmann et d'autres — que dans le *Commentaire* sur les *Sentences* — pour montrer qu'il n'est pas sûr que quand il s'agit du passé, on puisse toujours extrapoler à partir du présent — le docteur dominicain recourt à l'exemple d'un garçon élevé dans une île déserte qui, ne sachant rien sur la façon dont naissent les enfants, et fort de ce qu'il croit être son expérience, éprouve de la difficulté à accepter les faits. C'est un exemple dont, dans un contexte analogue, se sert Maïmonide. Cependant les preuves philologiques nous importent moins que la comparaison des démarches de la pensée.

Notons donc que dans le deuxième livre de la *Summa contra Gentiles* (on pourrait également se référer à la *Summa Theologica* et à d'autres écrits) Saint Thomas procède d'une manière dont on trouve l'analogue dans le *Guide* — où, il est vrai, l'agencement de l'argumentation est quelque peu différent. En effet, dans la *Summa* on trouve un exposé et une réfutation des arguments *ex parte Dei* et *ex parte creaturarum* qui sont mis en avant pour prouver l'éternité du monde, mais également un exposé et une réfutation d'arguments tendant à prouver la doctrine de la création temporelle. Des deux thèses en présence, dont ni l'une ni l'autre ne peut être démontrée, c'est cependant cette dernière qui doit être acceptée; c'est ce qu'exige, en effet, la *fides catholica* qui s'appuie sur des versets de la Bible. D'autre part, au début de la *Summa contra Gentiles* (Lib. I, cap. XIII) Saint Thomas affirme 'quod via efficacissima ad probandum Deum esse est ex suppositione aeternitatis mundi'. Tout cela, mutatis mutandis, a des parallèles dans le *Guide*.

Il y a évidemment des différences de détail. On ne rencontre pas chez Maïmonide l'analyse de la notion aristotélicienne de *nunc* qui permet à Saint Thomas de critiquer la preuve de l'éternité du monde basée sur cette notion; c'est une critique qui, au XIVe siècle, sera reprise par le philosophe juif Gersonide dont il sera question tout à l'heure.

Il y a aussi une différence capitale. En choisissant entre les thèses en présence, qui sont toutes les deux indémontrables, Saint Thomas a un guide auquel il reconnaît une autorité absolue : la foi catholique, qui, par le magistère de l'Église, s'explicite dans les dogmes. Rien de pareil chez Maïmonide. Il est vrai qu'il a formulé les treize principes du Judaïsme, mais cet énoncé visait avant tout à une mise en ordre des croyances généralement acceptées par la communauté juive, ou que Maïmonide aurait voulu qu'elles le fussent. C'était donc à l'origine une tentative pour définir un des critères qui déterminent l'appartenance à cette communauté et cette tentative ne tirait son autorité que de la personne même de Maïmonide. La question de savoir si ces questions sont vraies était dans ce contexte hors de propos.

Revenons au problème de l'éternité du monde, mais sous un autre aspect; je signalerai le rapport réel, mais en quelque sorte antithétique, qui s'établit lorsqu'on confronte les discussions médiévales avec l'une des antinomies de Kant.

Nous avons vu que Maïmonide, suivi par les docteurs de l'École, tâchait de prouver que les arguments qui étayaient la thèse de l'éternité du monde étaient aussi douteux et peu concluants que ceux dont on se servait pour soutenir la thèse contraire et que, par conséquent, il fallait admettre que la raison humaine était incapable de résoudre le problème.

Cependant, de toute évidence, cette résignation n'était pas le fait de tous les penseurs du moyen âge. Parmi les musulmans et parmi les juifs, il ne manquait pas d'Aristotéliciens de stricte observance qui, à l'encontre de Maïmonide, considéraient que le Philosophe — cela pouvait aussi être Proclus — avait démontré de façon irréfragable l'éternité *a parte ante* du monde. D'autre part, Jean Philopon déclare expressément, dans un ouvrage perdu, qu'il veut démontrer la thèse de la création temporelle, ce qu'il fait aussi dans le *Contra Proclum.* Il existe un résumé de l'ouvrage en question, les *kephalaia,* en version arabe, dont j'ai publié une traduction anglaise. Or, cet ouvrage et cet exemple ont eu des imitateurs au moyen âge.

C'est dire qu'on peut trouver dans la littérature philosophique du moyen âge en ce qui concerne la question de l'éternité du monde deux démonstrations visant à prouver deux thèses contraires, et dont chacune prétend être irréfutable. Tout se passe comme si Kant s'est rendu compte de ce fait, et en a tiré une conclusion qui dans l'histoire de la philosophie a une importance certaine. En effet, lorsque dans la *Critique de la Raison Pure* il traite de cette question dans la première partie de la première antinomie, il confronte, en modifiant quelque peu les formulations, des démonstrations médiévales qui s'opposent l'une à l'autre, et soutient que sa philosophie critique indique une issue à l'impasse dans laquelle la raison humaine semblait se trouver; en effet, elle paraissait être acculée à accepter comme vraies, puisque démontrées, deux thèses contraires.

Tandis que l'opinion de Maïmonide et celle de Saint Thomas concernant les limites de la connaissance humaine sont déterminées en partie par le caractère peu concluant des preuves de l'éternité ou d'un commencement temporel du monde, la doctrine critique de Kant qui définit ces limites se justifie, du moins dans une certaine mesure, par le caractère démonstratif et irréfragable de ces preuves qui se contredisent.

Notons que si l'on accepte l'opinion d'al-Fārābī d'après laquelle le kalām serait au premier chef une défense de la religion, les positions de

Maïmonide et de Saint Thomas dont il a été question et, peut-être, aussi celle de Kant — car il semble qu'on puisse interpréter dans ce sens certaines de ses remarques — relèveraient d'un kalām à bases solides, qui endiguerait les prétentions des philosophes dogmatiques en montrant les limites du savoir humain. Je crois qu'il y a en plus une certaine ressemblance incomplète, une convergence des vues de Maïmonide et de Saint Thomas à propos d'une autre sujet, que Kant reprendra et renouvellera, car il me semble qu'encore une fois il faut se référer à lui. Il s'agit de la mise en question — provoquée par des considérations tenant aux limites du savoir humain — d'une certaine conception de la métaphysique. Il est par ailleurs douteux qu'on puisse parler à ce propos d'une influence caractérisée de Maïmonide sur Saint Thomas. Il est en revanche possible que les prises de position de tous les deux aient été directement ou indirectement influencées par une doctrine d'al-Fārābī.

La doctrine dont il s'agit était exposée dans le *Commentaire* d'al-Fārābī sur l'*Éthique à Nicomaque*, ouvrage qui n'a pas été conservé; il ne nous est connu que par des citations qui se trouvent chez des auteurs postérieurs. A en croire ces citations, al-Fārābī aurait affirmé dans cet écrit que l'homme ne peut connaître des formes abstraites (*formas abstractas*); ce qui semble vouloir dire que l'intellect humain ne peut parvenir à la connaissance des entités immatérielles, comme le sont les intellects séparés; il n'a de science que des choses composées de matière et de forme. C'est sans doute une conclusion qui se base sur la thèse aristotélicienne d'après laquelle il ne peut y avoir de connaissance humaine sans le concours des sens. Au point de vue épistémologique, cette conclusion peut signifier l'abolition d'une des parties principales de la métaphysique, celle qui traite de Dieu et des autres entités immatérielles — les deux autres subdivisions de la discipline en question étant, d'après al-Fārābī, celle qui étudie l'être en tant qu'être et celle qui examine les principes et les modes de démonstration des autres sciences. On pourrait croire que cette position relève de la théologie négative. Ce n'est pourtant pas le cas. En effet, dans l'écrit dont il s'agit, al-Fārābī ne semble pas avoir voulu cerner les limites de tout intellect quel qu'il soit qui est incapable de saisir Dieu, mais celles qui sont propres à l'intellect spécifiquement humain.

Chez Maïmonide aussi bien que chez Saint Thomas — quoique à un degré bien moindre chez ce dernier — on trouve une mise en question, reprise sur de nouvelles bases par Kant, de la métaphysique conçue comme la science dont l'un des objets principaux est la connaissance de Dieu et des substances immatérielles, que sont les intellects séparés. La connaissance de Dieu étant impossible, si l'on en croit la théologie négative, reste celle des substances en question. Or Maïmonide — du moins dans un passage, car il se contredit ailleurs — met ses lecteurs en garde contre l'acceptation des notions aristotéliciennes concernant l'ordre de ces intellects. Dans la mesure où la métaphysique porte sur ces questions, elle relève — comme le fait d'ailleurs une bonne partie de la physique — de la conjecture et non pas du savoir. Car les théories dont il s'agit ne peuvent être démontrées.

Saint Thomas va plus loin dans sa critique des doctrines des aristotéliciens dont il s'agit. La thèse, dont je vais parler, a une certaine ressemblance avec celle de l'écrit perdu d'al-Fārābī, auquel j'ai fait allusion. Cette ressemblance ne s'étend d'ailleurs pas aux tendances qu'on peut déceler dans les deux thèses. Car celle d'al-Fārābī est animée d'un esprit antireligieux. Or Saint Thomas affirme dans la *Summa contra Gentiles*, livre III, chapitres XLI à XLVI, contrairement aux opinions d'Alexandre d'Aphrodise, d'Averroès, d'autres encore, qu'il est impossible que dans cette vie l'homme puisse connaître 'substantias separatas' c'est-à-dire, les intellects séparés.

Il s'ensuit que, à l'encontre de l'opinion d'Averroès, cette connaissance ne peut être l'ultime félicité de l'homme. C'est la thèse d'al-Fārābī, et c'est la récusation d'une bonne partie de la métaphysique. Après al-Fārābī, Saint Thomas et — d'une manière différente sous certains égards mais ressemblante par d'autres — Maïmonide inaugurent la lignée des philosophes qui, à partir de présupposés aristotéliciens, font de la détermination critique des bornes du savoir humain, l'une des tâches principales de la pensée.

J'arrive maintenant au second thème. Il s'agit de faire ressortir quelques similitudes entre les doctrines de Saint Thomas et celles de certains philosophes juifs du XIVe et du XVe siècles, ressemblances qui paraissent indiquer une influence de la pensée du premier. Cette influence ne fait pas de doute en ce qui concerne les philosophes juifs d'Italie dont traite M. Sermoneta; car ils la proclament, tandis que ceux dont je parlerai ne s'y réfèrent en général pas de façon explicite. Remarquons que les circonstances historiques favorisaient une influence de ce genre. A ce point de vue le XIIIe siècle est un siècle-charnière pour le Judaïsme. En effet, auparavant, les grands centres intellectuels juifs étaient en pays d'Islam. Au cours de ce siècle la situation change. Les penseurs juifs les plus en vue vivent désormais en pays chrétien. De ce fait l'arabe cesse d'être la langue véhiculaire de la culture philosophique. Les philosophes juifs écrivent en hébreu, parlent la langue romane du pays où ils habitent. Certains savent le latin. D'autre part, ils se rendent compte de l'essor de la pensée chrétienne. Ainsi dès la première moitié du XIIIe siècle, Samuel Ibn Tibbon, traducteur célèbre, qui entre autres traduisit de l'arabe en hébreu le *Guide des Égarés*, constate que, de son temps, la connaissance des sciences est plus répandue chez les chrétiens que chez les musulmans. Or c'était un homme très versé en philosophie arabe. Remarquons qu'assez vite des textes scolastiques, dont des traités de logique, furent traduits en hébreu. Hors d'Italie, le premier philosophe juif de marque dans la pensée duquel on puisse déceler l'influence directe ou indirecte de Saint Thomas est, à ce qu'il me semble, Gersonide, né en 1288 en Provence, pays où il a vécu toute sa vie, entretenant quelques rapports avec la cour papale d'Avignon. Astronome et astrologue, certains de ses écrits ont été traduits de son vivant en latin, langue qu'il a sans doute connue. S'il connaissait, ce qui paraît être certain, des ouvrages des docteurs de l'École, c'est probablement parce qu'il les a lus. Le mode d'exposition qu'il a adopté dans son grand ouvrage philosophique intitulé *Les Guerres du Seigneur* en fait d'ailleurs foi. L'exposé patient et approfondi des doctrines, qu'on rencontre dans cette œuvre, l'affranchissement de la crainte des longueurs et des répétitions n'ont pas de parallèle dans les ouvrages arabes que Gersonide a pu connaître. En revanche, il rappelle de près certains traités de scolastique chrétienne. Venons-en aux doctrines de Gersonide. Je me bornerai à en citer deux qui paraissent accuser l'influence de conceptions professées par Saint Thomas.

L'une de ces doctrines a trait à Dieu. En effet, Gersonide critique la théologie négative telle qu'elle est exposée dans certains chapitres du *Guide des Égarés*; il n'accepte pas son caractère absolu, à savoir l'absence proclamée de tout rapport entre Dieu et les créatures. Il essaye d'y substituer une autre doctrine. Or, certaines des formules dont il se sert pour expliciter cette doctrine ont un caractère nettement thomiste; il en va de même de sa position fondamentale, qui comporte — comme c'est le cas chez Saint Thomas — le rejet de l'affirmation de Maïmonide d'après laquelle on ne peut appliquer les mêmes termes à Dieu et aux créatures que de façon tout à fait équivoque. La théorie de Gersonide, qui rappelle celle de Saint Thomas, pose que c'est par prius et posterius que s'établit la hiérarchie entre les attributs divins et ceux qu'on assigne aux créatures. Comme exemple de prius et posterius Gersonide cite dans ce contexte le rapport de la substance et de l'accident. Ce même rapport est mentionné dans un contexte analogue dans la *Summa contra Gentiles*, Livre I, chapitre XXXIV. Ces points, d'autres encore, semblent montrer que la doctrine de Gersonide sur Dieu et les attributs divins a été influencée par des conceptions thomistes, ou celles de scolastiques qui dans ce domaine sont proches de Saint Thomas. On ne peut, il est vrai, prouver que Gersonide ait connu directement l'œuvre de ce dernier. Mais cette œuvre avait certainement aidé à constituer le climat intellectuel du philosophe juif qui, formé à l'école de Maïmonide et d'Averroès, était à la recherche de solutions personnelles.

Je ferai brièvement allusion à un autre point de ressemblance entre la pensée de Saint Thomas et celle de Gersonide. Il s'agit de la critique de la notion d'instant, *nunc*, tel que l'expose Aristote et qui s'en sert pour prouver l'éternité du monde. D'après une définition d'Aristote le *nunc* est ce qui relie le passé à l'avenir. Donc il n'y a jamais eu de *nunc* qui fut le premier. Saint Thomas dans la *Summa contra Gentiles*, Livre I, chapitre XXXVI et aussi dans son commentaire sur la Physique et, de même, Gersonide s'inscrivent en faux contre cette argumentation. En effet, ils soutiennent, comme le fait d'ailleurs l'auteur des *Quaestiones super libros physicorum*, attribuées peut-être à tort à Siger de Brabant, que le *nunc* peut avoir pour seule fonction celle de commencer une période de temps. Donc il a pu y avoir à la création du monde un premier instant. L'argument remonte peut-être à Jean Philopon. Mais il semble indubitable que Gersonide l'ait emprunté à un texte scolastique, qui a pu être, simple supposition parmi d'autres possibles, la *Summa contra Gentiles.*

Par ailleurs, l'étude précise des points de ressemblance entre les doctrines et les arguments de Saint Thomas et ceux de Gersonide est à peine amorcée. Étude qui pourrait éclairer certaines notions fondamentales du philosophe juif, ainsi, peut-être, sa théorie du concept, qu'il formule en étudiant la question de savoir si l'homme peut connaître les intellects séparés. La doctrine de Gersonide au sujet des attributs divins qui est proche de celle de Saint Thomas, l'est également, par certains de ses aspects, de celle de Duns Scot. Seulement on ne trouve chez Gersonide aucune trace de ce qui fait l'une des particularités de la conception scotiste. En effet, il ne met pas l'accent sur l'infinité divine qui s'oppose à la finitude des créatures. Il est peu probable qu'il ait subi l'influence de Scot. Sur ce point et sur d'autres, concernant la conception de Dieu et de ses attributs ainsi que la fin dernière de l'homme, qui ne serait pas la perfection intellectuelle, la pensée de Ḥasdai Crescas, philosophe juif d'Espagne, dont la vie enjambe le XIVᵉ et le XVᵉ siècle rappelle d'assez près celle de Scot ou des disciples de ce dernier. D'autre part, la physique de Crescas, qui est en grande partie une critique de la physique aristotélicienne, a, malgré une pointe d'originalité, une ressemblance certaine avec la physique terministe, celle de Buridan, de Nicole Oresme, d'autres encore, qui au XIVe siècle fut enseignée à l'Université de Paris et ailleurs.

Ainsi Crescas, philosophe personnel et, je l'ai déjà dit, original, est aussi un témoin juif du bouleversement que la scolastique a subi par l'action de Scot et par l'élaboration d'une nouvelle physique.

Dans l'Espagne du XIVe et du XVe siècle, il y a eu plusieurs penseurs juifs fortement engagés dans la polémique contre des théologiens chrétiens, dont certains étaient des Juifs convertis. Ils devaient, par conséquent, prendre position à l'égard de conceptions d'origine scolastique, auxquelles, à l'occasion, leurs adversaires avaient recours. C'est un chapitre fort intéressant de l'histoire, mais qui a été à peine étudié du point de vue philosophique.

Albo, le dernier philosophe juif dont je veux traiter, était au XVe siècle un controversiste de marque, et un penseur éclectique, ou réputé tel, qui semble prendre à son compte tour à tour les idées de Maïmonide et celles de Crescas, et adopte aussi à l'occasion des doctrines scolastiques, qui rappellent celles de Saint Thomas. Il en est ainsi, peut-être, de certaines de ses affirmations au sujet des attributs divins, je ne m'y arrêterai pas. Il rapporte d'ailleurs une discussion avec un interlocuteur chrétien qui l'avait entrepris en se servant d'une classification des commandements de la Torah qui semble inspirée de celle de Saint Thomas. Par ailleurs, une doctrine importante d'Albo, au sujet de laquelle l'influence de la pensée scolastique et peut-être celle de Saint Thomas est manifeste, est celle de la division tripartite des lois. C'est une division qui correspond à la division thomiste, qui pose une *lex naturalis,* une *lex humanitus posita* et une *lex divina.*

Or, ni la philosophie arabe, exception faite de quelques théologiens chrétiens de langue arabe, ni la philosophie juive qui en procède, ne connaissent une *lex naturalis* au sens que lui donnent Saint Thomas et Albo. Dans les écrits arabes chrétiens ce terme désigne parfois la loi du plus fort. La philosophie arabe et la juive parlent parfois, il est vrai, des commandements établis par la raison, mais c'est là une terminologie différente. A ce sujet, l'emprunt qu'a fait Albo à la pensée scolastique ne fait pas de doute.

Dans les décennies qui précèdent l'année 1492, où les Juifs ont été expulsés d'Espagne, le nombre des traductions hébraïques des textes scolastiques s'accroît; et, de même leur influence, semble-t-il, — mais la plupart des penseurs juifs de cette période sont pour le moment mal connus —. Comme le dit M. Sermoneta, l'influence de Saint Thomas est nettement attestée. Mais l'expulsion met fin à cette évolution ou en transforme le caractère.

Dans ces quelques remarques j'ai essayé d'indiquer que la pensée scolastique, celle de Saint Thomas, comme celle de Duns Scot et d'autres, de même que celle de certains philosophes qui ne peuvent être qualifiés de 'thomistes', a été un facteur très important dans l'évolution de la pensée juive, et que, malgré l'autonomie de cette dernière, quelques-unes de ses étapes, ainsi l'étape Crescas, correspondent à celles de la philosophie chrétienne.

Josef SERMONETA

POUR UNE HISTOIRE DU THOMISME JUIF

Dans les traités sur l'histoire de la philosophie juive, on constate une erreur de perspective considérable. Sauf quelques rares exceptions, la plupart des érudits de la pensée médiévale mettent en évidence la symbiose et le rattachement de la pensée juive à la pensée médiévale islamique, alors que l'étude des relations entre la pensée juive et la pensée chrétienne et l'analyse de leur influence réciproque sont laissées pour compte. De même, si dans le domaine de l'histoire, l'apport des penseurs arabes et juifs au développement idéologique de l'école dominicaine du XIIIe siècle et la connaissance, par exemple, des textes d'Avicenne, de Maïmonide et d'Averroès sont largement mis en relief, en revanche, la participation des Maîtres de l'école dominicaine aux développements ultérieurs de la pensée juive en Occident, à partir de la seconde moitié du XIIIe siècle jusqu'au début de l'époque moderne, ne fait l'objet d'aucune étude spécifique.

La question est la suivante : jusqu'où la pensée et l'œuvre philosophique de St. Thomas d'Aquin — celui qui, plus que quiconque, représente la pensée occidentale du moyen âge — ont-elles pénétré le monde juif? Jusqu'où les thèses fondamentales du thomisme ont-elles été acceptées par les philosophes juifs ? Sur ce sujet aucune étude approfondie n'a encore vu le jour.

Les œuvres des trois plus grands philosophes juifs de l'époque, Lévi Ben Ghershon, Chasdai Crescas, Josef Albo, ont été analysées sans tenir compte de l'influence des écoles et de la scolastique chrétiennes en général, et du thomisme en particulier. Les nombreuses traductions en hébreu des œuvres de St. Thomas d'Aquin, achevées du XIIIe au XVe siècle, n'ont jamais été publiées et la liste des manuscrits eux-mêmes est encore incomplète.

L'histoire du courant thomiste, au sein du judaïsme, commence paradoxalement avant le thomisme lui-même et se situe autour des années des premiers contacts entre les cercles dominicains d'Italie méridionale et les traducteurs juifs qui évoluaient à la cour de Frédéric II et de son fils Manfredi. Ce sont en effet ces traducteurs juifs qui, les premiers, introduiront dans le monde latin la différence entre 'théologues' (cha-

chamè ha-dath) et 'philosophes', différence dont les origines remontent au KALAM islamique. Ils appellent 'théologues' ceux qui interprètent rationnellement les données de la Révélation et 'philosophes' les aristotéliciens de tendance averroïste.

Ainsi, les élèves de Maïmonide qui vivent en Italie méridionale, tels que Jacob Anatoli, son fils Anàtolio et Mosé de Salerne, mort en 1279, se considèrent comme des 'théologues' et, en tant que tels, trouvent des alliés naturels dans les cercles dominicains qui, grosso modo, tentent de rationaliser les vérités de la foi. Les trois problèmes classiques au centre des préoccupations de ces précurseurs du thomisme se résument dans la possibilité de démontrer les points suivants : l'immortalité de l'âme créée, la création ex-nihilo et l'existence de rétributions dans le monde à venir.

Mosé de Salerne, qui étudia le *Guide des Égarés* avec le dominicain Niccolò da Giovinazzo et qui collabora probablement à la traduction de cette œuvre en latin, cite plusieurs fois, dans son commentaire sur le *Guide*, Pietro de Ibernia, le maître de St. Thomas, avec lequel il eut des contacts au Studium napolitain peu après 1250.

Dans l'œuvre du commentateur juif, l'effort de retrouver une analogie de valeurs et de signification entre la terminologie philosophique tibbonique-maïmonidienne et la terminologie philosophique latino-vulgaire est évident. Dans son commentaire sur le *Guide* apparaissent les mêmes préoccupations logiques qui furent celles de St. Thomas; par exemple, l'analyse des concepts d'analogie, de relation, d'essence, etc. Mosé de Salerne, on le sait, étudiait et traduisait le *Guide* avec la collaboration des Dominicains. Dans cette perspective, il n'est pas étonnant de retrouver, dans l'œuvre du commentateur juif, les mêmes indices de leurs préoccupations doctrinales communes. Pour les Dominicains, l'étude du *Guide* de Maïmonide a essentiellement pour but de combattre d'une part les averroïstes et d'autre part les opposants aristotéliciens de la philosophie. Les philosophes juifs, eux, prennent une part active à ces études, et dès que l'œuvre de St. Thomas commence à être répandue, ils s'en servent pour les mêmes raisons.

Pour les philosophes juifs — en particulier ceux qui vivent en Italie vers la fin du XIIIe siècle — reconnaître le thomisme ne voulait pas dire pour autant qu'ils reconnaissaient les dogmes de la foi catholique (un exemple à ce propos : la censure interne exercée sur les textes de St. Thomas lorsque le traducteur juif rencontre les indices de ces dogmes). En fait, pour le philosophe juif, le thomisme représentait une interprétation de l'aristotélisme, interprétation qui, d'une part, reflétait bien plus la vraie pensée du Stagirite que ne le faisait la ré-élaboration du Corpus aristotélicien dans l'œuvre de Maïmonide; cette interprétation, d'autre part, conservait plus que chez Maïmonide lui-même les conceptions fondamentales de la croyance d'origine biblique.

C'est donc sous cet angle qu'il faut considérer l'activité du premier thomiste juif, Rabbi Hillèl de Vérone qui, en 1291, illustre dans son *Tagmulé Ha-nefesh* (Les rétributions de l'âme) les thèses essentielles du *De unitate intellectus contra Averroistas*, réfutant ainsi la théorie averroïste d'un intellect possible, unique et séparé. Pour Rabbi Hillèl, l'œuvre de St. Thomas est la seule tentative réussie qui concilie les vérités de la foi et les vérités de la raison, et lorsque dans les milieux du judaïsme les polémiques des aristotéliciens contre Maïmonide deviennent plus fortes, il n'hésite pas à proposer la convocation d'un concile œcuménique pour décréter officiellement que l'interprétation, dans une perspective thomiste, de la doctrine de Maïmonide est la seule à ne pas être en contradiction avec la foi juive. Hillèl de Vérone voit en St. Thomas le Maïmonide de son époque, un Maïmonide capable de répondre aux questions que le Maître lui-même avait laissées sans réponse. Par exemple, le problème d'un intellect agent particulier pour chaque âme, celui de la permanence de la végétative après la décomposition du *synolon*, celui encore du nombre infini des intellects séparés. Et même lorsqu'il trouve une réponse rationnelle aux événements surnaturels décrits dans les premières pages de la Bible et dans l'interprétation des versets mêmes de l'*Opus creationis*, Rabbi Hillèl reprend la *Summa Theologica* qui, selon lui, est en mesure d'offrir une réponse aristotélico-naturaliste aux incongruités du texte, sans pour autant léser la vérité absolue du texte biblique.

Pour les philosophes de la génération postérieure à celle de Rabbi Hillèl, la reconnaissance du thomisme n'a aucune arrière-pensée politique; ils ont surtout le sentiment qu'une attitude nettement anti-aristotélicienne ou, au contraire, une attitude carrément pro-averroïste, entraîneraient toutes deux l'ébranlement des vérités de la foi et serviraient à faire reconnaître le thomisme par le groupe de philosophes romains guidé par Jehudàh ben Daniel Romano (1280-1320 circa). Exactement comme chez certains élèves de St. Thomas, le thomisme de Rabbi Jehudàh prend un aspect néo-platonisant et souvent même augustinien. Jehudàh définit St. Thomas : 'Le Maître qui nous a fait don des interprétations philosophiques selon la Vérité' (ha khakham asher channàn bi'urè ha-filosofiah al'amittatàm); il avoue clairement préférer ces conclusions à celles des philosophes juifs de son époque, parce que 'plus près de la foi'. Mais dans sa polémique sur 'l'intentionalité' de la lumière, il préfère se ranger du côté de Gilles de Rome. Rabbi Jehudàh est le plus grand traducteur des œuvres thomistes. De 1300 à 1320, il se consacrera à faire connaître la doctrine du Doctor Angelicus parmi les élites du judaïsme, en particulier en Italie, — élites qui, en général, ignoraient le latin. Il traduit le *De Ente et Essentia*, le commentaire sur le *De Anima*, toutes les questions de la *Summa* qui traitent de métaphysique, de logique, de morale et de psychologie, le commentaire de St. Thomas sur le *Liber de causis* et différentes autres questions traitées dans la *Summa contra Gentiles*.

Cette liste des traités thomistes traduits par Rabbi Jehudàh n'est certainement pas exhaustive et il ne fait aucun doute que l'étude de ces traductions pourrait nous réserver quelques surprises. Souvent la traduction en hébreu permet de reconstituer certaines leçons ambiguës ou corrompues, d'élucider le texte original lui-même. Enfin, la fidélité à St. Thomas entraîne Rabbi Jehudàh à censurer tous les textes non-thomistes qu'il a eu l'occasion de traduire, afin d'éviter toute expression qui évoquât l'hylémorphisme de Ibn Ghebirol. Dans sa traduction hébraïque du *De Unitate* de Dominique Gundisalvi, il modifie tous les termes qui font allusion à la matière spirituelle, à l'hylémorphisme angélique et qui rappellent le panthéisme avicenniste-ghebirolien. En modifiant la terminologie selon les interprétations du *De Ente et Essentia*, il ne fait que reconnaître la différence entre essence et existence, formulée par St. Thomas — différence qui introduit la composition dans la sphère des substances simples.

A partir de la deuxième moitié du XIVe siècle, le thomisme juif se stabilise et s'institutionalise. Et ce caractère de doctrine officielle et reconnue, qui lui est universellement attribué, apparaît chez les philosophes juifs postérieurs à Rabbi Jehudàh Romano et à Hillèl de Vérone.

Ainsi, le thomisme est codifié et d'aucuns le classent dans la catégorie des doctrines dites orthodoxes. Doctrine qui, dogmatisme mis à part, est la seule à concilier la vérité de foi et la vérité de raison. De plus, être thomiste confère aux philosophes de cette époque une double garantie : à l'intérieur d'abord ou, si l'on veut, dans la polémique avec les anti-aristotéliciens et les anti-maïmonidiens, cela leur permet d'échapper à l'accusation de miner les principes de base de la foi, tels que l'immortalité de l'âme, l'interprétation littérale et non allégorique des textes bibliques, la résurrection des morts, etc...; et à l'extérieur, ils évitent le risque d'être accusés d'hérésie, d'être identifiés aux averroïstes et cela leur permet d'atténuer, sur la plate-forme aristotélicienne commune, les aspects les plus critiques de l'Altercatio séculaire entre l'Église et la Synagogue.

Cette tendance deviendra plus évidente au XVe siècle, surtout en Espagne, dans l'œuvre d'un des philosophes juifs les plus connus de la fin du moyen âge : Josef Albo (1380-1444). Dans son *Sefer Ha-Iqarim* (Le livre des Principes), Albo tente de créer une théologie dogmatique du judaïsme et met en relief les aspects communs au judaïsme et aux autres religions révélées; il reconnaît les distinctions thomistes de loi divine, loi naturelle, loi conventionnelle. De même, on retrouve une forte tendance thomiste dans le traité d'Abraham Bibago *Derekh ha-Emunà* (La Voie de la Foi) qui n'a pas encore été commenté de façon satisfaisante.

Mais celui qui fera explicitement profession de foi thomiste est le traducteur et philosophe Eli Xabilio (deuxième moitié du XVe siècle). Lorsqu'il traduit certains 'problèmes' de logique, il s'acharne contre Duns Scot, Guillaume d'Ockham et les adeptes de la *vie moderne*; ceux-ci en minant les bases de l'aristotélisme, ébranlent en même temps les bases de la foi. 'Et voilà, je vis que les savants Gentils suivent des voies différentes dans l'interprétation de la foi; l'une d'elles c'est la voie de la rectitude qui mène vers la plaine... la grande voie que devra choisir quiconque recherche la vérité et la paix. Et cette voie, c'est celle du Maître Thomas d'Aquin qui suit les pas du Philosophe... Il a séché les mers des hérésies; il a sauvé qui était sur le point de se noyer'. Thomas est donc le défenseur de la foi, de cette foi qui ne contredit pas la philosophie. Il est l'*auctoritas* à laquelle il faut s'adresser si l'on veut comprendre la foi grâce aux principes de l'intellect; sa doctrine n'est pas en contradiction avec la philosophie d'Aristote.

L'expulsion d'Espagne, en 1492, n'interrompra pas l'histoire du thomisme juif qui continue à avoir prise sur les élites juives tout au long du XVIe siècle en Italie et dans les nouveaux centres de culture de la Méditerranée orientale où elles ont trouvé refuge. A la lecture des œuvres de Josèf Abravanel et de son fils Jehudàh, de Jechi'èl de Pise et même d'Ovadiah Sforno, le commentateur bien connu de la Bible, on retrouve aisément les thèses et les solutions thomistes — en particulier en métaphysique et en psychologie — extraites en grande partie de la *Summa Theologiae*. Et l'on peut affirmer qu'aussi bien la *Summa* que le *Guide des Égarés* de Maïmonide gardent valeur de textes de référence courants : on en retire les expressions les plus significatives, les verdicts et les *conclusiones*, délaissant les passages logiques qui portent à la *conclusio* et ceux de la méthodique de la *quaestio*. Tantôt nous nous trouvons en face de positions plus éclectiques que celles des philosophes des siècles précédents; tantôt le thomisme de cette époque a une saveur fortement néo-platonicienne teintée en même temps d'averroïsme. Il suffit de penser au rôle que le thomisme a joué dans l'œuvre de Marsilio Ficino et à l'influence qu'il exercera sur les tentatives concordistes de Pico della Mirandola : on retrouve ces mêmes tendances éclectiques et conciliatrices dans les œuvres des auteurs cités plus haut. Dans ce sens, il n'est pas inutile de rappeler l'interprétation philosophique de l'*Ecclésiaste* que nous a léguée le premier maître des Cabalistes de Safed, Rabbi Josèf Taitazaq, qui a vécu et travaillé à Salonique pendant la première moitié du XVIe siècle. Taitazaq se sert de la *Summa* pour commenter l'*Ecclésiaste*; il explique, à la manière thomiste, que la résurrection des morts et l'état de perfection de l'humanité à l'ère messianique dépendront de l'union totale, dans la forme et dans la matière, du *synolon*.

Contrairement à la tradition philosophique maïmonidienne, et toujours selon la *Summa*, Taitazaq attribue à chaque individu un intellect agent particulier, il soutient que l'âme humaine est créée directement par la *Causa prima*; il se sert du *De Veritate* pour expliquer le moyen par lequel les anges et les intelligences séparées communiquent entre eux. Paradoxalement, c'est de la *Summa* qu'il tient les passages qui traitent de la lumière intellectuelle, les adaptant dans un sens néo-platonicien et engendrant une théorie mystico-métaphysique de la lumière sur laquelle ses adeptes construiront des théories cabalistiques bien audacieuses.

Ainsi, le thomisme a-t-il accompagné la pensée juive, en Europe méditerranéenne, pendant plus de quatre siècles (et c'est à dessein que j'évite de poursuivre mon étude au-delà de la Contre-Réforme), il en a conditionné le développement, l'a profondément influencé, laissant des traces culturelles à tous les niveaux. Certes, les conditions historiques, politiques et sociales particulières aux groupes juifs dans le monde, vers la fin du moyen âge, ont largement contribué à sa diffusion. Mais l'élan principal qui poussera les philosophes juifs du moyen âge à s'identifier à l'enseignement du Docteur Angélique et à accepter les solutions audacieuses qu'il propose aux problèmes métaphysiques, psychologiques et moraux, c'est le sentiment d'avoir trouvé dans ses œuvres la réponse idéale à l'averroïsme d'une part, à la négation de la philosophie d'autre part; c'est aussi parce qu'ils ont trouvé dans ses traités un instrument clair et irremplaçable qui leur permet de comprendre la pensée d'Aristote; c'est enfin la certitude d'avoir trouvé, dans ses thèses, la justification rationnelle la plus sincère de la foi commune dans la révélation biblique.

CHAPTER III

AQUINAS AND THE ISLAMIC WORLD

Louis Gardet

LA CONNAISSANCE QUE THOMAS D'AQUIN PUT AVOIR DU MONDE ISLAMIQUE

Saint Thomas fut un grand lecteur d'Avicenne et d'Averroès; secondairement du Ghazzālī (Algazel) des *Maqāṣid*, et de quelques autres 'philosophes arabes', comme on a coutume de les appeler. En allant très vite, je dirais qu'il leur dut un perfectionnement de son outillage philosophique, la mise au point de plusieurs définitions, certaines perspectives de sa problématique elle-même. J'ajouterais volontiers à cette énumération les méthodes d'exposition, *quaestiones, sic et non*.

Nous assistons ainsi à la rencontre fructueuse de toute une ligne de pensée arabo-musulmane et des élaborations latino-chrétiennes de l'époque. Jusqu'où alla cette rencontre, et comment la situer dans l'histoire culturelle de l'humanité?

* * *

Tout d'abord, une question de méthode. Je le sais bien, on pourrait rechercher toutes les *possibles*, je souligne 'possibles', rencontres ou filières, et valoriser ainsi la connaissance directe que l'Aquinate put avoir, ou 'aurait pu' avoir, du contexte culturel musulman. C'est une attitude certainement séduisante. Ce fut celle de ce grand chercheur que fut Asín Palacios, et d'autres avec lui. Il me plairait beaucoup de l'adopter, de pouvoir affirmer ainsi que de nombreux liens directs s'étaient noués, aux grands âges médiévaux, sur le plan de la réflexion et de la culture de l'esprit, entre l'Islam comme tel et la chrétienté comme telle.

Mais j'avoue quant à moi avoir toujours été gêné par ce passage d'une possibilité éventuelle à une affirmation de réalité historique. Je m'explique. Thomas, certes, a dû connaître les travaux de son frère en saint Dominique, Raymond Martin; et il reste normal qu'il ait pu profiter de l'*Explanatio fidei* qui précéda de quelques années la *Summa contra Gentiles*. On peut estimer probable que les textes arabes auxquels réfère l'*Explanatio* aient été connus de Thomas. Mais n'est-ce point aventureux d'en dire autant du *Pugio Fidei*? Cet ouvrage est nettement postérieur à la *Somme contre les Gentils*. Or, c'est dans le *Pugio* que se trouvent des textes d'al-Ghazzālī ou des *Mutakallimūn* qui permettraient de les situer vraiment. Pour y voir une source de la réflexion de l'Aquinate, il faudrait, me semble-t-il, en trouver quelques indices, au moins par allusion, dans les œuvres qu'il nous a laissées. A ma connaissance, ce n'est pas le cas. — Ce que je viens de dire de Raymond Martin vaudrait plus encore de Raymond Lulle. Si l'on rapproche les dates, certes Raymond Lulle et Thomas ont pu se rencontrer à Paris; mais rien n'indique que le premier ait été une source vraiment utilisée par le second. Souligner ces possibilités de rencontre est à coup sûr fort éclairant pour l'historien; et il est bon de procéder à cette enquête : à condition de ne pas extrapoler, et de ne point passer trop vite, comme 'l'argument ontologique', du possible au réel.

Thomas d'Aquin avait un grand respect pour toute vérité, d'où qu'elle vienne, et l'on sait avec quelle révérence — et quel profit — il étudia les textes traduits en latin d'Avicenne, d'Averroès, d'Algazel, de Kindī, de Fārābī. Mais ici, je me permettrai une distinction. Thomas prend comme un donné ces grandes œuvres que sont le *Shifā'* (*Sufficientia*), les *Maqāṣid*, les Commentaires d'Ibn Rushd. Nous avons ainsi un exemple remarquable de sa façon de procéder, de son ouverture d'esprit à toute recherche du vrai, quel qu'en soit le climat de pensée. De même qu'il s'appuie sur les Pères autant qu'il les peut connaître, disons qu'il en appelle au témoignage des *Falāsifa*, — tantôt pour l'agréer, voire s'en inspirer, tantôt pour le critiquer ou réfuter, — dans toute la mesure où il lui est accessible. Mais il faut bien le dire, quelque regret que nous en ayons, nulle part n'apparaît dans sa démarche une curiosité directement éveillée pour ce que fut, dans le contexte qui lui est propre, l'histoire de la pensée philosophico-théologique de l'Islam.

Que connut-il exactement du Coran et de l'entreprise de Pierre le Vénérable? de la foi et de la civilisation musulmanes? Eut-il personnellement affaire à des musulmans contemporains? A moins que ne surgissent de nouveaux documents, il me semble bien difficile de répondre avec certitude à de telles questions. J'ajoute qu'étant donné les méthodes de l'Aquinate, il eût très probablement mentionné de telles sources, s'il y avait eu recours. Au surplus, il est des textes de la *Summa contra Gentiles* qui tendraient à nous prouver que saint Thomas n'eut qu'une connaissance bien générale, et, on peut l'avouer, tendancieuse, de la foi musulmane.

Ces quelques remarques n'infirment en rien la connaissance très approfondie que saint Thomas eut de l'Avicenne latin et du *Commentator*.

Nous avons donc, à la fois, d'évidentes et même d'injustes sévérités à l'égard de l'Islam, et beaucoup d'attention respectueuse à l'égard de textes philosophiques musulmans étudiés en leur teneur exacte, ou presque exacte. — Ce qui tendrait à prouver, je le dis entre parenthèses, que la connaissance qu'eut l'Aquinate du Coran lui-même et des docteurs officiels de l'Islam ne fut guère qu'indirecte, à travers l'esprit et les entreprises apologétiques du temps.

C'est au contraire comme de l'intérieur qu'il suit le mouvement de pensée des grands *Falāsifa* : à tel point qu'il sut dégager avec pertinence, ici ou là, à travers la *Sufficientia*, les virtualités 'platoniciennes' (il faudrait dire, plus exactement, néoplatoniciennes) d'Ibn Sīnā, telles qu'elles s'affirmeront avec force dans les textes des *Ishārāt*, ou des *Gloses sur la* (pseudo) *Théologie d'Aristote*, non traduites en latin, non citées par Raymond Martin lui-même, et où — c'est l'auteur qui nous le dit dans sa préface à la *Logique des Orientaux* — s'exprime la 'vraie pensée' avicennienne. De même, et en dépit de la mauvaise humeur manifestée — une seule fois — dans le *De Unitate Intellectus*, où Averroès est déclaré 'depravator', c'est bien, dans les *Sommes* et les *Questions disputées*, l'authentique aristotélisme rushdien, à la fois spiritualiste et déterministe, auquel se mesure saint Thomas.

Ce que vise l'Aquinate, c'est toujours la part de vérité, — ou d'approximation, ou d'erreur, — d'ordre proprement philosophique qui se dégage des textes objectivement étudiés. Ceci dit, le regret demeure qu'une meilleure connaissance du monde islamique ne lui ait pas permis de situer, par exemple, la personnalité intellectuelle du Ghazzālī historique, puis les 'philosophes arabes' face aux *Loquentes in lege Maurorum*, enfin Avicenne et Averroès eux-mêmes, l'un par rapport à l'autre, et la raison des attaques du second contre le premier. Cela eut-il été possible? Difficilement à coup sûr, compte tenu de l'époque. Et donc : le dialogue engagé par saint Thomas le fut avec des philosophes de haute classe qui se trouvaient être des philosophes musulmans; ce ne fut point, à vrai dire, un dialogue de culture à culture.

* * *

Les conséquences en furent notables. Je reprendrai maintenant les trois thèmes que je viens d'indiquer sommairement.

Premier groupe de questions : la personnalité de Ghazzālī. — Je rappelle pour mémoire que l'Algazel latin fut essentiellement l'auteur des *Maqāṣid*, ce résumé fort clair et fidèle des *Falāsifa* orientaux, plus précisément Fārābī et Ibn Sīnā. Tel était l'habituel procédé de Ghazzālī : en un premier temps, exposer très objectivement et sereinement la tendance ou le système qu'il se proposait de combattre; ce n'est qu'ensuite, en un deuxième temps, qu'en venait la réfutation. Dans l'histoire de la pensée musulmane, les *Maqāṣid al-Falāsifa* sont inséparables du *Tahāfut al-Falāsifa* [1]. Or, le premier seul fut traduit exhaustivement en latin, et très tôt, dès la première moitié du XIIe siècle, par l'équipe Ibn Dāwūd-Gundisalvi. Si bien que Ghazzālī, lui le grand adversaire de la *falsafa* orientale, connut cette mésaventure d'être considéré par le moyen âge latin comme un *faylasūf*, fidèle disciple d'Aristote.

C'est bien ainsi d'ailleurs qu'il nous apparaît dans la plupart des citations que saint Thomas fait de lui : à propos, par exemple, d'une possible infinité actuelle d'âmes séparées. Saint Thomas attribue cette thèse tantôt à Avicenne et à Algazel ensemble, tantôt à Algazel seul, et la réfute [2]. Or, l'exposé des *Maqāṣid* était le simple préliminaire de la réplique du *Tahāfut*, qui se situe sur un plan apologétique assez proche du dessein de la *Somme contre les Gentils*. L'Aquinate connut-il par Raymond Martin des extraits du *Tahāfut*? Peut-être. Rien n'indique, en tout cas, qu'il y reconnut l'auteur des *Maqāṣid*... Il l'eût certainement indiqué quand il revint sur le sujet dans la *Somme théologique*, et opposa à Algazel — à ce qu'il croit être la pensée d'Algazel — des arguments directement philosophiques cette fois, et qui lui sont propres [3]. — Plus sujette à caution encore serait l'hypothèse qui voudrait voir dans l'*Iqtiṣād*, le traité de *kalām* de Ghazzālī, la préfiguration du plan de la *Somme*. Je m'en suis expliqué par ailleurs, et n'y reviens pas [4]. — Au surplus, ce n'est point l'*Explanatio* mais le *Pugio fidei* de Raymond Martin qui multiplie des références tirées des œuvres les plus diverses de Ghazzālī.

Certains parallèles entre Thomas d'Aquin et le Ghazzālī authentique, qui fut surnommé *ḥujjat al-Islām*, 'la preuve de l'Islam', m'apparaissent d'autant plus suggestifs qu'il s'agit précisément, à mon sens, de *rencontres* et non de filières historiques. Car fréquemment l'ash'arisme évolué de Ghazzālī (et celui de Fakhr al-Dīn Rāzī plus encore) vint buter sur d'apparentes antinomies qui furent au cœur des débats du moyen

[1] Respectivement 'Les buts des *Falāsifa*' et 'L'effondrement des *Falāsifa*'.

[2] V.g. *Summa contra Gentiles*, Lib. II, c. 81, 3°; et *Summa theologiae* Ia, q. 7, a. 4, c et Ia, q. 48, a. 2 *ad 8um*.

[3] *Summa theologiae* Ia, q. 7, a. 4 c.

[4] Cf. notre étude 'Saint Thomas d'Aquin et ses prédécesseurs arabes' dans *St Thomas Aquinas 1274-1974 : Commemorative Studies* (Toronto, 1974), I, 419-448 (434-435). — Plusieurs thèmes de cet article sont repris, selon d'autres perspectives, par la présente communication.

âge chrétien. Mais quand bien même certains extraits du *Tahāfut* ou de de l'*Iḥyā'* auraient été recensés, l'authentique personnalité intellectuelle de Ghazzālī resta ignorée, et inconnue l'œuvre de Fakhr al-Dīn Rāzī. L'ignorance mutuelle des latins et de ces Ash'arites dits 'modernes' fut certainement, de part et d'autre, dommageable.

Deuxième groupe de questions : la connaissance qu'eut saint Thomas du *'ilm al-kalām*, et l'utilisation qu'il en fit. Il le cite assez souvent, on le sait, quand il parle des *Loquentes* (traduction mot à mot de *Mutakallimūn*) *in lege Maurorum* (ou *Saracenorum*). Mais là encore, ce qui l'intéresse, ce sont les thèses, ou plutôt certaines thèses des *Loquentes*, et non point le rôle qui fut le leur dans l'élaboration philosophico-théologique musulmane. Rien ne nous permet de dire que l'Aquinate eut quelque connaissance des conditions historiques qui commandèrent la formation et l'élaboration des écoles du *kalām*; de ce que représentèrent les premières écoles mu'tazilites; de l'apparition au Xe-XIe siècle des deux lignes devenues officielles, ligne ash'arite (dominante) et ligne ḥanafite-māturīdite; de la portée, en ce même XIe siècle, de la 'résurgence' du sunnisme (je reprends ici l'expression du Professeur G. Makdisi), après la condamnation du mu'tazilisme.

Certains textes, là encore, de l'*Explanatio fidei*? Sans en écarter l'hypothèse, ce me semble loin d'être aussi probant qu'on l'a dit parfois. La grande source de l'Aquinate, et qu'il ne cesse de citer à ce propos, reste le *Guide des Égarés*. Maïmonide, lui, connaissait certainement le contexte culturel des 'sciences religieuses' de l'Islam; et c'est par là que s'expliquent tel ou tel développement du *Guide*. Mais ce n'est point cette donnée historique de base qui intéresse d'abord saint Thomas. Pour lui, les *Loquentes in lege Maurorum* se présentent comme les négateurs de toute efficace des causes secondes (ce qui est exact pour les Ash'arites), et qui fondaient leur négation sur une vue rigoureusement atomistique du monde (ce qui ne fut le fait que de *certains* Mu'tazilites et de *certains* Ash'arites). Il les cite en bloc, sans distinction d'auteurs ni d'écoles. Les résumés qu'il en donne restent très près des analyses (exactes) de Maïmonide, avec, souvent, une pointe d'intuition philosophique qui va d'emblée au cœur du débat. Disons que Thomas a suffisamment connu les thèses cosmologiques de l'atomisme ash'arite pour les cerner avec pertinence, mais non point pour en marquer les limites historiques. La vue atomistique du monde est loin, en effet, d'être aussi dominante en *'ilm al-kalām* que la lecture de l'Aquinate (et de Maïmonide avant lui) le ferait supposer. Née au temps du mu'tazilisme tardif, orchestrée par les premières générations ash'arites, cette vue sera souvent délaissée, à partir du XIe-

XIIe siècle, au profit du semi-conceptualisme des 'modes' (*aḥwāl*), d'origine mu'tazilite aussi. Elle conduit logiquement à la négation des causes secondes, mais celle-ci fut certainement plus largement professée par le *'ilm al-kalām* ash'arite que le strict atomisme; cependant que des Mu'tazilites atomistiques, tel Abū l-Hudhayl, continuaient à affirmer l'homme 'créateur de ses actes'.

Il est certainement regrettable que toutes ces nuances d'école, les recherches et réflexions qu'elles présupposent, n'aient pas été exactement connues de saint Thomas. Peut-être l'auraient-elles garanti contre certains jugements d'ensemble trop rapides qu'il emprunte à Maïmonide, et avant tout contre cette condamnation dédaigneuse bien connue de la *stultitia* des *Loquentes in lege Maurorum.* Une meilleure et plus directe connaissance du *kalām* eut évité cette affirmation bien sommaire. Pour Thomas, les *Loquentes* restent comme les tenants typifiés d'une vue discontinue des choses et de la non densité ontologique du créé : et il a parfaitement raison en cela. Mais peut-être, s'il eût connu les analyses d'un Ghazzālī s'efforçant de préciser le rôle respectif de l'intelligence et de la volonté dans l'acte de libre choix (*ikhtiyār*) [5] ou la distinction d'un Fakhr al-Dīn Razi entre 'le monde de la révélation' et 'le monde de la création' [6], peut-être eût-il mieux apprécié certaines virtualités du *'ilm al-kalām.* Je reste persuadé que la grande réponse thomiste : Dieu fait agir nécessairement les causes nécessaires, et librement les causes libres, car la création est participation d'être et d'agir, — que cette réponse-là eût retrouvé ses propres pierres d'attente dans un *kalām* mu'tazilite, ou ash'arite, ou māturīdite, mieux connu.

J'ai dit que saint Thomas parle, en bloc, des *Loquentes,* sans distinctions d'école. On a voulu retrouver, dans un texte de la *Somme contre les Gentils* une preuve de la distinction entre Mu'tazilites et Ash'arites. Il s'agit du texte II,29 qui réfute les deux positions opposées du pur volontarisme divin et d'un Dieu 'nécessité'. La première renverrait à l'ash'arisme, la seconde au mu'tazilisme. La première est en effet celle du *kalām* ash'arite. Mais n'est-ce point un glissement indu que de faire d'un 'Dieu nécessité' une thèse mu'tazilite? Pour l'*i'tizāl,* certes, Dieu est 'tenu' de faire le bien (ou le mieux); mais il s'agit là d'une obligation morale qui vient de la perfection de son Etre et de sa toute Justice; il ne s'agit aucunement d'une 'nécessité' physique ou ontologique. Pour

[5] Cf. Abú Ḥāmid al-Ghazzālī, *Iḥyā' 'ulūm al-din* (Revivification des sciences de la religion), éd. du Caire (1325 H./1933), t. IV, pp. 219-220.

[6] Fakhr al-Din al-Rāzi, *Mafātiḥ al-ghayb* (Les clefs du Mystère), ou 'Grand Commentaire', à *Coran,* 2, 6-7.

tous les *Mutakallimūn*, Mu'tazilites comme Ash'arites (ou Ḥanafites-Māturīdites), Dieu Créateur absolu et Juge des juges, n'est aucunement nécessité selon un déterminisme de l'existence. De pouvoir absolu, la création, commencée dans le temps, eût pu ne pas être.

Selon le sens le plus obvie de ce texte II,29 de la *Somme contre les Gentils*, les deux positions que combat saint Thomas sont d'une part le volontarisme divin des *Loquentes* pris en bloc (en fait : des Ash'arites), d'autre part le déterminisme existentiel des *Falāsifa*. Un texte parallèle, III,97, expliquera ce déterminisme par 'l'ordre des causes' qui 'vient de la divine Providence selon un mode de nécessité'. Or telle est, à peu de chose près, la définition de la Providence, *'ināya'*, par Ibn Sīnā [7]. Il nous faut bien conclure ici que l'Aquinate, en dépit des passages traduits par Raymond Martin, ne connut point les oppositions d'école à l'intérieur du *'ilm al-kalām*, ou du moins ne s'y intéressa pas. Il eut par contre le sentiment aigu de l'opposition entre *Mutakallimūn* et *Falāsifa*, et centra cette opposition autour du thème majeur volontarisme divin/déterminisme de l'existence. Sa critique des *Mutakallimūn* porte quasi exclusivement sur les thèses atomistiques, comme l'avait fort bien vu M. Étienne Gilson [8]. Il les critique, il ne dialogue pas avec eux, — ses vrais interlocuteurs seront les grands *Falāsifa* dont il eut cette fois une connaissance directe, et non plus à travers les analyses ou citations de Maïmonide (ou de Raymond Martin).

Ceci nous amène au troisième et dernier groupe de questions : les rapports Avicenne-Averroès. Deux aspects : d'une part, tout ce que saint Thomas dut aux 'philosophes hellénistiques de l'Islam'; d'autre part les limites, là encore, de la connaissance qu'il put acquérir de leur rôle dans la pensée islamique.

Ce qu'il leur dut. Je n'ai pas à redire tout l'effort de réflexion que l'Aquinate fit porter sur les traductions latines de Kindī, de Fārābī, d'Ibn Sīnā, de Ghazzālī (le Ghazzālī des *Maqāṣid* encore une fois), d'Ibn Rushd. Un effort de réflexion qui alla si loin qu'il sut en intégrer maint apport par delà les limites des systèmes dominants, émanatistes et déterministes. De ce point de vue, une étude serait à poursuivre, mettant en regard le mode de traitement du *corpus* de l'Avicenne latin chez Guillaume d'Auvergne ou Albert le Grand par exemple, et chez saint

[7] V.g. Ibn Sinā, *Najāt*, 2ème éd. (Caire 1367 H./1938), p. 284 (textes parallèles dans *Shifā'* et *Ishārāt*).

[8] Cf. Étienne Gilson, 'Pourquoi Saint Thomas a critiqué Saint Augustin', *Archives d'histoire doctrinale et littéraire du moyen âge*, 1 (1926-1927), p. 5-127 (p. 8-25 : § 1 'critique thomiste des motecallemin').

Thomas. Guillaume ou Albert, de façon fort différente d'ailleurs, prenaient comme un tout, comme un donné en quelque sorte, la cosmologie avicennienne, pour en réfuter ensuite les conclusions générales. Thomas n'hésite pas à dégager le pourquoi philosophique de certaines vues d'Ibn Sīnā, et, passant de la cosmologie à la métaphysique, les utilise en les corrigeant et universalisant. C'est ainsi que la notion thomiste de cause efficiente et de cause finale ne sera point celle même d'Ibn Sīnā, mais qu'elle lui devra cependant beaucoup, et jusqu'au mot à mot de certaines formules. La surunivocité de l'être avicennienne gauchissait les rapports cause efficiente-cause finale, et justifiait la critique qu'en fit Ibn Rushd. La saisie de l'être dans le jugement d'existence, qui est au cœur de la synthèse thomiste, fit aboutir, par delà les critiques rushdiennes, diverses intuitions du *Shifā'*. Il s'agit beaucoup moins de critiques et de réfutations que d'une libre interprétation dans des synthèses plus larges. — Il en ira de même de plusieurs définitions ou précisions empruntées au *Commentator* : la lente élaboration du principe thomiste de l'individuation le prouverait.

Dans un article paru en 1970, M. Étienne Gilson notait d'une part que saint Thomas recourt à Avicenne principalement en métaphysique, et à Averroès principalement en physique; d'autre part que les citations d'Avicenne abondent dans les premières œuvres, celles d'Averroès dans les dernières [9]. Il est vrai. Je préciserai malgré tout : ce fut souvent des problématiques nouvelles que Thomas demanda à Avicenne, cependant que la fermeté d'analyse d'Ibn Rushd lui permettait d'en mieux saisir les limites. Sur bien des points, — individualité de l'âme séparée, distinction réelle de l'essence et de l'existence, — il sera plus près d'Avicenne que d'Averroès. Mais les critiques de ce dernier lui furent sans doute un appoint non négligeable dans sa révision et correction de l'avicennisme. Au temps des *Commentaires des Sentences*, le moyen âge chrétien était parcouru par bien des courants avicennisants; au temps de la *Somme*, s'esquissait le drame de l'averroïsme latin. D'où les accents mis. Mais je crois très opportune la remarque de M. Gilson : il n'y eut point, comme on s'est plu à le dire, une diminution de l'influence d'Avicenne sur l'Aquinate, — 'saint Thomas, dit M. Gilson, citera moins Avicenne [et encore!], mais il l'aura assimilé une fois pour toutes' [10]. — Saint Thomas intégra des apports d'Ibn Sīnā dans une synthèse fort éloignée du système avicennien; il critiqua et réfuta Averroès, mais l'utilisa largement, et

[9] Cf. Étienne Gilson, 'Avicenne en Occident au moyen âge', *Archives d'histoire doctrinale et littéraire du moyen âge*, 44 (1969), p. 89-121.

[10] Gilson, 'Avicenne en Occident', p. 105.

marqua une haute estime pour nombre de ses analyses, alors même qu'il n'en adopte point les conclusions.

J'ai noté qu'assez vaine me paraît la mise en regard du plan de la *Somme* et du plan de l'*Iqtiṣād* de Ghazzālī. Assez vaine aussi me paraît l'hypothèse d'une utilisation directement théologique d'Averroès par saint Thomas. Quand bien même certains extraits du *Faṣl al-maqāl* lui eussent été accessibles à travers Raymond Martin (et la preuve objective reste encore à fournir de cette possibilité-là), la portée de ce petit traité d'*apologia sua*, et sa volonté de prouver disons l'orthodoxie musulmane de la *falsafa*, ne semble aucunement avoir été saisies par l'Aquinate. Il y eut fallu d'ailleurs une connaissance *ab intra* de la place de la *falsafa* dans la culture arabo-musulmane... Mais plus profondément : la notion rushdienne de la révélation, qui devient un moment nécessaire du déterminisme de l'existence, n'est point celle de saint Thomas. Bien plutôt, s'il l'eut connue, eût-il été près de la notion de ces *Mutakallimūn* dont il croyait pouvoir dénoncer la *stultitia*! Quant au contenu de la révélation, et la distinction entre vérités naturelles accessibles de soi à l'intelligence, et vérités surnaturelles qui radicalement la dépassent, les sources obvies de l'Aquinate sont les sources patristiques; secondairement certains textes de Maïmonide. N'oublions pas que les 'vérités accessibles au prophète seul', et non aux 'hommes de science profonde' (entendons les *Falāsifa*) se réduisent pour Ibn Rushd à des vérités contingentes, présentes ou futures, et à des prescriptions positives culturelles : le tout fondé sur une illumination nécessaire de l'imaginaire du prophète par l'Intellect agent unique.

Ce n'est point là ce que demandait l'Aquinate aux philosophes de l'Islam. L'apport philosophique qu'il reçut d'Avicenne et d'Averroès, en métaphysique ou en philosophie de la nature, eût-il été plus opérant s'il avait pu les situer dans leur propre contexte culturel? Il est difficile de le dire, et c'est loin d'être sûr. Mais ce sont des perspectives nouvelles qui se seraient alors ouvertes à la synthèse thomiste, et peut-être un riche aperçu de cultures religieuses comparées.

Que manqua-t-il en effet à Thomas d'Aquin dans la connaissance d'Avicenne et d'Averroès? Tout d'abord, sans doute, de pouvoir pénétrer la totalité de leurs œuvres. Mais qu'il s'agisse des *Ishārāt*, de la *Logique des Orientaux*, des *Gloses sur la Théologie d'Aristote*, et de maintes *Rasā'il* du premier, ou de ce que j'appellerais volontiers les œuvres 'apologétiques' du second, — j'entends parler du *Tahāfut* [11] du *Faṣl*, des

[11] *Tahāfut al-tahāfut* (L'effondrement de l'effondrement), réplique polémique du *Tahāfut al-Falāsifa* de Ghazzālī.

Manāhij pris en leur ensemble, et non quelques brefs extraits hors contexte, — ce ne fut point là le manque le plus grave. A travers les écrits qui lui étaient accessibles, c'est en somme un Ibn Sīnā et un Ibn Rushd authentiques que sut dégager la pénétration de l'Aquinate. Ce qui lui fit défaut, mais il s'agit alors d'un tout autre point de vue, c'est d'avoir connu la place de la *falsafa* dans la pensée arabo- et irano-musulmanes, la raison des attaques que menèrent contre elle *Fuqahā'* (juristes) et *Mutakallimūn*, la différence des climats enfin qui commandèrent la formation de la *falsafa* orientale d'une part, de la *falsafa* maghribine de l'autre. Il eut fallu pour cela pouvoir se référer au monde shī'ite et à la pensée shī'ite, à la querelle des *Tahāfut*, à la rigidité des *Fuqahā'* mālikites. C'est alors, et alors seulement, qu'eût apparu la portée des divergences entre l'aristotélicien Ibn Rushd et le néoplatonicien Ibn Sīnā, la raison profonde des critiques fort acerbes du premier à l'égard du second; et pourquoi l'auto-défense d'Ibn Rushd porta sur l'harmonie recherchée non point directement entre foi et raison, mais entre Loi religieuse (coranique) et une vision d'ordre philosophique du monde, — qui ne pouvait être, à ses yeux, que celle des *Falāsifa*.

* * *

Il serait aisé de multiplier les exemples. Plutôt que d'y insister, — ce qui nous entraînerait trop loin, — je préfère conclure en soulignant les deux horizons qui ont, à tour de rôle, commandé cette enquête.

Oui, la synthèse thomiste est grandement redevable aux *Falāsifa* en son outillage conceptuel, et en bien des points de sa problématique philosophique de base; oui, l'Aquinate prit soin de citer (mais non de situer) certaines lignes explicatives des *Mutakallimūn*, qu'il sut opposer aux 'philosophes'. Il y eut par là comme une présence de fait de la culture arabo-musulmane dans l'une des plus larges et plus profondes synthèses que nous légua le moyen âge latin.

Mais il faut reconnaître que ce n'est pas au monde islamique comme tel, en ses dimensions historiques et socio-culturelles, qu'allèrent la recherche et la sympathie intellectuelle de Thomas. Ce n'est pas le monde islamique comme tel qu'il fréquenta, mais quelques-unes des œuvres majeures qui l'illustrèrent. Nous pouvons aujourd'hui le regretter à plus d'un titre. Il nous est bien permis de rêver à ce qu'eût pu donner la rencontre de certaines élucidations thomistes et de maintes apories du legs musulman, par exemple la querelle des *Tahāfut*, ou certains efforts d'analyse du Ghazzālī de l'*Iḥyā'*, ou de Fakhr al-Dīn Rāzī en son 'Grand Commentaire' (coranique); et de nous demander quelle eût été la réponse des *Mutakallimūn* ou des *Falāsifa,* si ces élucidations-là eussent été connues des docteurs de l'Islam.

Telles seraient les vraies conditions d'un dialogue des cultures. Le contexte sociologique de l'époque ne permettait guère ce souci d'une connaissance vraiment exhaustive de l''autre'. Mais si l'on évoque, par exemple, les jugements sévères — injustes — d'un Roger Bacon à l'égard des 'Sarrasins', d'autant plus prometteuse nous apparaît l'ouverture de saint Thomas, et son respect envers les œuvres 'étrangères' auxquelles il recourait. C'est à la fois en toute liberté de recherche, et en toute révérence attentive qu'il ne cessa de les interroger.

Plutôt qu'une rencontre entre monde chrétien et monde islamique, c'est une rencontre entre pensée chrétienne et philosophie arabo-musulmane d'inspiration hellénistique, — avec quelques avancées en direction du *kalām,* — dont l'œuvre de saint Thomas porte témoignage. Et ce fut, au XIIIe siècle, une grande chose. Il me faut ajouter que le monde islamique commençait alors à se replier sur lui-même. Le brillant humanisme des cours de Baghdād et de Cordoue, et sa soif de connaissance qui fut si vive du IXe au XIIIe siècle, allaient se sclérosant. La fin de la *reconquista* espagnole à l'Ouest, les invasions et massacres des hordes mongoles à l'Est, furent, pour l'Islam du XIIIe siècle, deux points de cristallisation particulièrement douloureux. Et la chrétienté, elle, s'avançait vers le siècle de la peste noire et des danses macabres, en attendant les ruptures de l'âge moderne...

Dès lors, le dialogue des cultures, ouvert par les grandes traductions arabo-latines, ne pouvait être qu'inchoatif. Mais ne reste-t-il pas comme un appel que nous nous devons d'entendre; et ne nous revient-il pas de le poursuivre aujourd'hui plus largement, en toute attention et en toute sympathie de cœur et d'esprit? Tout ce que je dirais, c'est : puissions-nous le mener avec le même respect, la même lucidité, le même amour de la vérité, dont Thomas d'Aquin témoigna en son étude des textes philosophiques magistraux qui lui venaient des pays d'Islam.

Simone VAN RIET

LA *SOMME CONTRE LES GENTILS* ET LA POLÉMIQUE ISLAMO-CHRÉTIENNE

La polémique islamo-chrétienne comporte une production littéraire immense exprimée notamment en grec, en arabe, en syriaque, en hébreu, en arménien, en latin, en langues romanes.

Un passage de la *Somme contre les Gentils* [1] y fait écho et s'y rattache comme à un genre littéraire ayant ses thèmes propres. Les lignes qui suivent cherchent à situer ce passage de la Somme dans la longue fresque des écrits de polémique islamo-chrétienne.

Il faut, au préalable, rappeler les principaux moments de la polémique islamo-chrétienne avant Saint Thomas; il faudra, après coup, rappeler les controverses qui concernent le but dans lequel la *Somme contre les Gentils* fut écrite et voir si notre texte en reçoit quelque lumière.

Damas, vers 750. Depuis plus d'un siècle, l'Islam y est présent. Jean Damascène inaugure la série des écrits polémiques contre la religion du vainqueur. Il écrit en grec. Il côtoie des musulmans. Il connaît la cour des Umayyades. L'Islam n'a pas encore conquis le monde; on ne le prend pas encore tout à fait au sérieux. Les chrétiens, 'gens du Livre', jouissent d'un régime de tributaires et peuvent, en raison de cette condition juridique, se permettre sans risque bien des insolences envers le nom et la personne du Prophète.

Entre 780 et 820 se situe l'œuvre de Théophane qui, dans sa *Chronographie*, consacre à la religion musulmane et à son fondateur, une notice relatant les faits de l'année 632, année de la mort du Prophète : l'Islam, pour Théophane, c'est la guerre sainte, le *jihâd*, la promesse d'un paradis sensuel et sexuel faite aux guerriers, l'invitation à la jouissance intempérante ici-bas [2]. La notice de Théophane sera reprise, presque sans retouche, par l'empereur Constantin Porphyrogénète, au Xe siècle.

Au IXe siècle, la polémique contre l'Islam trouve à Byzance un de ses plus célèbres représentants en la personne de Nicétas le Philosophe,

[1] *Contra Gentiles*, I,6.

[2] Adel Théodore Khoury, *Les théologiens byzantins et l'Islam* (Louvain-Paris, 1969), p. 107.

travaillant à la cour de l'empereur Michel III. Nicétas connaît l'arabe. Il va, en un large commentaire, entreprendre la première réfutation globale de l'Islam étayée par le Coran, celui-ci étant cité (et donc traduit) en grec [3].

Dès le Xe siècle, et en prenant appui principalement sur Jean Damascène et sur Nicétas, est fixé le texte d'un rituel d'abjuration pour les musulmans qui veulent se convertir au christianisme. La formule d'abjuration comporte, entre autres, un anathème contre le Coran que Mahomet prétend lui avoir été transmis par l'archange Gabriel et qui contient ses enseignements et ses prescriptions, contre la doctrine du Paradis sensuel, contre la prédication de Mahomet qui appelle les sarrasins à combattre par la guerre sainte les chrétiens associateurs et déclare que les combattants qui y meurent sont fils de Dieu et dignes du Paradis [4].

Au XIe siècle remonterait, malgré les incertitudes chronologiques qui entourent la rédaction de cet écrit, le premier noyau d'un traité contre les musulmans, dû à Barthélémy d'Édesse. Ce traité est écrit en grec, avec verve, avec impertinence. Le contact direct entre l'auteur et le milieu ou les coutumes qu'il décrit ne peut être mis en doute. La scène où les enfants s'en vont dans les rues en faisant tournoyer leurs tablettes de Coran est digne de la plume des meilleurs pamphlétaires [5].

Du côté musulman, on peut lire, dès le IXe siècle, l'un des écrivains arabes les plus en vue dans les milieux de l'intelligentsia de Bagdad, dénoncer l'influence excessive des chrétiens à la cour du calife [6], leur insolence à l'égard du Prophète. On commence à discuter l'intégrité du texte de l'Ancien et du Nouveau Testament et on accuse les chrétiens et les juifs de les avoir altérés, ce qui suppose d'une part, l'existence de ces textes en arabe et d'autre part, la liberté, pour les musulmans de les lire et d'en tirer parti.

C'est à la même époque et à la cour d'al-Ma'mūn que remonte la mise en scène d'une œuvre sérieuse et bien documentée où deux amis de haut rang, un musulman et un chrétien, échangent des lettres s'invitant mutuellement à se convertir, l'un, à l'Islam, l'autre, au Christianisme [7].

[3] PG, 105, 669 A-805 D.

[4] Khoury, p. 188-194.

[5] PG, 104, 1396 B.

[6] Erdmann Fritsch, *Islam und Christentum im Mittelalter. Beiträge zur Geschichte der muslimischen Polemik gegen das Christentum in arabischer Sprache*, Breslauer Studien zur historischen Theologie, 17 (Breslau, 1930), p. 14, qui cite Djāhiz.

[7] Armand Abel, *L'apologie d'Al-Kindi et sa place dans la polémique islamo-chrétienne*,

Le caractère bien informé de cet ouvrage incite à quelques réserves quant à la date de sa composition, et la mise en scène d'une discussion à l'époque du calife al-Ma'mūn (IXe siècle) n'équivaut pas pour autant à une date précise; la rédaction définitive de l'ouvrage ne serait pas antérieure au Xe siècle [8]. Cette œuvre porte parfois le nom du protagoniste chrétien intervenant dans le dialogue, al-Kindi ou pseudo-Kindi, pour le distinguer du philosophe arabe de même nom.

Bref, vers la fin du XIe siècle, une polémique islamo-chrétienne est en place avec tous ses thèmes : attaques contre la vie du Prophète (son appartenance au paganisme et à l'idolâtrie, sa morale relâchée, l'absence de miracles et de prophéties à son sujet), attaques contre l'origine et la nature du Coran (emprunts à l'Ancien et au Nouveau Testament, fixation relativement lente de la version officielle du texte), attaques contre le laxisme moral et les jouissances sensuelles qui, expressément, sont promises au Paradis, attaques contre la guerre sainte menée, dès les débuts de sa prédication, par Mahomet, présenté comme un chef de brigands, un chef de bande. Ces différents thèmes se développent sous la plume d'auteurs vivant directement au contact de l'Islam à Damas ou à Bagdad, ou encore dans les milieux de la cour de l'empereur byzantin sans cesse harcelé par son voisin musulman, alors encore victorieux et puissant, avec lequel la diplomatie ou les ambassades établissaient des relations de voisinage, soit pacifiques, soit belliqueuses.

De cet ensemble gréco-arabe antérieur au XIIe siècle, datant donc de l'époque des contacts directs entre Byzance et l'Islam, époque antérieure à la présence des latins en Orient à la suite des Croisades, trois auteurs au moins sont connus des latins et vont enrichir les diverses sources d'information des chrétiens sur l'Islam en Espagne. Ces trois auteurs sont Jean Damascène, l'historien Théophane et le pseudo-Kindi. La troisième partie de la *Pègè gnôseôs* de Jean Damascène sera traduite en latin au XIIe siècle par Burgondio de Pise, le traducteur bien connu de Némésius et de S. Jean Chrysostome. Le bibliothécaire Anastase fait connaître en latin, dès le milieu du IXe siècle, la *Chronographie* de Théophane. Enfin l'*Apologie* du pseudo-Kindi figure parmi les écrits que Pierre le Vénérable, abbé de Cluny, fit traduire de l'arabe en latin et intégra dans sa collection de textes propres à faire connaître l'Islam aux Occidentaux [9].

dans l'*Oriente Cristiano nella storia della civiltà*, Accademia Nazionale dei Lincei, 361 (Roma, 1964), p. 501.

[8] J. Muñoz Sendino, 'Apologia del Christianismo de Al-Kindi', *Miscellanea Comillas*, 11-12 (1949), p. 337-460; ce texte sera cité sous le titre abrégé de *Apologia*.

[9] Marie-Thérèse d'Alverny, 'Deux traductions latines du Coran au moyen âge',

Autour du nom de Pierre le Vénérable se cristallise en effet un effort d'information sur l'Islam dont procéderont plusieurs œuvres, notamment une traduction latine du Coran, la traduction latine de l'Apologie du pseudo-Kindi, la *Summula* contre les Sarrasins [10]. L'impulsion donnée par Pierre le Vénérable se poursuit jusqu'à la fin du XIIe siècle par les travaux de Marc de Tolède. Des traducteurs étaient donc à l'œuvre à Tolède pour les textes religieux de l'Islam au même moment que les équipes de traducteurs des textes philosophiques et scientifiques et, peut-on dire, avec le même sérieux.

Malgré l'abondance des écrits qui, sous le revêtement des invectives et des exagérations liées à leur genre littéraire — polémique, pamphlet, apologie — remontent à des auteurs ayant vécu en contact direct avec l'Islam et en fournissent une certaine approche, l'Islam demeure mal connu. Saint Thomas, au début de la *Somme contre les Gentils* [11], souligne la difficulté qu'il y a à réfuter une à une les fausses doctrines, parce que, dit-il, les affirmations sacrilèges de chacun de ceux qui sont tombés dans l'erreur ne lui sont pas assez connues (*non ita nobis nota sunt*) pour pouvoir y trouver des arguments qui les confondent. Dans cette affirmation, l'Islam est inclus, et Saint Thomas précise que, si les 'antiqui doctores' ont pu réfuter les erreurs des païens, c'est grâce à leur connaissance des positions adverses, soit parce qu'eux-mêmes avaient été païens, soit parce qu'ils vivaient au milieu d'eux et qu'ils étaient instruits de leurs doctrines. Saint Thomas affirme donc implicitement que, dans le cas de l'Islam qui lui aussi est visé en ce passage, il ne s'estime pas suffisamment éclairé sur l'Islam, n'ayant jamais été musulman, n'ayant jamais vécu au milieu d'eux, pour pouvoir réfuter leurs erreurs *ex his quae dicunt*.

Pourtant, il y a, dès le début de la Somme, au chapitre 6 [12], un texte d'une vingtaine de lignes où le Prophète de l'Islam est l'objet d'une attaque qui reflète les thèmes habituels de la polémique islamo-chrétienne et donc au moins le type de connaissance que cette polémique suppose. L'Apologie du pseudo-Kindi permet de vérifier la présence de ces thèmes.

L'argument de Saint Thomas consiste à opposer Mahomet et la diffusion de l'Islam, à la manière étonnante dont le monde s'est converti à la foi du Christ [13].

Archives d'histoire doctrinale et littéraire du moyen âge, 16 (1947-1948), 69-131 (p. 69-77).

[10] d'Alverny, p. 87 et suivantes.

[11] *Contra Gentiles*, I, 2.

[12] *Contra Gentiles*, I, 6.

[13] *Contra Gentiles*, I, 6 : tam mirabilis mundi conversio ad fidem Christianam.

Mahomet, dit l'Islam, est l'envoyé de Dieu, *propheta Dei, nuntius* ou *missus Dei*. Saint Thomas aussi présente bien Mahomet comme un envoyé, *missus*, mais un envoyé venant de la part de qui? Et chargé de quel message? Celui de la violence : *in armorum potentia missum*, et plus loin, *armorum violentia*. La foi chrétienne au contraire s'est répandue *non armorum violentia*. Cette loi du glaive à laquelle certains textes coraniques font écho, loi qui menace de mort quiconque ne se convertit pas à l'Islam ou ne compte pas parmi les tributaires, est connue et citée dans l'Apologie du pseudo-Kindi [14].

Derrière Mahomet, marchent quels disciples? Personne que l'on puisse appeler cultivé ou philosophe (*non aliqui sapientes in rebus divinis et humanis exercitati*) : des gens appartenant à l'idolâtrie, comme le Prophète lui-même d'ailleurs reconnaît y avoir appartenu, et qui par là sont dépourvus non seulement de toute culture liée à une vie urbaine, mais de tout sens moral inné (*bestiales in desertis morantes, omnis doctrinae divinae prorsus ignari*). Ce sont ceux-là, ces premiers Compagnons du Prophète qui, avec lui, ont contraint d'autres hommes à accepter sa loi (*alios in suam legem coegit*). D'après l'Apologie, aussi, les sectateurs de Mahomet sont des gens frustes et grossiers [15], des bandits de grand chemin [16]. Ceux-là recrutent d'autres adeptes, mais par la contrainte et la force [17].

Ces rudes et brutaux Compagnons de la première heure, puis tous ceux qui les ont suivis, comment donc Mahomet les a-t-il recrutés? Par des promesses qui n'ont qu'un seul objet et qu'il est facile de désirer; la concupiscence de la chair y suffit (*carnalium voluptatum promissis ... voluptati carnali habenas relaxans*). Ces *carnalia*, ces plaisirs charnels, Mahomet les promet tant pour le Paradis que pour la vie présente. Ici-bas, pas de gêne, la voie large. Pour l'autre vie, des jouissances sensuelles et sexuelles sont décrites avec complaisance dans presque tous les écrits de la polémique islamo-chrétienne. L'Apologie du pseudo-Kindi y fait largement écho [18].

[14] *Apologia*, p. 410, 3-4 : (propheta) loquitur dicens : 'Non sum missus nisi in virtute gladii; et qui non susceperit meam propheciam, occidatur aut reddat tributum'; p. 412,24 : in terrore gladii se missum asseruit.

[15] *Apologia*, p. 401, 16-18 : homines ab omni sapiencia et usu civilitatis totiusque humane prudencie honestate ... sequestrati.

[16] *Apologia*, p. 401, 23-24 : homines pestiferos et viarum insidiatores, fugitivos quoque et homicidas sibi aggregavit.

[17] *Apologia*, p. 427, 8-12 : Et post invitasti nos ad percuciendum homines in gladio eorumque facultates diripere atque omnia pessundare, donec violenter ad tuam fidem veniant tuisque legibus inviti subiciantur et coacti tuum testimonium testificentur.

[18] *Apologia*, p. 419,10-12 : ... uxorum insuper pulcherrimarum et infiniti concubitus

Le Prophète de l'Islam a transmis à son peuple une loi, un ensemble d'ordres coulés dans les sourates ou chapitres du Coran. Ce Coran, Pierre le Vénérable en citant la traduction latine qu'il en a fait élaborer, l'appelle *collectio praeceptorum* [19]. C'est le terme qui apparaît chez Saint Thomas : *praecepta tradidit* : le mot Alcoran n'apparaît pas. Il s'agit bien d'ordres, et ces ordres, cette obéissance, ont pour but la réalisation des *promissa carnalia.* Il est donc facile (*in promptu est*) pour des hommes charnels d'y obéir.

Mais le Coran, succession de préceptes, comporte un enseignement et, d'après Saint Thomas, celui-ci n'est pas entièrement faux, il comporte une certaine vérité. Mais cette vérité, d'une part, il est facile de la connaître (*quae de facili, a mediocriter sapiente, naturali ingenio cognosci possint*), et d'autre part, elle est entremêlée de nombreuses fables et farcie des doctrines les plus fausses (*vera quae docuit multis fabulis et falsissimis doctrinis immiscuit*). L'Apologie du pseudo-Kindi utilise parallèlement le même argument [20].

Le Prophète de l'Islam aurait dû prouver sa mission par des miracles (*signa*) et sa venue aurait dû être annoncée par les oracles des prophètes qui l'ont précédé (*oracula*). Or, dans le cas de Mahomet, il n'y a pas de faits miraculeux qui témoignent valablement de sa qualité de prophète. Aucune œuvre visible, en ce qui le concerne, n'a prouvé, dit Saint Thomas, qu'il est 'docteur de vérité invisiblement inspiré' (*doctorem veritatis invisibiliter inspiratum*). Il n'a pas fourni de preuves surnaturelles (*signa etiam non adhibuit supernaturaliter facta*), les seules à témoigner comme il convient (*testimonium conveniens*), en faveur de l'inspiration divine [21]. Même affirmation, mais sur le ton de l'exclamation interrogative, dans l'Apologie du pseudo-Kindi : 'Ubi sunt nunc signa prophetiae?' [22]. 'Si potes, ostende quibus signis, quibus miraculis, quibus sanctis operibus propheta tuus prophetiae honorem meruerit?' [23]. Mais ici, Saint Thomas, en accord avec l'argumentation chrétienne dans la polémique contre l'Islam, évoque un type d'argument que les écrits musulmans réfutent.

aliarumque spurcissimi paradysi deliciarum quas ... te ... enumerare non puduit; p. 419, 39 : ... ut porcinis voluptatibus quarum apud vos copia est, performantur.

[19] d'Alverny, p. 73 : La loi qu'il a appelée Alcoran, c'est-à-dire Collection de préceptes. Voir aussi Norman Daniel, *Islam and the West* : *The Making of an Image*, Publications of the Edinburgh University : Language and Literature, 12 (Edinburgh, 1960), p. 33 et p. 329, note 67.

[20] *Apologia*, p. 414, 30-32 : ... inter alia multa et fabulosa ...; p. 407, 26-38.

[21] *Contra Gentiles*, I, 6 : traduction R. Bernier et M. Carvez (Paris, 1961), p. 147.

[22] *Apologia*, p. 402,6.

[23] *Apologia*, p. 407,24-26.

On peut lire cette réfutation dans l'Apologie du pseudo-Kindi; elle est formulée par l'interlocuteur musulman : 'Scriptura quippe data illi a Deo talis est qualis nec ab hominibus nec a demonibus fieri potest. Unde tibi sit *sufficiens testimonium* certitudo advocationis ipsius ... hoc enim est testimonium verum...' [24]. Le seul 'témoignage' que l'Islam invoque en faveur de la véracité du prophète est le miracle même du Coran, son inimitabilité (*i'jāz*); tel est le témoignage suffisant de la mission et de l'appel du prophète. Quant à Saint Thomas, il compare la mission du Prophète à celle d'un brigand et d'un tyran, n'ayant d'autre 'signe' que la puissance des armes [25]. Le contraste, que Saint Thomas souligne, entre l'absence de miracles et au contraire la présence de la violence comme seul signe, sert d'ailleurs d'argument a fortiori, et ce contraste, comme tel, est attesté dans l'Apologie du pseudo-Kindi [26].

Enfin, si le Prophète ne peut se prévaloir du témoignage des 'signes', il ne peut pas non plus se prévaloir du témoignage des prophéties qui auraient annoncé sa venue : 'nulla etiam divina oracula praecedentium prophetarum ei testimonium perhibent'.

Ici, pour la première fois en ce passage, Saint Thomas est acculé à aborder le problème du Coran et à situer celui-ci, comme *auctoritas*, en face de l'Ancien et du Nouveau Testament. Pourquoi 'acculé'? En apparence, la *Somme contre les Gentils* écartait un tel problème. Au chapitre 2, Saint Thomas, pour montrer qu'il est difficile de traiter séparément chacune des erreurs qu'il faudrait réfuter, dit explicitement en citant les musulmans, qu'il ne peut invoquer contre eux l'autorité d'un livre saint [27].

Dans la polémique islamo-chrétienne, c'est du côté musulman que naît l'accusation, formulée contre les chrétiens, d'avoir interpolé et falsifié le texte des Écritures ou d'en dénaturer le sens [28]. Les chrétiens rétorquent:

[24] *Apologia*, p. 382,24-27 : l'interlocuteur chrétien réfute cette 'inimitabilité' du Coran, p. 417, 6-12.

[25] *Contra Gentiles*, I,6 : dixit se in armorum potentia missum, quae signa etiam latronibus et tyrannis non desunt.

[26] *Apologia*, p. 410, 1-3 : iste ... ista omnia mendacissima esse testatur cum in maiori scriptura sua dicat signa sibi non esse data et cum iterum loquitur dicens; 'non sum missus nisi in virtute gladii ...'

[27] *Contra Gentiles*, I,2 : Quidam eorum, ut Mahumetistae et pagani, non conveniunt nobiscum in auctoritate alicuius Scripturae, per quam possint convinci, sicut contra Iudaeos disputare possumus per Vetus Testamentum, contra haereticos, per Novum. Hi vero, neutrum recipiunt. Unde necesse est ad naturalem rationem recurrere.

[28] *Apologia*, p. 443, 15-16 : ... dicitis nos scripturas corrupisse et a tramite veritatis eas distorsisse. Sur les accusations de *taḥrīf* (*corruptio*) et *tabdīl* (*mutatio*), voir *Apologia*, p. 443, lignes 29 et suivantes.

c'est le Prophète lui-même qui a bouleversé les Écritures et y a introduit un tissu de mensonges [29].

C'est à ce thème habituel de la polémique islamo-chrétienne que Saint Thomas fait allusion ici : il n'y a pas d'oracles divins qui puissent annoncer Mahomet puisqu'il a 'déformé presque tous les enseignements de l'Ancien et du Nouveau Testament par des récits légendaires' [30]. Aussi, continue Saint Thomas, a-t-il interdit à ses disciples de lire les livres de l'Ancien et du Nouveau Testament pour ne pas être, par ces livres, convaincu de fausseté et il a fait cela par une décision habile (*astuto consilio*). Pour ce dernier passage, les parallèles à établir avec les thèmes habituels de la polémique islamo-chrétienne paraissent moins nets. Certains versets du Coran disant : 'Ne discutez pas avec les chrétiens et les juifs' [31], sont cités et commentés à plusieurs reprises, par exemple, par Pierre le Vénérable [32]. Mais ils ne sont pas identiques au texte qui nous occupe. Toutefois cette injonction coranique ne signifie pas que les musulmans ignoraient les textes des deux Testaments. Au contraire, à partir du IXe siècle au moins, les musulmans lisaient et étudiaient les textes sacrés des juifs et des chrétiens. L'Apologie du pseudo-Kindi le rappelle explicitement [33]. Les chrétiens, de leur côté, soulignent avec complaisance que le texte du Coran n'était pas fixé à la mort du Prophète, et qu'il en existe plusieurs versions officielles. Comment dès lors accueillir comme 'verbe de Dieu', cette 'révélation' mal définie? A cette objection-là aussi, l'Apologie fait écho [34]. L'affirmation [35] de Saint Thomas ne coïncide pas ici avec les données d'autres écrits relevant de la polémique islamo-chrétienne et, en particulier avec celle de l'Apologie du pseudo-Kindi.

Saint Thomas conclut ces quelques lignes écrites selon le ton de la polémique contre l'Islam par ces mots : *leviter credunt*, croire au Prophète, c'est croire à la légère.

[29] *Apologia*, p. 407, 28-29 : utinam ... non per multa mendacia ... totam pene Scripture sancte veritatem subverteret.

[30] *Contra Gentiles*, I,6 : quasi omnia Veteris et Novi Testamenti documenta fabulosa narratione depravat.

[31] *Coran*, III,18.

[32] Daniel, *Islam and the West*, p. 124.

[33] *Apologia*, p. 393, 10-11 : Dixisti te scripturam Dei legisse et bibliotecam que Novum et Vetus Testamentum continet, sagaciter inspexisse.

[34] *Apologia*, p. 415, 21 à 417, 6.

[35] Daniel, *Islam and the West*, p. 53, cite l'affirmation formulée ici par Saint Thomas sur l'interdiction pour les musulmans de lire les deux Testaments, mais ne l'éclaire par aucun rapprochement avec d'autres textes de la polémique islamo-chrétienne.

Par rapport à la polémique islamo-chrétienne, ce texte, même bref, est véritablement axé sur des thèmes essentiels, connus par des sources bien informées, telle l'Apologie du pseudo-Kindi. Mais il faut noter une singulière discrétion de Saint Thomas pour les termes et les thèmes qui l'entraîneraient sur le terrain d'une discussion scripturaire. Le nom du Coran n'est pas mentionné; l'appellation de *propheta* ou de *pseudo-propheta*, si fréquente [36], n'est pas utilisée; la discussion avec l'Islam à coups de versets tirés des Livres saints est écartée explicitement dès le début de la Somme, alors que dans des écrits comme ceux de Pierre le Vénérable, elle est recommandée [37]. Tout au plus, dans les dernières lignes du passage analysé ici, l'Ancien et le Nouveau Testament sont mentionnés parce que cette mention appartient à la nature même de l'argument, traditionnel celui-là, de l'absence des signes et oracles divins confirmant la mission de Mahomet.

Quant à Mahomet, le texte de Saint Thomas n'attaque pas sa vie privée (alors que les appellations de *luxuriosus*, *impudicus*, *impudicus adulter*, *immunditae totius amator*, etc. fleurissent sous la plume d'autres auteurs), mais la violence. Celle-ci domine. Elle marque l'action de ses premiers compagnons; elle sanctionne son enseignement; elle tient lieu de 'signe'; elle assimile Mahomet aux chefs de bande et aux brigands.

Humbert de Romans, général de l'Ordre des Dominicains de 1254 à 1263, au moment où Saint Thomas écrit la *Somme contre les Gentils*, et apologiste de la théorie de la Croisade à l'époque des deux Croisades de Saint Louis, condamne l'Islam pour ses agressions et pour la contrainte exercée en vue d'obtenir des conversions. La Croisade est réponse au *jihâd* ou guerre sainte de l'Islam; elle est donc une guerre juste (*bellum iustissimum*) [38]. L'accentuation chez Saint Thomas du caractère de *lex violentiae* de l'Islam n'est donc en aucun cas inopportune ou inactuelle.

Les attaques habituelles contre la morale relâchée et les jouissances sensuelles que l'Islam permet ici-bas et promet pour l'au-delà sont rappelées, par une répétition du terme *carnalis*, mais sans autre explicitation; Saint Thomas s'en tient à ce terme et ne s'abaisse pas à des descriptions outrancières.

La présence de ce texte, qui reflète des thèmes traditionnels de la

[36] Daniel, *Islam and the West*, II, Revelation : the Christian attack upon 'Pseudo-prophecy', p. 47 et suivantes.

[37] Daniel, *Islam and the West*, p. 124.

[38] Daniel, *Islam and the West*, p. 112 et 125.

polémique islamo-chrétienne, dans la *Somme contre les Gentils*, peut-elle éclairer quelque peu le but fondamental de cet ouvrage?

L'état de la question est clairement présenté par M. F. Van Steenberghen [39]. Pierre Marsili, dominicain espagnol et premier biographe de S. Raymond de Peñafort (général des Dominicains de 1238 à 1240), attribue à Raymond l'initiative et l'idée directrice de la *Somme contre les Gentils*. Le célèbre témoignage de Pierre Marsili, qui date de 1313, est cité par R. A. Gauthier : 'Brûlé du désir de la conversion des païens, frère Raymond pria le célèbre docteur en Sainte Écriture et maître de théologie frère Thomas d'Aquin, son confrère dans l'Ordre des Prêcheurs, qui passait pour le plus grand clerc du monde après frère Albert le philosophe, d'écrire contre les erreurs des païens un ouvrage qui dissiperait l'ombre des ténèbres et dévoilerait la doctrine du Soleil de Vérité à ceux qui voudraient croire. Ce fameux maître fit ce que demandait l'humble prière d'un père si éminent et il composa la somme intitulée *Contre les Gentils*, somme qui, de l'aveu unanime, n'eut jamais en son genre, sa pareille' [40]. Pour qui retient en un sens trop étroit le témoignage de Pierre Marsili, la Somme devient un ouvrage missionnaire. Pour qui le rejette sans raisons valables, la Somme devient une 'contemplation intemporelle', sans rapport avec l'actualité [41], ou un ouvrage d'apologétique universitaire destiné, non à des missionnaires, mais à la réfutation de doctrines arabes déjà agréées dans les milieux parisiens [42].

Après avoir étudié et discuté les thèses en présence, M. Van Steenberghen conclut le débat d'une manière judicieuse et nuancée qui tient compte du témoignage de Pierre Marsili : 'Celui-ci ne dit pas que S. Raymond a demandé à Thomas d'Aquin un ouvrage à mettre entre les mains des infidèles'. La *Somme contre les Gentils* n'est pas un ouvrage de polémique qui s'adresserait soit aux infidèles, soit à des hérétiques parisiens. S. Thomas écrit pour les penseurs chrétiens (théologiens ou philosophes) attachés à leur foi. Il n'est pas invraisemblable qu'il ait conçu spécialement la *Somme contre les Gentils* pour l'usage de personnes destinées à prendre contact avec des milieux intellectuels 'infidèles', principalement en pays musulmans.

Le bref passage que nous venons d'analyser ne nous paraît infirmer en

[39] Fernand Van Steenberghen, *La philosophie au XIIIe siècle* (Louvain-Paris, 1966), p. 316-324.

[40] René Antoine Gauthier, *Saint Thomas d'Aquin. Contra Gentiles* (Paris, 1961), Introduction historique, p. 61.

[41] Gauthier, p. 99.

[42] C'est la thèse, par exemple du P. Gorce, cité par Van Steenberghen, p. 318-319.

rien ce jugement. Son rattachement manifeste aux thèmes habituels de la polémique islamo-chrétienne peut, à l'époque, être considéré comme traditionnel. Son accentuation de la *lex violentiae* ne détonne pas, au temps des Croisades et, dans le contexte de la *Somme contre les Gentils*, lui donne la valeur d'une belle antithèse soulignant l'*admirabilis conversio mundi ad fidem Christianam*.

Salvador GÓMEZ NOGALES

SAINT THOMAS, AVERROÈS ET L'AVERROÏSME

Certains auteurs médiévaux ont parfois mal interprété tel ou tel philosophe arabe faute d'en avoir lu les traités dans le texte original. Pour éviter cet écueil, nous nous sommes basés dans cette étude sur des données certaines, admises par tous ceux qui ont étudié Averroès et les averroïstes du temps de S. Thomas.

Nous donnerons d'abord une vue d'ensemble du problème de l'averroïsme de S. Thomas [1], nous traiterons ensuite un cas particulier, celui de l'unité de l'intellect humain.

Qu'en est-il de l'averroïsme de S. Thomas? Des opinions contradictoires ont été émises. Selon certains spécialistes, l'attitude de S. Thomas à l'égard d'Averroès a subi une certaine évolution. Au début il a suivi le mouvement de son époque. Pour tout le moyen âge, Aristote a été le grand génie de la philosophie. On cherchait son meilleur interprète et on a cru le trouver en la personne d'Avicenne. Mais dès que fut connu Averroès, c'est lui qui fut considéré comme le grand commentateur d'Aristote. Mais ensuite, les commentaires des averroïstes eurent pour conséquence qu'Averroès ne fut plus reconnu comme l'interprète d'Aristote. C'est alors que S. Thomas aurait abandonné les idées d'Averroès, il ne le cite plus et se sert de la traduction latine du texte original grec.

D'autres auteurs parlent aussi d'un averroïsme supposé de S. Thomas d'Aquin. Tout le monde reconnaît que S. Thomas a employé contre Averroès des termes qui sont peut-être les plus durs qu'il ait jamais employés, comme nous aurons l'occasion de le voir plus loin. Il est vrai que ces jugements de S. Thomas se situent dans le contexte historique d'une polémique très passionnée et qu'ils sont dirigés plutôt contre les averroïstes que contre Averroès lui-même. Il faut reconnaître aussi que, en dehors du cercle des averroïstes déclarés, S. Thomas est celui qui a traité Averroès avec la plus grande correction et le plus grand respect.

[1] Voir Louis Gardet, 'Saint Thomas et ses prédécesseurs arabes', dans *St. Thomas Aquinas, 1274-1974 : Commemorative Studies* (Toronto, 1974), I,419-448.

C'est ce qu'admet également Manser : 'Sein vielleicht mildester und rückschvollster mittelalterlicher Kritiker' [2].

De Vaux affirme que l'influence arabe au XIIIe siècle s'exerça surtout par Avicenne et Averroès. Elle commence par Avicenne et se continue par Averroès vers le milieu du siècle [3]. Selon Gardet et Anawati la grande diffusion des idées d'Averroès dans le monde latin a eu lieu à partir de 1230. Ils nomment comme premier auteur qui ait cité Averroès, l'archevêque Guillaume d'Auvergne qui qualifie même Averroès de 'Philosophus nobilissimus', peut-être à cause de son animosité envers Avicenne [4].

Gilson dit que S. Thomas suit principalement Avicenne en métaphysique et Averroès en physique [5]. D'après Gardet il faut nuancer cette affirmation. Selon lui, dans les principes de la psychologie rationnelle qui sont à la base des conclusions théologiques on perçoit également l'influence d'Averroès. Dans les traités de la *Summa Theologica* sur l'âme et la pensée humaines, les citations de l'un et de l'autre se retrouvent en nombre à peu près égal [6].

Il y a eu parfois des jugements un peu exagérés comme celui de Gorce qui affirme : 'Thomas d'Aquin est un averroïste atténué qui passe son temps à lutter contre un averroïste virulent, Siger de Brabant' [7].

Il ne faut pas trop simplifier les courants de la pensée au moyen âge, comme si on pouvait les diviser en aristotélisme latin et en averroïsme latin (Mandonnet), ou comme si tout averroïsme serait hétérodoxe. Il ne faut pas oublier que pour S. Thomas et pour les auteurs du moyen âge latin, Averroès a été pendant longtemps le grand commentateur d'Aristote. Sous cet aspect il y a, chez les auteurs chrétiens médiévaux, tout un averroïsme qui n'est pas hétérodoxe.

Pour connaître les rapports entre S. Thomas et Averroès il faut tout d'abord connaître les citations que l'Aquinate a faites d'Averroès. Beaucoup a déjà été fait dans ce sens et on fait continuellement de

[2] Gallus Maria Manser, 'Die gottliche Erkenntnis der Einzeldinge und die Vorsehung bei Averroes', *Jahrbuch für Philosophie und spekulative Theologie*, 23 (1909), 1.

[3] R. de Vaux, 'La première entrée d'Averroès chez les Latins', *Revue des sciences philosophiques et théologiques*, 22 (1933), 193-245 (p. 242).

[4] Louis Gardet et M. M. Anawati, *Introduction à la théologie musulmane : Essai de théologie comparée*, Études de philosophie médiévale, 37 (Paris, 1948), p. 265.

[5] Étienne Gilson, 'Avicenne en Occident au moyen âge', dans *Convegno Internationale 9-15 april 1969* (1971), 65-95.

[6] Gardet, *Saint Thomas et ses prédécesseurs arabes*, p. 421-422.

[7] Matthieu Maxime Gorce, *L'essor de la pensée au moyen âge : Albert le Grand-Thomas d'Aquin* (Paris, 1933), p. 48.

nouvelles découvertes. Ainsi Casciaro [8] et Flynn [9] ont découvert des citations non encore indiquées dans la liste de Vansteenkiste [10].

Pour parler ou non d'un averroïsme de S. Thomas, il faudrait d'abord déterminer clairement ce qu'on doit entendre par averroïsme. Van Steenberghen a étudié la question du sens donné historiquement au mot 'averroïste' [11]. S. Thomas l'entend avec la signification de défenseur du monopsychisme hérétique. D'après Van Steenberghen on ne trouve aucun texte du XIIIe siècle où ce terme a un sens plus ample que celui donné par S. Thomas. Il faut, d'après ce même auteur, aller jusqu'à Raymond Lulle (1310) pour trouver le sens de 'celui qui suit Averroès'. Mandonnet a identifié l'aristotélisme averroïste avec l'aristotélisme hétérodoxe [12]. Van Steenberghen croit qu'il faut entendre par averroïste celui qui défend les quatre thèses considérées comme hétérodoxes : la négation de la Providence, l'éternité du monde, l'unité de l'intellect et la suppression de la liberté morale [13].

Il faut distinguer deux aspects : autre chose est de déterminer ce qu'on a entendu historiquement par averroïsme ou averroïste dans les documents publiés, autre chose d'affirmer qu'il n'a pas existé un autre averroïsme réel distinct de l'averroïsme hétérodoxe. Tous seraient d'accord pour reconnaître qu'à côté de l'averroïsme hétérodoxe il a existé un autre averroïsme, peut-être beaucoup plus profond et constructif qui a influencé en bien des points la renaissance de la pensée médiévale.

J'ai indiqué ailleurs quelques points où on a reconnu l'influence d'Averroès sur S. Thomas [14]. Il n'entre pas dans le cadre de cet article de

[8] J. M. Casciaro, *El diálogo teológico de Sto. Tomás con musulmanes y judíos : El tema de la Profecía y de la Revelación* (Madrid, 1969).

[9] Thèse de doctorat soutenue à l'Université de Melbourne (Australie) sur les relations entre S. Thomas et la philosophie arabe.

[10] C. Vansteenkiste, 'San Tommaso d'Aquino ed Averroe', *Rivista degli Studi Orientali*, 32 (1957), p. 585-623.

[11] Fernand Van Steenberghen, *Siger de Brabant d'après ses œuvres inédites*, t. II, *Siger dans l'histoire de l'Aristotélisme*, Les philosophes belges : Textes et études, 13 (Louvain, 1942), p. 495; du même auteur : 'L'averroïsme latin', *Philosophica conimbricensia*, 1 (1969), 3-32.

[12] Pierre Mandonnet, *Siger de Brabant et l'averroïsme latin du XIIIe siècle : Étude critique*, Les philosophes belges, 6, 2e édition (Louvain, 1911).

[13] Fernand Van Steenberghen, *Siger de Brabant d'après ses œuvres inédites*, t. I, *Les œuvres inédites*, Les philosophes belges, 12 (Louvain, 1931), p. 2.

[14] Salvador Gómez Nogales, 'Filosofía Musulmana y humanismo integral de Sto. Tomás', *Miscellanea Comillas*, 47-48 (1967), 229-266; idem, 'Audacia de Sto. Tomás en la asimilación del pensamiento heterodoxo de su época', *Revista Portuguesa de Filosofía*, 30 (1974), p. 185-204.

soulever le problème de la naissance de cet averroïsme très lié à toutes les péripéties des traductions ni le problème des œuvres d'Averroès que S. Thomas aurait connues.

Pour résumer l'influence d'Averroès sur S. Thomas, il faut distinguer deux courants de pensée qu'on pourrait appeler l'un, l'averroïsme positif de S. Thomas, l'autre, son antiaverroïsme.

L'averroïsme positif consiste dans les différentes influences, constatées et reconnues, d'Averroès sur la pensée de S. Thomas. Ces influences peuvent se ramener aux points suivants : a) en logique et dans la théorie de la connaissance S. Thomas a accepté beaucoup d'idées qu'Averroès a exposées dans ses commentaires d'Aristote; b) en cosmologie : le problème de la quantité, l'éternité du monde, le temps, des théories astronomiques; c) en psychologie : certaines idées sur les relations entre les sens et l'intelligence, sur la nature de l'âme et la nature de ses puissances; d) en métaphysique : l'occasionalisme, la connaissance des singuliers, la providence, les preuves de l'existence de Dieu; e) en théologie : la méthode d'exégèse, la prophétie, la nécessité de la révélation : vérités surnaturelles, relations entre la raison et la foi; f) en éthique : des théories sur les vertus et la raison pratique; et dans tous les domaines, pénétration du stoïcisme.

L'antiaverroïsme de S. Thomas devrait être étudié à propos des problèmes suivants : la liberté, la résurrection des corps, la double vérité, voire si Averroès est un impie ou un rationaliste. Et surtout le problème dont nous allons nous occuper maintenant : l'unité de l'intellect humain.

•

Trois problèmes doivent attirer notre attention. Ils ont peut-être été les plus étudiés et, sans aucun doute, ils ont influencé la pensée de S. Thomas.

Le premier problème est celui des relations entre la foi et la raison. Asín Palacios [15] et Gauthier [16] en ont fait une étude approfondie. Des recherches ultérieures demanderaient une mise à jour du travail d'Asín Palacios, et celui de Gauthier devrait être complété par les textes mêmes d'Averroès. On ne peut réduire le domaine de la foi à celui de la raison. Averroès admet toute une série de vérités qui dépassent la raison et qui

[15] Miguel Asín Palacios, 'El averroismo teológico de Santo Tomás de Aquino', dans *Homenaje a D. Francisco Codera* (Zaragoza, 1904), p. 271-331.

[16] Léon Gauthier, *La théorie d'Ibn Rochd (Averroès) sur les rapports de la religion et de la philosophie*, Publications de l'École des Lettres d'Alger : Bulletin de correspondance africaine, 41 (Paris, 1909).

ne peuvent être connues que par la révélation. Ce qui veut dire qu'il y a des vérités religieuses qui surpassent la capacité de la raison [17].

Le deuxième problème est celui du temps. Il a fait l'objet des recherches d'Auguste Mansion qui remarque que, dans l'exposé de cette doctrine, Averroès se considère comme un novateur par rapport à la théorie d'Aristote [18].

Mansion reconnaît que 'dès le début de sa carrière, il (S. Thomas) s'attache de la façon la plus explicite à la conception du temps élaborée par le philosophe de Cordoue' [19]. Il remarque que, plus tard, S. Thomas ne cite plus Averroès. 'Le nom d'Averroès n'est pas mentionné, on ne rencontre aucune allusion directe à ses opinions; mais son influence est partout présente. Elle devient tout à fait patente, dès que l'auteur abandonne un instant le terrain de l'exégèse pure pour toucher un point de doctrine' [20].

A la fin de son exposé, Mansion nous dévoile la largeur d'esprit de l'Aquinate en faisant cette réflexion : 'Il n'y a pas lieu d'être surpris, d'autre part, en voyant un saint ... Thomas, adversaire fougueux de l'averroïsme dans les questions concernant l'intellect humain, suivre docilement la voie ouverte par Averroès dans l'interprétation de la théorie du temps. Il s'agit ici d'une doctrine parfaitement inoffensive, et l'on pourrait citer bien d'autres cas, où les péripatéticiens chrétiens de l'Occident latin ne se sont pas fait faute de puiser leurs inspirations dans les écrits du philosophe de Cordoue' [21].

Le troisième problème est du domaine de la théologie. Casciaro a étudié le thème de la prophétie en se basant sur les textes et il a découvert de nouvelles influences d'Averroès en cette matière [22].

En parlant de l'averroïsme positif, j'ai fait allusion à la pénétration du stoïcisme. C'est un cas très curieux. Le P. Chenu a étudié la manière dont le stoïcisme, à travers la terminologie d'Averroès employée par S. Thomas, a trouvé une voie d'accès : on change une formule d'Aristote et on la transforme en une formule stoïcienne, en enrichissant la pensée

[17] Manuel Alonso, *Teologia de Averroes : Estudios y documentos*, Public. de la escuela de estudios arabes de Madrid y Granada (Madrid, 1947), introduction.

[18] Augustin Mansion, 'La théorie aristotélicienne du temps chez les péripatéticiens médiévaux : Averroès, Albert le Grand, Thomas d'Aquin', *Revue néo-scolastique*, 36 (1934), p. 275-307.

[19] Mansion, p. 297.

[20] Mansion, p. 297.

[21] Mansion, p. 297.

[22] Casciaro, voir note 8.

d'Aristote par un contenu stoïcien [23]. Il faut insister sur l'importance du courant stoïcien dans la philosophie arabe. Ce n'est pas uniquement l'aristotélisme ou le néoplatonisme qui constituent l'hellénisme de la philosophie arabe [24].

Il faudrait faire des études semblables sur les autres problèmes à l'occasion desquels S. Thomas cite Averroès. Pour finir ce bref exposé de l'influence d'Averroès sur l'Aquinate il faut souligner que, même dans les cas où s'exerce cette influence, S. Thomas ne suit jamais la pensée d'Averroès sans y apporter des modifications essentielles.

Les problèmes de l'antiaverroïsme ne peuvent être exposés ici en détail [25]. On pourrait dire, dans ce contexte, qu'Averroès n'est pas averroïste. Un cas concret montre le sens de ce paradoxe. J'ai choisi le problème de l'unité de l'intellect humain.

Les adversaires d'Averroès, parmi lesquels S. Thomas d'Aquin, tous les averroïstes et même, parmi les modernes, quelques arabisants qui d'ordinaire ont tendance à défendre la pensée arabe, comme c'est le cas d'Asín Palacios [26], sont tous d'accord pour admettre qu'Averroès a défendu l'unité de l'intellect humain. La chose n'est cependant pas évidente. Il y a, chez Averroès, des expressions qui montrent clairement qu'il admet l'unité de l'intellect humain. Mais d'autre part, si on admet ce point de vue, on rencontre chez Averroès une contradiction manifeste. Finalement je suis arrivé à une conclusion qui a été confirmée 'a posteriori' par trois procédés différents.

Le premier procédé a été le suivant. Aujourd'hui, les chercheurs arabes qui ont étudié le problème, sans avoir lu mes écrits mais en employant à peu près les mêmes sources, arrivent à la même conclusion que moi, parfois avec des arguments que je n'accepterais pas toujours

[23] Marie Dominique Chenu, 'Un vestige du stoïcisme', *Revue des sciences philosophiques et théologiques*, 27 (1938), p. 63-68.

[24] Salvador Gómez Nogales, 'Influence du Stoïcisme dans la philosophie Musulmane', dans *Ve Congrès international d'Arabisants et d'Islamisants* (Bruxelles, 1970), p. 239-254.

[25] Salvador Gómez Nogales, 'La inmortalidad del alma a la luz de la noética de Averroes', *Pensamiento*, 15 (1959), p. 155-176; idem, 'Problemas metafísicos en la España musulmana contemporánea de Averroes', *Die Metaphysik im Mittelalter*, (Berlin, 1963), p. 403-413; idem, 'Problemas alrededor del *Compendio sobre el alma* de Averroes', *Al-Andalus*, 32 (1967), p. 1-36; idem, 'Problèmes métaphysiques autour du *Tahāfut al-tahāfut* d'Averroes', dans *Akten des XIV. intern. Kongrs. für Philosophie* (Wien, 1969), p. 539-553.

[26] Asín Palacios, p. 315-316.

moi-même : Averroès, disent-ils, n'a pas défendu l'unité de l'intellect humain comme on l'a prétendu en Occident.

Après avoir étudié les textes, j'ai trouvé des auteurs occidentaux modernes qui ont pénétré plus profondément la pensée d'Averroès. Ils se sont arrêtés, il est vrai, à mi-chemin, mais ils s'éloignent beaucoup de l'interprétation traditionnelle. Ces auteurs confirment ma conclusion.

Le premier de ces auteurs a été Renan. Renan se laisse guider par un certain préjugé : il veut trouver en Averroès un rationaliste. Il est cependant honnête car il accepte les données telles qu'elles se présentent à lui. Il étudie les textes des Commentaires d'Averroès et, d'ordinaire, ils sont les mêmes que ceux qui ont été lus par les occidentaux médiévaux et où ils ont cru voir l'unité de l'intellect clairement admise. Mais dans d'autres textes ces auteurs médiévaux voyaient des prémisses qui, par elles-mêmes, niaient l'unité de l'intellect humain. Il s'agit des livres d'Averroès acceptés par tous comme originaux et dont quelques-uns reçurent plus tard le nom d'œuvres théologiques.

Il y avait là une contradiction évidente. Alors, de deux choses l'une : ou bien Averroès admet réellement une contradiction, chose improbable, d'autant plus qu'on trouve parfois cette contradiction dans le même ouvrage, comme c'est le cas du *Tahāfut*; ou bien il y a une explication à cette contradiction qui ne serait qu'apparente.

Renan croit avoir trouvé la solution dans une double attitude d'Averroès. Dans les œuvres aristotéliciennes Averroès admet l'unité de l'intellect, ce qui est inconciliable avec les dogmes de l'Islam, mais dans les œuvres théologiques il simule une opinion qui va à l'encontre de ses convictions personnelles afin de ne pas encourir l'hostilité du peuple et des fuqahā [27]. 'Je ne puis expliquer que par une contradiction manifeste certains passages de la 'Destruction des destructions' où, pour ne pas compromettre la philosophie devant ses adversaires, Ibn Roschd semble admettre l'immortalité' [28]. Aujourd'hui on ne peut accepter cette interprétation. Averroès est un fidèle musulman et on ne peut pas supposer qu'il accepte en tant que croyant ce qu'il nierait en tant que philosophe. L'interprétation de Renan est donc inacceptable, ce qui nous oblige à chercher une autre solution.

Un ouvrage de Théry, basé sur une documentation textuelle de pre-

[27] Ernest Renan, *Averroès et l'Averroïsme : Essai historique*, 9e édition (Paris, 1932).

[28] Renan, *Averroès*; cf. Gabriel Théry, *Autour du décret de 1210*, t. II, *Alexandre d'Aphrodise : Aperçu sur l'influence de sa noétique*, Bibliothèque thomiste, 7 (Kain-Paris, 1926), p. 57.

mière main, nous propose une autre voie [29]. Une des thèses de cette étude est que la noétique d'Averroès est une réaction contre la noétique d'Alexandre d'Aphrodise. Cette .conclusion est à l'opposé de celle de Renan. Averroès a admis l'unité de l'intellect pour ne pas tomber dans le matérialisme de l'intellect d'Alexandre, c'est-à-dire pour rester fidèle aux dogmes religieux de l'Islam. Voici en peu de mots, le résultat des recherches de Théry. Ce sera le point de départ de mon argumentation ultérieure.

Théry croit que la gnoséologie d'Averroès est un compromis entre la noétique de Thémistius et celle d'Alexandre d'Aphrodise. Il s'agissait d'interpréter Aristote. Celui-ci n'avait rien dit sur la nature de l'intellect matériel. L'intellect matériel est-il de par sa nature capable de comprendre les entités abstraites?

Averroès croit que Thémistius et d'autres auteurs interprètent Aristote comme défendant la thèse que l'intellect matériel n'est ni 'generabilis' ni 'corruptibilis'. Il n'est pas une forme dans le corps. Il est un être en puissance, et par cela même il ne peut être corrompu, comme c'est le cas de toute puissance. L'intellect matériel n'est pas non plus une préparation ou une simple disposition intellectuelle, comme le prétendait Alexandre [30]. Mais comme Aristote avait dit qu'il y a deux parties intellectuelles : l'une qui reçoit et l'autre qui fait (agens), que les intentions qui sont dans la puissance imaginatrice meuvent l'intellect matériel pour devenir en acte : Thémistius, dit Averroès, affirme que nous sommes un 'intellectus agens'. Donc, que l'intellect agent est quelque chose d'intérieur à l'homme [31].

Alexandre d'Aphrodise avait dissocié les deux aspects de l'intellect humain. L'intellect agent n'était pas dans l'homme. Mais en même temps il concevait l'intellect matériel comme ayant une nature très semblable à celle de la matière, ou plutôt à celle du sens : 'Scilicet quod proportio intellectus in actu ad intellectum materialem est sicut proportio sensati ad sentiens' [32]. A ce sujet il y avait chez les arabes des propositions qu'Averroès considérait comme très dangereuses parce que contraires à la foi islamique. L'intellect matériel est une vraie matière. Donc, son individualité est tout aussi périssable que la matière. Par conséquent, l'âme humaine individuelle est mortelle.

Averroès veut s'en tenir au moyen terme. Il accepte d'Alexandre la nature de l'intellect agent hors de l'homme, qui est en acte, et peut faire

[29] Théry, voir note 28.
[30] Averroès, *De anima*, lib. III, c. 4.
[31] Averroès, *De anima*, lib. III, c. 4.
[32] Théry, p. 50.

passer l'intellect matériel de la puissance à l'acte. Mais il n'admet pas que la nature de l'intellect soit absolument égale à la matière [33].

C'est dans ce contexte qu'Averroès affirme que l'intellect est une substance. Quand il parle ainsi, dit Théry, il se réfère à l'âme intellectuelle sans faire de distinction entre la puissance et le sujet de la substance. Pour mieux souligner encore contre Alexandre l'immortalité de l'intellect matériel, Averroès soutient que 'intellectus materia est separabilis et quod non habet instrumentum corporale et quod est simplex et non patiens, idest non transmutabilis et ubi laudat Anaxagoram in hoc quod dicit quod non est mixtus cum corpore' [34].

C'est pour être d'accord avec ce principe qu'Averroès nie que nous puissions aimer ou haïr après la mort, ou même avoir l'exercice des puissances purement passives comme l'imagination, la cogitative et la mémoire. Mais l'intellect matériel ne périra pas comme les puissances inférieures, parce qu'il agira en union avec l'intellect agent.

Il y a un texte où Averroès explique en quoi l'intellect matériel se distingue des facultés inférieures. On ne peut pas dire que de par son essence parfois il comprend, et que parfois il ne comprend pas, mais il reste toujours 'in eadem forma', de la même façon qu'il comprend l'intellect agent, c'est-à-dire, il garde envers lui la même proportion que la lumière envers un objet transparent (sicut lucis ad diaphanum). Il est vrai que l'intellect matériel qui est en puissance, mais qui néanmoins est éternel, doit se perfectionner par l'intellection des formes matérielles. Mais sa nature est plus élevée encore, parce qu'il est né pour être perfectionné par les formes immatérielles, 'quae sunt intellectae in se'. Seulement quand on obtient cette intellection en soi par l'union avec l'intellect agent, on arrive à l''intellectus qui est in habitu' [35].

Théry fait ici une observation qui le rapproche beaucoup de notre interprétation. Il dit que l'intellect agent est toujours différent de l'intellect matériel. 'L'intellect agent n'arrive pas, même par l'intermédiaire de l'intellect acquis, à s'unir à l'intellect possible; il agit à la façon d'un moteur extérieur, et nous aboutissons à la théorie platonicienne' [36]. S'il était uni avec l'intellect matériel, il se multiplierait avec les intellects matériels. Mais il est unique.

En même temps, l'intellect matériel possède les qualités de l'intellect agent, sauf une sorte de potentialité : il doit être à la fois 'de genere

[33] Averroès, *De anima*, lib. III, c. 4.
[34] Averroès, *De anima*, lib. III, c. 4.
[35] Averroès, *De anima*, lib. III, c. 4.
[36] Théry, p. 58.

virtutum passivarum', parce qu'il doit, avant de comprendre toutes les choses, pouvoir les comprendre et appartenir aux puissances non actives; et en même temps il ne peut pas être une puissance passive comme la matière ou les puissances purement matérielles. Comme il doit apprendre toutes les choses, il ne peut être aucune d'elles : il est abstrait de la matière, il peut être séparé d'elle et il ne peut être transformé, il est simple [37].

Toute la distinction entre l'intellect agent et l'intellect matériel se résume dans cette phrase : l'intellect matériel 'est in sua substantia actio, id est quod non est in eo potentia ad aliquid, sicut in intellectu recipienti est potentia ad recipiendum formas' [38]. L'intellect matériel est simple, parce qu'il doit recevoir toutes les formes. L'intellect agent est simple et abstrait, parce qu'il doit faire 'omnes formas intellectas'. Mais tous les deux ne se reçoivent pas pour se comprendre. Ils se comprennent parce qu'ils sont transparents à eux-mêmes.

Théry est objectif : après avoir reconnu le parallélisme entre l'intellect agent et l'intellect matériel, il souligne les difficultés qui en dérivent, difficultés qu'Averroès lui-même reconnaît. Si les deux sont semblables, il faut l'admettre, et Averroès l'avoue sincèrement : 'intellectus materialis est unicus hominibus'.

Averroès propose deux difficultés qui font soupçonner que cette unité de l'intellect matériel doit être différente de celle de l'intellect agent. Les prémisses sont les suivantes. L'homme est générable et corruptible. Mais d'autre part, l'intellect matériel est la dernière perfection de l'homme ou de l'âme humaine; et la dernière perfection de l'intellect est l'intellect spéculatif. Mais si l'intellect n'est ni générable ni corruptible, alors l'homme ne serait pas générable et corruptible en tant qu'homme, mais en tant qu'animal seulement. Pareillement, si l'homme doit se numéroter par la multiplicité des individus, alors l'intellect matériel, qui est la dernière perfection de l'homme, doit aussi se numéroter par la multiplicité des individus. Mais on vient de dire que l'intellect matériel est un. D'autre part, il doit être tellement un que tu sois différent de moi par la dernière perfection de ton être, et de même, que je sois différent de toi. Autrement tu serais constitué par mon être, et moi par ton être. Et généralement, on devrait dire que l'homme est être avant même d'exister. Et Averroès avoue : c'est une question difficile à résoudre. Mais retenons les données du problème : tu dois être différent de moi avec une existence différenciée.

[37] Théry, p. 58; Averroès, *De anima*, lib. III, c. 4.
[38] Théry, p. 58.

Il y a une autre difficulté qui compromet sérieusement l'unité de l'intellect. Il ne peut pas être numéroté comme les individus matériels dans lesquels il se trouve, parce qu'alors il serait comme eux, ou un corps ou une puissance dans un corps, il serait donc périssable. Ce qu'on ne peut admettre en aucun cas sans tomber dans le matérialisme d'Alexandre d'Aphrodise. Mais si d'autre part, l'intellect matériel est un, quand je reçois une connaissance quelconque, c'est toi qui dois la recevoir aussi. Mais cela est impossible, conclut Averroès, parce que chacun de nous possède ses propres connaissances différentes de celles des autres.

Nous nous trouvons donc devant une aporie qu'il faut résoudre : pour n'être pas périssable comme les êtres matériels, il faut que l'intellect humain (le matériel) soit simple et un. Mais d'autre part, il faut admettre aussi qu'il doit être différent des autres, donc qu'il doit être multipliable.

Dans le *De Anima,* Averroès donne une solution qui veut maintenir les deux termes de l'aporie : 'la génération et la corruption des individus résultent de leur composition (propter multitudinem contingentem eis), mais non de la modalité par laquelle ils sont un (non propter modum quem sunt unica). Et de cette façon, quand un objet connu se corrompt à cause de la corruption de son sujet, il est corrompu à cause de la corruption des individus, mais il n'est pas corrumpu 'simpliciter', c'est-à-dire parce que son existence dans l'intellect matériel ne se corrompt jamais' [39].

Après avoir exposé, d'après les textes, la pensée d'Averroès, Théry tire la conclusion suivante : la pensée d'Averroès est une réaction contre le matérialisme d'Alexandre en faveur de la spiritualité et de l'immortalité de l'âme humaine. Théry a considérablement clarifié les données du problème mais il n'est pas allé jusqu'au bout de ses prémisses. Des deux données du problème : l'unité de l'intellect et la différence des intellects, en continuant dans la ligne de l'interprétation médiévale, Théry ne prend que l'unité de l'intellect sans nous indiquer ce qu'il faut faire avec la différence, qui certainement n'est pas d'ordre matériel et périssable.

Au point de vue historique, Van Steenberghen a donné quelques précisions sur des questions très discutées entre spécialistes du moyen âge latin et surtout sur l'averroïsme occidental. S. Thomas a peut-être été l'adversaire d'Averroès qui l'a traité avec le plus de bienveillance : c'est ainsi, par exemple, qu'il n'a pas intitulé son traité 'Contra Aver-

[39] Averroès, *De anima,* lib. III, c. 4; cfr. I,1; II,2; III,7.

roem', mais *Contra Averroistas* [40]. Il est évident cependant qu'à travers les averroïstes S. Thomas vise Averroès et c'est à lui d'ailleurs qu'il attribue l'erreur. On peut se demander si S. Thomas se serait tellement opposé à Averroès s'il n'avait pas eu devant lui les averroïstes de son temps.

Une autre remarque de Van Steenberghen c'est que le *Contra Averroem* d'Albert le Grand ne vise pas les averroïstes de son temps, comme il a été bien établi par le P. Salman, car il n'en existait pas en 1256/1260. Plus tard il a remanié son opuscule pour l'insérer dans sa *Summa Theologica* après 1270, lorsqu'il y avait évidemment des 'averroïstes latins'. Je laisse cela aux spécialistes et surtout au professeur Van Steenberghen qui a traité ce problème avec compétence [41].

Le dernier mot n'est pas encore dit puisqu'il reste encore beaucoup de lacunes dans ce que nous savons de l'averroïsme latin. C'est ainsi que Laureano Robles a trouvé des citations d'Averroès chez des auteurs médiévaux à une date antérieure à celle qu'on a l'habitude de nous donner [42].

Le ton de S. Thomas est d'ordinaire très calme et modéré. Il combat les doctrines mais d'habitude ne juge pas les personnes. Mais dans le cas d'Averroès il emploie des expressions très dures : 'Commentator perverse exponit' [43]. Quelques fois S. Thomas n'est pas sûr de sa propre opinion mais il n'en dénigre pas moins celle d'Averroès : 'quamvis (ut arbitror) perverse verba Alexandri acceperit' [44]. Et plus loin : 'Averroes perverse refert sententiam Themistii et Theophrasti' [45]. Et encore : 'merito supradiximus eum philosophiae peripateticae perversorem' [46]. Le texte auquel S. Thomas fait allusion est l'un des plus durs qui soient sortis de sa plume. Averroès serait le seul parmi les grecs, les latins et même les arabes qui aurait mal interprété Aristote : 'Haec autem praemisimus, non quasi volentes ex philosophorum auctoritatibus reprobare

[40] Gómez Nogales, *Audacia de Sto. Tomas*, p. 203.

[41] Fernand Van Steenberghen, *La philosophie au XIIIe siècle* (Louvain, 1962), p. 278-285.

[42] Dr. D. Laureano Robles est professeur à l'université de Valence. J'espère qu'il nous donnera bientôt plus de lumière non seulement sur ce problème mais aussi sur d'autres aspects de la philosophie médiévale.

[43] Thomas Aquinas, *Tractatus de unitate intellectus contra Averroïstas*, ed. Leo W. Keeler, Textus et documenta..., series philosophica, 12, 2e édition (Romae, 1957), p. 6.

[44] *Tractatus de unitate intellectus*, p. 35-36.

[45] *Tractatus de unitate intellectus*, p. 77-78.

[46] *Tractatus de unitate intellectus*, p. 77-78.

suprapositum errorem; sed ut ostendamus, quod non soli Latini, quorum verba quibusdam non sapiunt, sed etiam Graeci et Arabes, hoc senserunt, quod intellectus sit pars vel potentia seu virtus animae quae est corporis forma. Unde miror ex quibus Peripateticis hunc errorem se assumpsisse glorientur, nisi forte quia minus volunt cum ceteris Peripateticis recte sapere, quam cum Averroe oberrare, qui non tam fuit Peripateticus, quam philosophiae peripateticae depravator' [47]. Cette attitude sévère à l'égard d'Averroès a fait perdre à S. Thomas cette objectivité qui d'ordinaire ne lui fait pas défaut. L'histoire a prouvé qu'Averroès a interprété la doctrine de Themistius et d'Alexandre d'Aphrodise plus fidèlement que l'Aquinate, ce qui a été confirmé par Keeler et Théry [48].

Le traité de S. Thomas semble avoir été écrit spécialement contre Siger de Brabant. Un des manuscrits porte le titre *Tractatus F. Thomae contra magistrum Sigerum de unitate intellectus*. Le colophon du même manuscrit finit par ces mots : 'Haec scripsit Thomas contra Sigerum de Brabantia et alios plurimos Parisius (sic) in philosophia regentes, anno Dni. 1270'. La date est donc suffisamment établie : c'est pendant le deuxième séjour de S. Thomas à Paris, et non en 1256, comme l'avait prétendu Ottaviano [49]. Le manuscrit parle d'un grand nombre d'averroïstes. Aux spécialistes de déterminer qui sont ces averroïstes parmi lesquels, outre Siger de Brabant, il faudrait citer certainement Boèce de Dacie comme le croient Grabmann [50] et Doncœur [51] ainsi que Bernier de Nivelles comme l'indique Van Steenberghen [52].

Un fait mérite notre attention. C'est chose admise qu'Avicenne défend l'immortalité individuelle de l'âme humaine. Or, si Averroès aurait eu conscience d'avoir une opinion différente de celle d'Avicenne, il l'aurait combattu sur ce point, comme il le fait d'habitude quand il trouve la moindre occasion de le réfuter. Mais, pour autant que je sache, jamais il n'a dit que, sur ce point, il se sépare d'Avicenne ou du dogme islamique. Cela est d'autant plus significatif qu'Averroès a souvent critiqué l'hylémorphisme enseigné par Avicenne.

[47] *Tractatus de unitate intellectus*, p. 38.

[48] Keeler, p. xx; Théry, voir note 28.

[49] Keeler, p. 1; Carmelo Ottaviano, 'La data del *De unitate intellectus* di S. Tommaso', *Sofia*, 1 (1933), 101-104 et 3 (1935), 134-140.

[50] Martin Grabmann, *Die Werke des hl. Thomas von Aquin : Eine literaturhistorische Untersuchung und Einführung*, Beiträge zur Geschichte der Philosophie und Theologie des Mittelalters, XXII, 1-2, 3e édition (Münster, 1949), p. 326.

[51] Paul Doncœur, 'La religion et les maîtres de l'Averroïsme', *Revue des sciences philosophiques et théologiques*, 5 (1911), p. 267-298; 486-506.

[52] Van Steenberghen, *Siger de Brabant*, I, p. 2; II, p. 427.

L'un des points sur lesquels Averroès combat Avicenne est précisément la théorie de la pluralité des formes dans le composé hylémorphique. Il faut retenir ce détail pour la solution totale du problème. Selon Averroès il n'y a qu'une seule forme dans le composé humain. Et, soit dit en passant, S. Thomas a pu reprendre d'Averroès cette théorie de l'unité des formes. Du moins on ne peut pas affirmer, comme on le fait fréquemment, que S. Thomas a été le premier à la défendre [53].

Un autre présupposé digne de remarque c'est que, selon Averroès, le principe d'individuation ne provient pas seulement de la matière. La matière en soi est quelque chose d'indéterminé. Et l'actualisation de la détermination provient de la forme pour qu'un être puisse devenir individualisé [54].

Averroès le répète souvent : il n'y a qu'une seule âme. Il établit dans l'âme différents degrés. Ce sont les différentes puissances. Il les appelle parfois les différentes parties de l'âme. Mais parfois aussi, quand il les décrit, il parle de différents genres d'âmes. Chaque puissance ou chaque âme est une matière de celle qui lui est supérieure [55]. C'est-à-dire, chaque âme inférieure est un sujet de la forme supérieure. Seulement la forme appétitive, où s'enracinent l'amour et la haine, est inhérente aux âmes sensitives et imaginatives. Nous garderons cette assertion présente à l'esprit quand Averroès dira que l'amour et la haine disparaîtront après la mort.

Remarquons qu'Averroès précise immédiatement : la matière possède en elle-même une disposition pour recevoir la forme. Ce n'est pas en ce sens qu'il dit que chaque âme est une matière de la supérieure. Elle n'est pas une disposition à la supérieure. Dans toutes les âmes il y a une certaine puissance pour recevoir la forme supérieure. Mais cette potentialité est accidentelle à son essence. Elle ne provient pas de son être de forme, mais de son être de forme matérielle. C'est un double aspect de la même réalité. Et c'est pour cela qu'on peut dire que la forme inférieure est en puissance pour la supérieure. Mais jamais la supérieure ne peut être en puissance pour l'inférieure. Celle-là inclut toutes les inférieures [56].

[53] Ludger Oeing-Hanhoff, 'Zur Reception und Kritik des averroistischen Hylemorphismus durch Thomas von Aquin', (communication qui sera publiée dans les actes du Ve congrès intern. de philosophie médiévale); cfr. idem, 'Form und Materie (Stoff)', dans *Historisches Wörterbuch der Philosophie*, II (Basel-Stuttgart, 1972), col. 997-1032.

[54] *ibid.*

[55] Gómez Nogales, *La inmortalidad del alma*, p. 161.

[56] Gómez Nogales, *Problemas alrededor del 'Compendio sobre el alma'*, p. 20.

Averroès affirme ensuite que l'intellect est une puissance tout à fait différente des autres. Il est universel, et en même temps multipliable. Mais cette multiplicité, dit-il, n'est pas individuelle. Il est bien entendu que par individuel il entend ici le non abstrait de la matière [57].

Il y a eu un temps où Averroès a identifié l'intellect matériel avec l'imagination douée d'une disposition pour recevoir les intelligibles. C'était sous l'influence d'Avempace. Mais dans une correction du manuscrit de Madrid il ajoute : si l'intellect matériel serait l'imagination, il ne pourrait pas être apte à la réception des intelligences séparées [58].

Averroès dit aussi que l'intellect matériel n'est ni corps ni âme. C'est vrai. Mais il le dit dans un contexte où il faut entendre : il n'est ni un corps ni une âme dépendante du corps ou périssable avec lui. Il voulait souligner sa propre théorie entièrement distincte de la matérialité de l'intellect d'Alexandre [59].

Que veut-il dire lorsqu'il prétend que l'intellect matériel n'est pas comme les autres puissances de l'âme? Il faut entendre toutes ces expressions dans un contexte gnoséologique. Il s'agit d'une théorie de la connaissance. Parfois il donne des précisions qu'il faut prendre comme une description de l'essence. Par exemple, quand il dit que l'intellect matériel est postérieur à l'intellect agent. Donc, quand il dira plus loin que l'intellect matériel est éternel, cela veut dire, au moins, qu'il ne périra jamais [60].

L'intellect matériel est une puissance qui n'est pas comme les autres, c'est-à-dire, il n'est pas une puissance purement passive. Il est passif seulement quand il exerce son activité dépendante des sens ou de l'imagination. Mais il a aussi une disposition différente de celles des puissances matérielles : c'est la puissance de pouvoir comprendre les intelligibles [61].

La nature de l'intellect matériel est de pouvoir se faire les autres choses, non pas ontologiquement mais gnoséologiquement, en manière de similitude ou réception [62]. Cette adaptation aux intelligibles consiste en une espèce d'actualisation de toutes les potentialités, de devenir gnoséologiquement les autres choses qui sont latentes dans l'intellect matériel. Cette actualisation consiste à obtenir différents degrés de connaissance, dont chaque connaissance supérieure englobe les inférieures dans une compréhension plus parfaite. Aucun degré supérieur n'a besoin

[57] Gómez Nogales, *Problemas alrededor del 'Compendio sobre el alma'*, p. 23.
[58] Gómez Nogales, *Problemas alrededor del 'Compendio sobre el alma'*, p. 24.
[59] Gómez Nogales, *Problemas alrededor del 'Compendio sobre el alma'*, p. 23.
[60] Gómez Nogales, *La inmortalidad del alma*, p. 164.
[61] Gómez Nogales, *Problemas alrededor del 'Compendio sobre el alma'*, p. 29.
[62] Gómez Nogales, *La inmortalidad del alma*, p. 166.

de l'inférieur, parce que la perfection du second est incluse dans le premier. C'est un processus d'abstraction de la matière. Celle-ci est une espèce de dispersion ou de teinture qui empêche la pureté de la connaissance.

Il y aura donc, même après la mort, une grande différence entre les intellects matériels, selon les degrés de leur immatérialité. Il y aura des hommes vulgaires qui ne parviendront jamais à s'émanciper de l'imagination. Ils resteront toujours dans le domaine de l'individuel, entendez ici : matériel. Les plus parfaits seront ceux qui arriveront à la pénétration de quelque chose d'universel, c'est-à-dire ceux qui arriveront à un degré d'universalisation qui leur permettra de devenir toutes les choses, même les purs intelligibles séparés de la matière [63].

On peut donc comprendre pourquoi les autres puissances disparaîtront. Parce qu'elles sont comme absorbées dans une connaissance supérieure qui connaît tout ce qu'elles peuvent connaître mais d'une façon plus parfaite : 'modo eminentiori'. Et comme il y aura différents degrés d'universalité dans la connaissance, il y aura aussi une multiplicité d'intellects matériels séparés ou simples, correspondants aux différents degrés de perfection cognoscitive [64].

Quel est le rôle de l'intellect agent dans tout ce processus de l'intellection? Averroès, comme tous les philosophes arabes hellénisants, affirme qu'il est extérieur à l'homme. Son rôle est purement illuminatif. On pourrait le comparer à une lampe dont la lumière traverse un film pour rendre transparent tout ce qui y est imprimé. Comme nous l'avons vu dans tous les textes cités par Théry, l'âme est un objet transparent qui nous découvre tout ce qu'il y a en elle quand elle est illuminée par la lumière de l'intellect agent. C'est dans ce contexte qu'Averroès emploie l'expression : 'connais ton essence et tu connaîtras ton Créateur' [65]. Je ne sais pas en quoi se distingue cette expression de celle d'Avicenne sur l'âme humaine : 'une petite lampe dans un grand feu' [66] ou de celle des mystiques : مُن عرف ربه فقد عرف نفسه [67].

Il ne nous reste qu'à dire un mot sur la nature ontologique de l'intellect matériel chez Averroès. Il y a des points obscurs dont Averroès

[63] Gómez Nogales, *Problemas alrededor del 'Compendio sobre el alma'*, p. 27.

[64] Gómez Nogales, *Problemas alrededor del 'Compendio sobre el alma'*, p. 28.

[65] Gómez Nogales, *Problemas alrededor del 'Compendio sobre el alma'*, p. 27.

[66] Voir les textes dans Osman Chahine, *Ontologie et théologie chez Avicenne* (Paris, 1962), chap. IV, p. 95-114, surtout p. 111.

[67] Ibn 'Arabī, Risāla fī ma'arifati-l-nafs wa-rūh. Cfr. Gómez Nogales, 'Universalité et particularité de l'âme humaine dans la philosophie musulmane et spécialement chez Ibn 'Arabī', dans *Universalismus und Partikularismus im Mittelalter*, Miscellanea mediaevalea, 5 (Berlin, 1968), 73-96 (p. 88).

ne nous dit rien. Il ne nous a pas expliqué l'origine de l'âme intellectuelle. Il a dit seulement qu'elle est postérieure à l'intellect agent. Nous pouvons voir ici soulignée l'idée de création ou d'émanation. Il n'est pas si facile de voir comment Averroès résout l'aporie aristotélicienne de l'âme humaine forme de la matière et à la fois indépendante d'elle. Mais je crois qu'il n'est pas nécessaire de voir une contradiction dans les deux données de l'aporie sur l'intellect matériel en ce qui regarde son indépendance de la matière. Il est un, c'est-à-dire, il est simple et n'est pas corruptible comme un être matériel composé. Mais en même temps il est distinct des autres à cause de sa potentialité de connaissance, en quoi il est distinct de l'intellect agent, qui est toujours en acte. En corrigeant un peu la formule d'Averroès pour mieux comprendre son contenu, nous pourrions dire avec Kainz qu'il défend 'pluralitas intellectuum, unitas intellecti' [68].

Comme un bon musulman, Averroès accepte dans ses écrits théologiques les dogmes propres de la responsabilité humaine. Il est sunnī en ce qui concerne les sanctions ultraterrestres, ce qui suppose d'autre part l'immortalité individuelle de chaque homme, et même avec un aspect matériel, puisqu'il suppose que tous les hommes après la mort disposeront de corps adaptés au degré de spiritualité auquel ils seront arrivés dans la vie terrestre.

Comme conclusion de notre travail, nous pouvons affirmer les points suivants :

1) Il y a un averroïsme modéré chez S. Thomas d'Aquin. Ce n'est pas toujours dans un sens hétérodoxe qu'Averroès a influencé les auteurs catholiques du moyen âge.

2) Averroès n'est pas averroïste. S'il est vrai qu'il y a eu des averroïstes qui ont admis l'unité de l'intellect humain, ce n'est pas le cas pour Averroès qui admet l'immortalité individuelle de l'âme humaine, même dans l'intellect matériel.

3) La synthèse thomiste est encore valable de nos jours dans cette double dimension : a) comme méthode : il faut la suivre aujourd'hui dans l'assimilation de la pensée supposée hétérodoxe de notre temps; b) comme humanisme intégral : pour expliquer notre siècle nous ne pouvons pas nous laisser enfermer dans les limites étroites de notre temps. Il faut réaliser une fusion du passé et du présent pour y découvrir les valeurs actuelles qui donneront un sens à l'avenir.

[68] H. Kainz, 'The multiplicity and individuality of intellects : a re-examination of St. Thomas' reaction to Averroes', *Divus Thomas*, 74 (1971), p. 155-179.

CHAPTER IV

AQUINAS AS THEOLOGIAN AND PHILOSOPHER

J. H. WALGRAVE

THE USE OF PHILOSOPHY IN THE THEOLOGY OF THOMAS AQUINAS

My subject may be described by the general question : What is, according to Thomas Aquinas, the use of philosophy in christian theology? In order to answer this question two things have to be considered : first, what he himself says about the topic; next, how he applies it in his theological praxis.

I. *The doctrine of Thomas Aquinas*

According to Thomas Aquinas understanding is an act of the intellect. But, as it is generally known, he makes a very important distinction between the understanding intellect, the faculty which exercises the act of understanding, and the intellectual light which causes the intelligibility of the object.

The first he calls *intellectus possibilis* : the faculty which has the possibility of understanding or of exercising the act of intellectual knowledge.

Because this faculty in man has a first beginning, it is, before the first act, something like the *materia prima*, a pure potentiality. Now, according to a well known thomistic 'first principle', such a faculty is from its nature incapable to actualize itself [1]. Therefore another faculty is required which makes the intelligible object appear to the apprehending intellect. This second faculty is called by Thomas *intellectus agens*, the active intellect. He always describes it with the term 'light'. It is an active light, not a light which is apprehended by the understanding intellect but which makes the understanding intellect grasp its proper object.

The obvious difficulty is that the active intellect, no less than the knowing intellect, seems to have in man an absolute beginning. Before the first act of intellectual apprehension it is not active. Therefore it seems that, before the first act, it is also *potentia pura* and the same question, raised by the basic passivity of the understanding intellect,

[1] It is the same principle of causality as formulated in the first proof of God's existence.

returns with respect to the so called active intellect. In the mind of Thomas and in agreement with his general philosophy, the question seems to be solved by the idea that the *lumen* of the active intellect is an illumination by God who is always *intelligens actu*. The active intellect is a participation of the divine light. But, in accordance with the general trend of his thought, which always stresses the proper substantiality and causality of the created things, this participation, according to Thomas, is something which belongs to the very constitution of the human mind. It is not a mere illumination from without as pure Augustianism seems to hold, but a participation within, which belongs to the nature of the human substance or person. It is an inborn faculty. This distinction between the understanding intellect and the active light is of primary importance for a right understanding of Thomas' position with regard to our question. The understanding intellect is by itself *omnia fieri*. But it actually can only attain that which comes within the scope or range of what the active light illuminates. By his own limited nature man can only understand such things as are made intelligible by the inborn light of the *intellectus agens* : the quiddity of the material substances. But he may apprehend higher intelligibles through the working in him of a higher light. This actually happens in the light of faith, which makes him apprehend God, not as to his *quid sit* — this is absolutely beyond the intellectual capacity of man here below — but as revealing himself in the articles of faith. Just as the natural inborn light of the *intellectus agens* makes one grasp in the sensible things their *quidditas*, so the light of faith makes one grasp in the articles of faith the self-revealing God : 'Unde sicut cognitio principiorum accipitur a sensu, et tamen lumen quo principia cognoscuntur est innatum; ita fides est ex auditu et tamen habitus fidei est infusus' [2]. The parallelism is very significant.

In agreement with Thomas' general way of thinking the light of faith no less than the natural light, becomes an inner principle of knowledge within man : however, not an inborn faculty, but an infused habit or virtue which is a real perfection of the human person.

There is still another higher light which actualizes the infinite possibility of the understanding intellect, namely, the light of glory by which in the ultimate state of heavenly bliss we shall finally attain that which is the only possible complete actualization in which the intellectual eros of man comes to rest : God as He is in Himself or *quid sit Deus*. Again, in accordance with the general principles of Thomas, this light of glory

[2] *Boet. de Trin.*, q. 3, a. 1, ad 4.

too is thought of as a created perfection inherent to the human substance.

The relationship between these three lights (the inborn light of the *intellectus agens*, the light of faith and the light of glory) is not just one of juxtaposition, but one of gradual perfection of the intellectual light in man. The light of faith, further perfected in its own line by the illumination of the gifts of wisdom and intelligence, 'strenghtens' the natural light [3]. Explicitly referring to his general theory of the relationship between nature and grace, Thomas explains that the light of faith perfects the natural light [4]. This is why in his view, natural reason is subservient to the higher light of faith, cannot truly contradict it and has simply to submit to it.

The distinction between philosophy and theology rests on the dictinction between the natural light and the light of faith. The intellectual articulation of those truths which become manifest through the working of the natural light on the results of sense-perception, is the proper task of philosophy, whereas the articulation of that which we come to believe by the light of faith is the proper task of theology.

The comparison between philosophy and theology however requires a further consideration of their nature.

To begin with philosophy, there are three kinds of *intelligibilia* or *speculabilia* : first the essences of material substances in the definition of which matter is included. This is the object of physics or natural science; next, such intelligibles in the definition of which matter is not included although they can only be realized in matter. This is the object of mathematics. Last, such intelligibles as are realized without matter, such as God and the angels. They are the object of theology or divine science [5].

So, there is a part of philosophy which Thomas also calls, with Aristotle, *theologia* (*sive scientia divina*). Another name is *metaphysica*, *idest transphysica* [6], and it is described as 'Theologia, idest tertia pars speculativae, quae dicitur scientia divina, vel metaphysica vel prima philosophia' [7]. Thomas, consequently, distinguishes between a philosophical theology (*theologia philosophica*) which is metaphysics and a theology

[3] *Boet. de Trin.*, q. 1, a. 2.

[4] *Boet. de Trin.*, q. 2, a. 3; *Summa theologiae*, Ia, q. 1, a. 8, ad 2.

[5] See *Boet. de Trin.*, Lectio II, explanatio; ibid., q. 3, a. 1; — compare with *Summa theologiae*, Ia, q. 1, a. 1, obj. 2.

[6] *Boet. de Trin.*, q. 5, a. 1.

[7] *Boet. de Trin.*, Lectio II, explanatio.

of Holy Scripture (*theologia sacrae scripturae*) which is theology proper [8].

Let us notice by the way that Thomas never uses the term 'natural theology' to indicate philosophical theology. The term 'natural or physical theology' has in Thomas' writings a pejorative sense. 'Natural theology' is one of the three kinds of superstition, enumerated by Varro according to St. Augustine : the *theologia fabularis* of the poets, the *theologia civilis* of the state and the *theologia physica* 'quam philosophi considerabant in mundo et docebant in scholis' [9]. In the commentary on the Epistle to the Romans he specifies : 'quam philosophi considerabant in mundo, partes mundi colentes' [10].

The identification of the philosophical theology with metaphysics raises a difficulty. For the proper object of metaphysics is being in general or being as such. Thomas justifies his identification by saying : 'quia praecipuum cognitorum in ea est Deus' [11]. Another way of putting it is to say that the ultimate question to which philosophy tries to find an answer is the question about God. The final answer to the first question of metaphysics is the assertion of God as the absolute Being in which all beings participate and from which they derive their existence. So Thomas sometimes specifies the proper object of metaphysics by relating it to its general formal object : Being; sometimes by relating it to its main, all-comprehensive material object : God. To this shifting corresponds the twofold explanation of participation : participation in *esse commune* or participation in God. Being, which is the proper object of metaphysics, is ultimately the infinite Being to which nothing can be added but in which the finite substances participate in various degrees of limited perfection.

We are able now to describe accurately the distinction between philosophy (with an emphasis on metaphysics) and the theology of revelation or theology proper.

1. Philosophy is about that which becomes knowable by the working of the inborn light of the *intellectus agens*; theology is about that which becomes believable through the working of the light of faith.

2. That which philosophy is about is presented to the intellect by the senses; that which theology is about is presented to the intellect by Holy Scripture and the articles of faith, both expressing a historical revelation and tradition.

3. The natural light makes the intellect apprehend in the sensible

[8] *Boet. de Trin.*, q. 5, a. 4, in fine.

[9] *Summa theologiae*, IIa-IIae, q. 94, a. 1.

[10] In *Rom.*, I,7, in fine.

[11] *Boet. de Trin.*, q. 5, a. 1.

things the *ratio entis* in which the first principles are founded [12] and further such determinations of this *ratio entis* as are the quiddities or forms of the material, observable substances. This is the way of abstraction. The light of faith however makes the intellect apprehend the self-revealing God, not in his essence, but in his salvational value by the way of a supernatural instinct. This instinct is caused in us by God's attraction which interiorly teaches and illuminates man giving him a discernment of the right articles of faith and moving him to assent to them [13].

4. The proper subject of metaphysics is being as such. God is only known as the necessary cause of this subject. The proper subject of theology is God himself attained in Holy Scripture as the expression of His self-revelation [14].

5. Neither in philosophy nor in theology do we reach, strictly speaking, a knowledge of what God is *(quid est)* but only a knowledge that He is (*an est*) and how we are related to Him. But in both we have a certain improper vague knowledge of the *quid est* 'sub quadam confusione' [15]. In philosophy we use the natural effects of God to define God as their cause. In theology we use the effects of his grace to get a certain determination of what God is, as reflected in the Scriptures [16]. Or rather as St Thomas beautifully says 'Vel potest dici, quod hoc ipsum quod scimus de Deo quid non est, supplet in divina scientia locum cognitionis quid est' [17].

6. Both philosophy and theology are sciences and as such they proceed from principles of their own. The first principles of philosophy are the general principles of natural reason. The first principles of theology are the articles of faith. This means that theology establishes the truth of all its propositions in reference to the articles of faith [18].

7. In both philosophy and theology the first principles are apprehended with absolute certainty : in philosophy, because the natural light manifests them in anything we apprehend — they are *per se nota*; in theology,

[12] Nam illud quod primo cadit in apprehensione, est ens, cujus intellectus includitur in omnibus, quaecumque quis apprehendit (*Summa theologiae*, Ia-IIae, q. 94, a. 2).

[13] We have analysed Thomas' doctrine of supernatural instinct in two articles : '*Instinctus Spiritus Sancti :* Proeve van Thomasverklaring', in *Ecclesia a Spiritu Sancto edocta*, Bibl. Eph. Theol. Lov., 27 (Gembloux, 1970), p. 153-168; ' "Geloven" bij Thomas van Aquino', *Tijdschrift voor geestelijk leven*, 30 (1974), p. 745-162.

[14] *Boet. de Trin.*, q. 5, a. 4.

[15] *Boet. de Trin.*, q. 6, a. 3.

[16] *Summa theologiae*, Ia, q. 1, a. 7, ad 1.

[17] *Boet. de Trin.*, q. 2, a. 2, ad 2.

[18] *Summa theologiae*, Ia, q. 1, a. 2.

because the light of faith in which God innerly attracts and teaches man, moving him by a supernatural instinct [19], gives him, by the way of connaturality a sympathy, an inner discernment of the divine truth, and thus infallibly moves him to assent. As a science theology is even more certain than philosophy because the natural light, which is the principle of philosophy, is subject to error in its application, whereas the light of divine revelation, by which we participate in the science of God, cannot deceive [20].

These being the various respects in which philosophy and theology differ one from the other, we have now to consider their mutual relationship.

1. *Structural likeness.*

Both philosophy and theology are sciences and as such they proceed from their respective principles to conclusions [21]. Theology, articulating the revealed truth, is, no less than philosophy in its articulation of natural experience, a logically consistent whole. This supposes of course that the revealed word of God, no less than the world of sense perception is virtually rational, i.e. is such that in its nature it is able to be rationally articulated in a conceptual framework. Therefore, if an adversary admits one of its points, it is possible to argue, starting from this point, that the other points too have to be admitted. Thomas, however, unlike the later thomists, defines the scientific character of theology, not in the first place by the ability to draw from the articles further conclusions which are not strictly revealed — the so called 'theological conclusion' —, but by the ability to show the logical coherence of the articles themselves. The example he gives, when formally dealing with the subject, is that from the resurrection of Christ we may prove the general resurrection of the dead [22].

Add to this that neither theology nor philosophy prove its first prin-

[19] It is a general doctrine in Thomas Aquinas that man is moved to faith by a twofold motive : an exterior one (inducitur enim auctoritate divinae doctrinae miraculis confirmatae) and an interior one which is the most important (et, quod plus est, interiori instinctu Dei invitantis (IIa-IIae, q. 2, a. 9, ad 3)). Because of this inner experience man would have been obliged to believe in the Word of God even if Christ had not worked visible miracles (*Quodlibet* 2, a. 6). Thomas found this doctrine in Scripture. Compare *Commentarium in epistolas Sancti Pauli*, c. 8, lectio 6 (In Rom. 8.30) and *Super Evangelium S. Joannis lectura*, c. 6, lectio 5, V (in Jo. 6, 43-46).

[20] *Summa theologiae*, Ia, q. 1, a. 5.

[21] *Boet. de Trin.*, q. 2, a. 2.

[22] *Summa theologiae*, Ia, q 8.

ciples. However, both philosophy in its highest function — the *prima philosophia* — and theology rationally defend their first principles against those who deny them, either by arguing dialectically from a point which the adversary concedes, or, if he does not grant anything, by disproving the arguments by which he opposes them [23].

2. *Union in the plane of first principles.*

Because the light of faith perfects and consequently supposes the natural light of reason, just as, generally speaking, grace perfects and supposes nature, theology makes use of the first principles of reason which are the basic conditions of possibility of all thought [24]. Philosophy however, coming first, as it does, and having its proper limited domain and scope, defined by what may be known from sense-perception, cannot make use of the first principles of theology which are special principles, having their validity in the domain of faith alone.

However, grace also perfects nature, helping sinful man to accomplish his natural vocation. So faith perfects reason, which actually is inclined to all kinds of aberration, on the way towards its proper connatural truth. Hence, as a matter of fact and indirectly faith and theological reflection correct reason and defend it against its self-destructive tendencies. Reason is undermined by sin. This *imbecillitas* of human reason is 'clearly evidenced, so Thomas says, in the philosophers themselves who, searching for the goal of human life by the way of reason, and not finding the way by which to attain to it, fell into many and very depraved errors, so widely disagreeing with one another that scarcely two or three of them have in these things one common opinion'. To this fact he opposes the fact that many nations unanimously agree in one and the same doctrine of faith [25].

Therefore Thomas holds to the practical necessity of revelation as to the questions of man's ultimate concern : 'quia veritas de Deo per rationem investigata, a paucis hominibus, et per longum tempus et cum admixtione multorum errorum proveniret' [26]. He also seems to think that, where philosophers attain to the truth about God, a certain revelation of God is at work. As he states it : 'Studium philosophiae secundum se

[23] *Summa theologiae,* Ia, q. 8 and *Boet. de Trin.,* q. 2, a. 1 ad 5.

[24] *Summa theologiae,* q. 1, a. 8, ad 2; *Boet. de Trin.,* q. 2, a. 3.

[25] *Boet. de Trin.,* q. 3, a. 1, ad. 3.

[26] *Summa theologiae,* Ia, q. 1, a. 1.

est licitum et laudabile propter veritatem quam philosophi perceperunt, Deo illis revelante' [27].

3. *The independency of theology.*

While theology cannot but make use of the first principles of natural reason, it is none the less independent of philosophy proper, i.e. of the philosophical doctrines. It may use them for the sake of clarity : 'Haec scientia accipere potest aliquid a philosophicis disciplinis non quod ex necessitate eis indigeat, sed ad majorem manifestationem eorum quae in hac scientia traduntur' [28]. Therefore theology 'non accipit ab aliis scientiis sicut a superioribus, sed utitur eis tamquem inferioribus et ancillis' [29].

What then does the purpose of using philosophy in theology consist in? a. *Negatively*, the mysteries of faith, such as the Trinity, the Incarnation and generally the basic truths of God's actual dispensation, can never be demonstratively proved by philosophical reason. For, if they could, faith would no longer be faith because it would no longer be free and meritorious [30]. As Thomas firmly 'establishes' in Ia 2ae q. 4 and 5, the mysteries of faith can never be objects of intellectual sight as for instance the first principles of natural reason are; nor can they be objects of science or rational demonstration. The reason he gives is always the same : in its very nature rational insight or demonstration are, once you got them, compulsive whereas faith in its very nature is a free act.

b. *Positively*, revelation, first, is not only about mysteries but also, in view of the weakness and unsteadiness of reason in fallen man, about natural truths concerning God. Some philosophers may attain to a demonstrative knowledge of such truths and then they no longer believe them. For other people, who are unable to see the demonstrative force of the argument, the natural truths may be objects of faith. The fact that about those truths a philosopher attains to a demonstrative knowledge, does not impair or diminish his position as a believer. For in itself belief is inferior to knowledge. It is an imperfect beginning which, in the realm of natural truth, reaches its proper perfection in intellectual insight, and which, in the realm of supernatural truth, tends towards its perfection in the Blessed Vision [31]. For Thomas as for Augustine

[27] *Summa theologiae*, IIa-IIae, q. 167, a. 1, ad 3.

[28] *Summa theologiae*, IIa-IIae, q. 1, a. 5, ad 2.

[29] *Summa theologiae*, IIa-IIae, q. 1, a. 5, ad 2.

[30] *Boet. de Trin.*, q. 2, a. 1, ad 5; *Summa theologiae*, Ia, q. 1, a. 8, ad 2.

[31] *Summa theologiae*, Ia-IIae, q. 1, a. 5.

faith by its very nature tends to intellectual sight (*credo ut intelligam*) and the humiliation of faith is the way towards the glory of vision.

Next, concerning the revealed mysteries, philosophy may help to articulate them in a consistent system, so that the denier who concedes one point may be led on to accept the whole by the way of argumentation. Further, if the denial is complete, philosophy may be used to destroy the arguments which the adversary brings against the doctrines of faith, showing that those doctrines are not contradictory.

Also, the use and adaptation of philosophical concepts in interpreting the doctrine of the Holy Scriptures is a means of expressing this doctrine in an new language according to the requirements of later ages [32]. Lastly, philosophy may provide the theologian with probable arguments on behalf of the christian mysteries : not *demonstrativa*, as Thomas says, but 'persuasoria sumpta ex aliquibus similitudinibus ad ea quae sunt fidei inducta' [33]. Theology even appeals to philosophical authorities, although such an appeal be *infirmissimus* and the argumentation from them be extraneous and probable only [34].

4. *The primacy of faith.*

On this point the position of Thomas is clear, unconditional and inexceptionable. Both our natural light and the light of faith derive from God. Therefore they cannot truly contradict one the other. In a case of conflict faith has an absolute primacy. For, 'aliae scientiae certitudinem habent ex naturali lumine rationis humanae, quae potest errare; haec autem certitudinem habet ex lumine divinae scientiae quae decipi non potest' [35]. Although both our natural light and the light of faith are participations in the divine light, this divine light works in them in different ways. In the natural light the divine light only works mediately, in a way which claims on the autonomous exercice of our fallible powers. In the light of faith however the divine light works immediately. In it we are immediately united with the *Prima Veritas* which is infallible [36]. The instinct of faith, in which we recognize God's illuminating attraction and which moves us to a free assent, is a *gratia*

[32] See on the name of 'person', as applied to God, in *Summa theologiae*, Ia, q. 29, a. 3, ad 1.

[33] *Boet. de Trin.*, q. 2, a. 1, ad 5.

[34] *Summa theologiae*, Ia, q. 1, a. 8, ad 2.

[35] *Summa theologiae*, Ia, q. 1, a. 5 c.

[36] Lumen autem fidei, quod est quasi sigillatio quaedam primae veritatis im mente, non potest fallere, sicut Deus non potest decipere vel mentiri (*Boet. de Trin.*, q. 3, a. 1, ad 4.).

operans, simply working its effect without our cooperation. In submitting to this light and following it, we are infallibly guided. Therefore there is a sinful use of philosophy in theology which may be called rationalism. It follows 'ex hoc quod in his quae sunt fidei ratio praecedit fidem, non fides rationem; dum scilicet aliquis hoc solum vult credere quod ratione potest invenire, cum debeat esse in converso' [37]. Hence in using philosophy to explain Holy Scripture one may not only be deluded by the use of false philosophical doctrines, but also 'by reducing faith within the limits of philosophy... whereas on the contrary philosophy must be reduced within the limits of faith' [38].

II. *Theological praxis*

Primacy of faith, independency of theology, auxiliary use of philosophy : in order to realize what those principles mean, one should see Thomas at work in applying them. In *Boet. Trin.* Thomas distinguishes three functions of philosophy in theology : first, the demonstration of the *praeambula fidei*, such as the existence and unity of God; next 'ad notificandum per aliquas similitudines ea quae sunt fidei'; last, the rebutting of the arguments brought against faith [39]. The first, strictly speaking, is pre-theological, the last is only negative. The second is the proper use of philosophy in elaborating a theological doctrine. Theology proper is about mysteries such as the inner trinity in unity of God's Being or the duality of natures in the person of Christ. Such mysteries we cannot conceive of in proper terms because they are unique and cannot be described through general concepts which properly suit them. Moreover, we have no phantasmata, borrowed from our direct experience of them, in which we may speculate them. Then, how to think them? How to conceptualize them within a notional framework? Thomas answers *per aliquas similitudines*. We may improperly describe them with the aid of philosophical models, which may illustrate some aspects of them, without however giving us a proper concept of them. Therefore they are to be prudently applied under various corrections.

Let us give a most significant example : the hypostatical union. In the commentary on the Sentences and in *Compendium theologiae* Thomas employs the model of the relationship between a substance and an adventitious accident in order to describe the relation between the

[37] *Boet. de Trin.*, q. 2, a. 1.
[38] *Boet. de Trin.*, q. 2, a. 3, in fine.
[39] *Boet. de Trin.*, q. 2, a. 3.

divine nature and the human nature in Christ. This model illustrates very well that the human nature, united in time with the divine person, is assumed (*assumitur*) or drawn (*trahitur*) into a person already constituted in its *esse substantiale*. But, he says, some theologians were misled by this analogy into thinking that the human nature of Christ was indeed united with the eternal Person in the same way as generally an accident is united with a substance : 'veritatem a similitudine non discernentes' [40]. This is the error of Nestorianism.

In *Contra Gentiles* however Thomas explains the mystery of the hypostatical union, — as far as it is possible to our intellectual faculty, he adds — through the similitude or model of the union between body and soul. 'In omnibus autem rebus creatis nihil invenitur huic unioni tam simile sicut unio animae ad corpus' [41]. The model however has to be corrected. It illustrates very conveniently that the human nature of Christ, not unlike the body of man, is a kind of instrument (*organum*) through which the divine person of Christ works its proper effects. But if one pushes the similitude so far as to apply to the hypostatical union the model of form and matter, proper to the essential relationship between soul and body, then one states that God and man in Christ are united in such a way that one nature results from their union; — which is the error of monophysitism. Again Thomas warns us : 'Praedicta tamen exempla non sic posita sunt ut omnimodo similitudo sit in his requirenda' [42].

When we now turn to the *Summa theologica* we again find the same warning with respect to the use of the model 'substance-accident' and Thomas very neatly states the general principle in the words of John of Damascus : a similitude in all respects grounds a relation of sameness or identity between the similars; a similitude in a given respect only founds a relation of *exemplum*, i.e. model or pattern (*Aristotle's paradeigma*) to *exemplatum*. And this is most proper to theology, because it is impossible to find a model which is in all respects the same in all things and in theology, i.e. the doctrine of the Trinity, or in the economy, i.e. the mystery of the Incarnation [43].

The proper model however which Thomas uses in the *Summa* seems to be that of whole and part. The hand of Socrates is something individual but it is not 'a' individual or person. The person is the concrete subsisting

[40] *Compendium theologiae*, c. 211.
[41] *Summa contra Gentiles*, IV, 41.
[42] *Summa contra Gentiles*, IV, 41.
[43] *Summa theologiae*, IIIa, q. 2, a. 6, ad 1.

whole. The hand is only a part of it. Similarly the humanity in Christ is something individual but is not in itself 'a' individual or person. It exists as a part in a whole. The person being the concrete subsisting whole, and the divine and human nature being united in such a way that the union results in one person, the concrete humanity of Christ is related to the divine-human person as a part to the whole. Thomas does not criticize this model. But it is easy to see that the model is so absolutely general and metaphysical that it does not determine anything specific about the way of the hypostatical union. Accidents are also parts of the concrete whole; so are body and soul. But they suggest a specific kind of relationship whereas the general model of part and whole does not imply anything specific. It is a transcendental notion which obtains in all categories. If you asked what kind of part the human nature of Christ is with respect to the whole or the person, then all qualified models would be as inadequate and defective as any other.

Let us conclude with an attempt to characterize the type of theologizing, proper to Thomas Aquinas. In later neo-scholastic theology the models of substance and accident or body and soul are simply rejected. Only the model of part and whole is left and is considered not as a *similitudo* but as a conceptual device which simply applies to the mystery. This points to an important shift in theological epistemology. If one considers theology to be an attempt to adequately define in philosophical terms the truth of the christian mysteries and not as an attempt to point to them by defective similitudes, then the way lies open either to theological scepticism and the abdication of theology or to that kind of theological rationalism which Thomas constantly warns us against. If one starts with the methodological presupposition that the truth of the christian mysteries must be simply (*simpliciter*) definable in terms of philosophical concepts, one implicitly admits that philosophy is capable to judge the doctrines of faith. One then falls into the error or sin which according to Thomas, includes theology *sub metis philosophiae* instead of reducing philosophy *ad metas fidei*.

This implicit presupposition or frame of mind is, as I see it, at the origin of the increasingly radical criticism by theologians of the simple christian dogmas from the point of view of a definite philosophy. According to the medieval theologian the articles of faith, proposed by the church and to which we give our assent through the infallible light of faith, are simply out of the reach of possible philosophical criticism. The doctrines of faith, as stated by the church, enjoy an unconditional primacy; theology is in principle independent of any philosophy; it only makes use of philosophical concepts and models as remote similitudes which may aid to manifest some one or other aspect of the mystery without diminishing its mysteriousness. On the contrary, in attempting to conceptualize the mystery, the ultimate failure of theology brings out in full the inaccessible height of the mystery. Thomas Aquinas does not climb the mountain in order to have its peak under his feet. He only climbs the hills round the mountain and from these he looks to the unapproachable clouded peak and he kneels down in the only possible attitude of faith :

adoro te devote
latens deitas.

Gerard VERBEKE

MAN AS A 'FRONTIER' ACCORDING TO AQUINAS

On various occasions in his work Thomas claims that man is a frontier being, situated on the edge of two worlds, that of the spiritual and that of the corporeal. Therefore man occupies an intermediate position within the whole of reality : he does not belong entirely to the superior domain, the intelligible, nor to the inferior level, the sensible. Both spheres of reality are combined in the concrete unity of his being and are no longer separated from each other as, for example, two adjacent geographical areas are. Could it be said that man is the venue where the spiritual and the material meet and make contact with one another? In Thomas's opinion this frontier situation signifies much more than a mere meeting and certainly more than an accidental coming together, because both elements form one independent unit within man. Such a 'unification' would be impossible if the spiritual and material components were not capable of merging into a single being. The gnostic dualism, according to which the spiritual and the material are irreconcilably opposed to one another to such an extent that the spiritual component continually tries to liberate itself from the body, is clearly transcended here [1]. According to Thomas man is not an unnatural duality : of course, the two levels of reality are not identified with one another; the spiritual

[1] This brings to mind the very interesting treatise which Plotinus wrote against the gnostics (*Enn.* II, 9) : in his criticism the author points out that gnosticism is incompatible with the authentic interpretation of Plato's philosophy, as well as being irreconcilable with the traditional concept of man and the world which is found in Greek culture : the cosmos is ruled by the law of necessity and for man signifies a prison from which he must escape at any price. Man lives in a world which is hostile and evil and from which he must escape. According to the gnostics there is a chasm between God and the world : the world was not created by God but by some inferior being which does not know God. Plotinus, of course, opposed this pessimistic dualism which is completely at odds with his theory of all the inferior beings emanating from the 'One'. Cf. Henri-Charles Puech, 'Plotin et les Gnostiques', in *Entretiens sur l'antiquité classique*, V : *Les sources de Plotin* (Genève, 1957), p. 161-190; Hans Jonas, *The Gnostic Religion : The Message of the Alien God and the Beginnings of Christianity*, Beacon Paperback, 18, second edition (Boston, 1963); Simone Pètrement, *Le dualisme chez Platon, les Gnostiques et les Manichéens*, Bibliothèque de philosophie contemporaine (Paris, 1947).

remains spiritual and the corporeal remains corporeal. The term 'frontier' in this context signifies not so much a separation but rather a bond : it does signify a 'difference' but also a unification. If man were not there, reality would be divided into two completely separate spheres, but thanks to this existence everything is unified : the corporeal is no longer divided from the spiritual and vice versa. A being which is situated on the boundary between two worlds and which is not fixed in a particular position is able to develop in either of two directions, towards the upper level or the lower one : the ethos of such a being is therefore ambivalent, it is on the brink of time and eternity. Such a being participates in the progression of temporal events and yet transcends the momentary character of the temporal dimension : it possesses the latent ability to develop more in one sense than in the other. A frontier being can 'temporalize' or 'materialize' itself to a greater or lesser degree : to the extent that it determines its ethos, it can decide upon its own degree of temporality and corporality [2]. Every choice that man makes moves the frontier in one direction or the other, and bearing in mind that decisions made do not fall into nothingness, but are preserved in the evolution of the individual ethos, 'the place' which man occupies in reality is the result of the attitude he adopts [3]. There is a sort of ethical topography according to which every man takes his own place in the hierarchical structure of reality : as a matter of fact he is already on the boundary between two worlds, but he is capable of moving his topos either in the direction of the superior level or the inferior one : he can to a certain extent spiritualize and

[2] This theory may already be found in Plotinus's work where he speaks about the origin of time (*Enn.* III, 7, 11). In Plotinus' opinion time is a reflection of eternity from which it originates through a certain restlessness, unsteadiness, the desire for change and autonomy. In this way the soul brought about the sensible world, according to the pattern of the intelligible reality : it temporalized itself by producing time in place of eternity and it subjugated the sensible world to the course of time. The relationship between time and eternity is the same as that between the sensible and the intelligible : the more the soul inclines towards the intelligible the less temporal it becomes.

[3] By affording the term 'habitus' the significance in ethics that he did, Thomas adopted an important Aristotelian concept, the ἕξις. Man's actions gradually form his ethos : if similar actions are repeated time and again, a permanent skill is acquired to carry out these actions easily and without effort : the moral character is thus gradually formed under the influence of actions carried out. Here Aristotle makes a comparison with technical skills : the skill that man has to learn in order to be able to exercise it, is acquired by actually doing it : by building a man becomes a master builder, and by playing the guitar he becomes a good player (*Eth. Nic.* II, 1, 1103 a 31 ssq.). Therefore habitus is the result of previous actions, but also the basis for new actions which are connected with what was done before.

detemporalize himself depending upon his moral behaviour. Every man is therefore, in a certain sense the totality of created reality, he is not only a microcosm but a micro-reality, and yet each being portrays this in a different way : each man imparts the structure he wants to the duality of his being, he gives a definite topos to his frontier situation.

Most of these thoughts are expressed in the prologue which Thomas wrote for his commentary on the third book of the *Sententiae* of Peter Lombard : the author refers to a text from the Bible (*Eccl.* 1,7) which says that all rivers run back to their source in order to flow again (ad locum unde exeunt, flumina revertuntur, ut iterum fluant). The Preacher is clearly trying to illustrate not only the transitory nature of all things terrestrial, but above all the cyclical course of everything which happens in this world : there is nothing new under the sun, what has been will return and what has happened will happen again. Thomas attempted to give this theory a more profound significance in the light of the Neo-Platonic philosophy : everything originates from God and everything returns to its divine source. The rivers are the natural gifts which God bestowed on all of creation such as existence, life, the ability to reason and similar attributes (esse, vivere, intelligere) [4]. In the created reality outside man these attributes are found separately; going back to the Neo-Platonic way of thinking where the encompassing character of being is not fully recognized, the author believes that there are three levels of reality, each of which is distinguished by a specific perfection : the inorganic sphere that possesses only the perfection of being; the biological area which represents a higher level of perfection (life) and the world of the intelligible. Man represents a special place in this hierarchy, because through the unity of his being he could be said to combine all these levels of perfection, which are found separately elsewhere [5]. Man does not merely accumulate in his nature the inorganic, biological and intelligible reality : all these levels retain their original character, but man shares the particular perfection of each of these different areas. Thus he is a sort of frontier, a kind of 'in-between' which combines the

[4] *In III Sent., Prol.* : Flumina ista sunt naturales bonitates quas Deus creaturis influit, ut esse, vivere, intelligere et hujusmodi. — Referring to the triad 'being, life and thought' which Proclus considered to be three independent realities, whilst Plotinus and Dionysius identified these three fundamental ideas with each other, (these two authors considered 'being' to be the same as life and thought), cf. K. Krämer, *Die neuplatonische Seinsphilosophie und ihre Wirkung auf Thomas von Aquin* (Leiden, 1966), p. 324-28.

[5] *In III Sent., Prol.* : Ista flumina in aliis creaturis inveniuntur distincta : sed in homine quodammodo omnia congregantur.

spiritual and the corporeal [6]. To clarify these concepts Thomas uses three expressions which are preceded by the specifying 'quasi' : *quasi horizon et confinium, quasi medium*. The word 'horizon' is derived from the Greek ὁρίζω, to limit or define; Thomas tries to give nuances by adding 'quasi' to it : it is not a question of limitation of space, but of the fundamental duality which prevails in human existence [7]. The word 'confinium' indicates above all a common frontier; it corresponds to the Greek word μεθόριον which will be discussed several times later on : man is thus the common frontier between the spiritual and the corporeal, he is not alien to either of them and he is inwardly related to the perfection in both [8]. Therefore he is also a 'medium', he forms the mid-point between the two spheres : according to Thomas there is generally a generic harmony between the centre and the extremes although the medium differs specifically from either of the extremities [9]. Man is not merely spiritual nor purely mortal : the wonder of his existence is that he combines both spiritual and material components in his one person so that he really assumes an intermediate position. Thomas concluded from this that in a certain sense man coincides with the whole of creation : he forms the picture, the reflection of all things created. Therefore it is correct to refer to man as a small world (minor mundus), because all created natures mingle within him [10], he stands in the middle of creation : is he not the

[6] *In III Sent., Prol.* : Homo enim est quasi horizon et confinium spiritualis et corporalis naturae, ut quasi medium inter utrasque, utrasque bonitates participet et corporales et spirituales. Cf. *ST*, Ia, q. 77, a. 2 c. : Videlicet quia est in confinio spiritualium et corporalium creaturarum.

[7] The expressions ὁρίζω, ὅρος and ὁρισμός occupy an important place in Aristotelian logic, meaning 'to define' and 'definition'. They refer to the Stagirite's theory according to which it is possible to interpret the essence of things adequately with the help of generic and specific ideas : every reality is considered as something definite, as the realization of a particular structure. In Greek thought everything that is defined, limited, finished is considered perfect, whereas everything which is undefined, unlimited, unfinished is imperfect.

[8] The adjective μεθόριος occurs repeatedly in Greek texts to illustrate that something is situated between two spheres : this is where the meaning 'frontier' originates. This expression is not only used in a geographical context but also in a figurative sense : thus Aristotle writes in his *De gener. animalium* (V, 1, 778 b 30) that sleep is on the frontier (μεθόριον) of living and non living.

[9] *ST*, IIIa, q. 11, a. 5 c. : Ejusdem autem generis est medium et extrema. — Of course, one can also talk of a midpoint between perfect being and non-being : such a midpoint is the imperfect being, which cannot be said to show a generic similarity with the two extremities (*ST*, IIa-IIae, q. 19, a. 8, ad 3).

[10] *In II Sent.*, d. 1, q. 2, a. 3 : Praeterea ordo universi est finis totius creaturae. Sed in homine est quaedam similitudo ordinis universi; unde et minor mundus dicitur,

ultimate goal to which all created beings are orientated? The question may well be asked : Thomas's reply is not unreservedly positive : he accepts the fact that man is indeed the final objective of all lower beings, of everything which is subordinate to him [11]. On the other hand, however it is also correct to maintain that man is the final objective of all things created, even of purely spiritual beings, because everything is for man's benefit; how could it be otherwise as he has a share in every part of created reality [12]?

In his commentary on the *Liber de Causis*, the contents of which are to a large extent based on the *Elementatio Theologica* of Proclus, Thomas writes that the spirit is on the brink of time and eternity [13]. According to Proclus there must be a link between the temporal and the eternal and that, in his opinion, is the way of existence of the incarnate human soul. It belongs to the soul to constitute itself, it has no temporal beginning or end : that which constitutes itself (*αὐθυπόστατον*) is not made up of various parts but is one unit; neither does it exist within something else but on its own; the soul is therefore immortal because it is *αὐθυπόστατον* [14]. It is still, however, bound up in the gradual movement of time. Proclus differentiates between temporal existence and temporal activity; he denies that the soul has a temporal existence otherwise it would be involved in a continual process of becoming; it is rather the activity of the soul which is temporal because it displays a gradual execution of consecutive actions [15]. As E. R. Dodds points out, the distinction which

quia omnes naturae quasi in homine confluunt. Cf. *In Phys.*, VIII, l. 9, n. 999, ed. P. M. Maggiolo; *Quodl.* IV, a. 3, ad 1.

[11] *In II Sent.*, d. 1, q. 2, a. 3, in c. : Et propter hoc etiam forma humana, scilicet anima rationalis, dicitur esse finis ultimus intentus a natura inferiori, ut in II *De Anima*, text. 37, dicitur.

[12] *In II Sent.*, d. 1, q. 2, a. 3, ad 2 : Ad secundum dicendum quod homo non est finis omnis creaturae sicut ultimo intentum ab omni creatura, sed sicut illud cui provenit utilitas ex omni creatura : et hoc contingit propter communicationem ejus cum omni creatura, ut dicit Gregorius.

[13] *In De Causis*, prop. 2ª (p. 16, ed. H. D. Saffrey) : Et quamvis anima attingat ad infimum gradum aeternitatis, tamen est supra tempus sicut causa supra causatum; est enim causa temporis in quantum est causa motus ad quem sequitur; prop. 9ª (p. 61, ed. Saffrey) : Anima est in horizonte aeternitatis et temporis existens infra aeternitatem et supra tempus... ipsa (scil. anima) est supra Naturam, quae est principium motus qui tempore mensuratur.

[14] *Elem. theol.*, prop. 45, 46, 47.

[15] Proclus, *The Elements of Theology*. A Revised Text with Translation, Introduction and Commentary by Eric Robertson Dodds (Oxford, 1933), p. 227 : Accordingly Proclus introduces here the distinction between temporal existence and temporal

Proclus introduces can be found at the source of the mediaeval theories about the 'aevum', which Thomas also adopts. Here, one should also note that Thomas does not take the aevum to express the way of existence of man nor even of the human soul : in his opinion the aevum applies to merely spiritual beings for which no sequence of before and after can be found, although they may be connected to some progressive movement. Thus spiritual beings are invariable in nature, although they are liable to change with regard to their decisions, thoughts and condition, as well as in the relationships which they maintain in their own way with various parts in space [16]. As far as Thomas is concerned, the aevum is situated between time and eternity : time is characterized by the gradual movement of before and after, eternity excludes any kind of sequence and can in no way be connected with this : it is a permanent and global presence without any kind of progression, whereas the aevum excludes the anteriority and posteriority of occurences but can still be related to them. The reason why Thomas does not accept the same way of existence for the human soul is its being related to the body.

Since the aevum is not accepted as man's way of existence, should one conclude that in Aquinas' opinion man has simply to be incorporated in the continual becoming of the course of time? Certainly not : according to Thomas man is indeed on the brink of the temporal and eternal and this is directly linked to the fact that he is both spiritual and corporeal [17]. Human thought transcends time and space; as Thomas expressed it, intellect abstracts from time and place inasmuch as it is able to go beyond the data of sensible experience [18]. The universal concepts of the intellect are not bound by the here-and-now limitations of the observations at its source. Thomas emphasized that the under-

activity : the concept of the self-constituted excludes the former, but not necessarily the latter. As we shall see later (prop. 191), the human soul combines an eternal essence with activity in time.

[16] *ST*, Ia, q. 10, a. 5 c. : Quaedam vero recedunt minus a permanentia essendi, quia esse eorum nec in transmutatione consistit, nec est subjectum transmutationis : tamen habent transmutationem adjunctam, vel in actu vel in potentia... Et ideo hujusmodi mensurantur aevo, quod est medium inter aeternitatem et tempus. — *ST*, Ia, q. 61, a. 2, ad 2 : Ad secundum dicendum quod angelus est supra tempus quod est numerus motus caeli : quia est supra omnem motum corporalis naturae.

[17] *De Veritate*, q. 5, a. 10 c. : Unde non potest esse quod actiones intellectus et voluntatis, per se loquendo, in aliqua principia materialia reducantur.

[18] *Summa contra Gentiles*, III, 84, n. 2588 : Intellectus autem in sua operatione abstrahit a tempore, sicut et a loco; considerat enim universale, quod est abstractum ab hic et nunc.

standing of the essential structure of things transcends all temporal limitations [19]. But he added that although the source of human thought is not only sensible experience, it is always connected with it; thought is never separated from experience : to the extent that it is supported by sensible data, thought is always bound by a time dimension which is clearly expressed in the judging activity [20]. Voluntary decisions are temporal as well as supratemporal according to Thomas : in his commentary on the *Sententiae* of Peter Lombard he writes that they are only temporal by chance, to the extent that they can be influenced by an emotional change of mind and to the extent that they are dependent on the insight gained through sensible experience [21]. Here it should nevertheless be noted that, in the course of his philosophical evolution, Thomas emphasized more and more the close relationship between thought and will. When he describes this relationship in *Quaestio* VI of the *De Malo* one tends to conclude that will is both temporal and supratemporal like thought, and that it is not just accidentally related to the time dimension [22].

Thus, according to Thomas, man is really on the brink of two worlds, he is a frontier being in the full sense of the word, both spiritual and corporeal, temporal and supratemporal at once; he is an 'in-between', a 'medium', a 'confinium', a 'horizon'.

* * *

[19] *Summa contra Gentiles*, II, 96, n. 1820 : Intelligit enim quod quid est abstrahendo intelligibilia a sensibilibus conditionibus : unde secundum illam operationem, neque sub tempore neque sub aliqua conditione sensibilium rerum intelligibilia comprehendit.

[20] *ST*, Ia, q. 85, a. 6, ad 2 : Ad secundum dicendum quod intellectus et abstrahit a phantasmatibus; et tamen non intelligit actu nisi convertendo se ad phantasmata, sicut supra dictum est. Et ex ea parte qua se ad phantasmata convertit, compositioni et divisioni intellectus adjungitur tempus. — *Summa contra Gentiles*, II, 96, n. 1820.

[21] *In II Sent.*, d. 15, q. 1, a. 3 : Ad primum dicendum quod actus liberi arbitrii non sunt temporales nisi per accidens inquantum scilicet habent ordinem ad virtutes corporales a quibus ratio scientiam accipit et voluntas earum passionibus inclinatur.

[22] *De Malo*, q. 6, in c. : Thomas asks himself how the will can be turned to action : he differentiates between the execution of the action and the desire for a particular thing. As far as the latter is concerned, the intellect must be regarded as the principle : 'hoc enim modo bonum intellectum movet etiam ipsam voluntatem'. If an object is considered to be valuable, one strives to obtain it : it is obvious that this knowledge contains a volitive element, since it is a question of seizing the value of an object. As far as the execution of an action is concerned, the principle is the will which activates itself and the other powers : 'Intelligo enim quia volo : et similiter utor omnibus potentiis et habitibus quia volo'. From this standpoint it is obvious that thinking and willing are so intimately bound up with one another that they penetrate one another.

In the history of philosophical thought Thomas is not the only person to have dealt with the subject of man as a frontier : this theory was one of the favourite topics discussed by the authors of the Renaissance. During the second half of the fourteenth century and above all during the fifteenth century the vital significance of some anthropological problems such as the place of man in the universe, the immortality of the soul and the problems of free will and fatalism, was emphasized. One of the subjects which comes strongly to the fore during this period was that of human dignity, as illustrated by Paul Oskar Kristeller and Eugenio Garin. Kristeller believes this to reveal a typical distinction between the Middle Ages and the Renaissance : in his work *Renaissance Concepts of Man* he writes : 'In many ways a pessimistic view of man and his state is typical of mediaeval thought' [23]. The author refers to the work of Cardinal Lotharius *De Miseria humane conditionis* and to a widespread movement which took as its objective the ideal of the contempt of the world (contemptus mundi) [24]. In contrast to the feelings in the Middle Ages the prominent Renaissance writers such as Petrarch, Marsilio Ficino, G. Pico della Mirandola and Pietro Pomponazzi, stressed the exceptional dignity of man. In 1486 Pico della Mirandola devoted a special work to this theme : *Oratio de Dignitate Hominis* [25], whilst the same topic was discussed in detail by Ficino in his *Theologia Platonica* [26] and by Pomponazzi in his *De Immortalitate Animae* [27].

[23] P. O. Kristeller, *Renaissance Concepts of Man and Other Essays* (New-York-Evenston-San Francisco-London, 1972), p. 5; cf. p. 2 : 'In spite of the difficulties, I believe that there is at least a core of truth in the view that Renaissance thought was more "human" and more secular, although not necessarily less religious, than medieval thought and that it was more concerned with human problems'.

[24] Lotharii Cardinalis (Innocentii III), *De miseria humane conditionis*, ed. Michele Maccarrone (Lucani, 1955).

[25] Giovanni Pico della Mirandola, *De hominis dignitate*, ed. Eugenio Garin (Firenze, 1942).

[26] Marsilio Ficino, *Theologia Platonica*, XIII, 3 (*Opera*, Basileae, 1576); *Théologie Platonicienne*, ed. Raymond Marcel (Paris, 1964).

[27] Pietro Pomponazzi, *Tractatus de immortalitate animae*, ed. Gianfranco Morra (Bologna, 1954), p. 38. From the beginning of his explanation, Pomponazzi defines the perspective in which he deals with man : 'Initium autem considerationis nostrae hinc sumendum duxi : hominem scilicet non simplicis sed multiplicis, non certae sed ancipitis naturae esse, mediumque inter mortalia et immortalia collocari'. — In addition he writes : 'Quapropter bene enuntiaverunt antiqui cum ipsum inter aeterna et temporalia statuerunt ob eam causam, quod neque pure aeternus neque pure temporalis sit, cum de utraque natura participet, ipsique sic in medio existenti data est potestas utram velit naturam induat'.

The question still arises as to whether this distinction between the Middle Ages and the Renaissance can be justified : did the Renaissance authors discover the dignity of man for the first time in history or at least bring this dignity to light more than was done previously? What was said earlier about Thomas's theory with regard to man as frontier is already sufficient to show that such a point of view can hardly be called pessimistic. This becomes even more obvious when examining the arguments put forward by the Renaissance authors to substantiate the dignity of man. These are neither original nor new but were also developed repeatedly in earlier eras [28].

The central argument used by the Renaissance authors to illustrate the dignity of man coincides with that which we have met in Thomas's work. The human soul is on the frontier of two worlds, it occupies an intermediary position between the corporeal and the spiritual : it is not completely spiritual because by nature it is related to the body; neither is it corporeal because the more elevated activities of man exceed the possibilities of a purely material being. As the soul is on the frontier of two worlds, it is not only a dividing line but also a link : man incorporates the two spheres of created reality in the unity of his being and is therefore at the source of the coherence of the universe [29].

Instead of being irreconcilably separated the two spheres of reality are brought together in the mysterious density of human existence. According to Pico, man has no special nature which could be established once and for all in the hierarchy of creation; each person holds his fate in his own hands, he decides for himself how to build up his existence according to the pattern he chooses; thus he is what he wants to be and he determines for himself the place he will try to occupy in the universe [30]. Nicholas of Cues also stressed the place occupied by man within reality as a whole : within man all things created are present in a human fashion. He unites within himself both the intelligible and the sensible, all the levels

[28] Eugenio Garin, 'La *dignitas hominis* e la letteratura patristica', *La Rinascita*, Vol. I, nº 4 (1938), p. 102-146.

[29] *The Renaissance Philosophy of Man*, ed. Ernst Cassirer, P. O. Kristeller and J. H. Randall, Jr. (Chicago, 1948), p. 219 — P. O. Kristeller, *Studies in Renaissance Thought and Letters* (Roma, 1969, Offset Reprint of the Edition published in 1956). In the 14th chapter the author deals with the following topic : 'Ficino and Pomponazzi on the Place of Man in the Universe'.

[30] Kristeller, *Renaissance Concepts of Man*, p. 12 : 'Man, therefore, has no clearly determined essence or nature. He is neither celestial nor earthly, neither mortal nor immortal. On the contrary, he may become all of this through his own will. The Creator gave him the germs of every sort of life'.

of perfection in reality are brought together in him : he can be justly called a microcosm or a human world [31].

The following discussion illustrates even more clearly that none of these thoughts are new. If this is the case, why did the writers of this period go back to these arguments again and why did they emphasize the privileged position of man to such an extent? In our opinion the emphasis which the Renaissance writers give to human dignity should not be considered as a reaction against mediaeval thought as having neglected the theme, but rather as the confirmation of some doctrines which were being questioned at the end of the Middle Ages. As long as there was no doubt concerning the immortality of the soul, it was difficult to deny the dignity of man and his privileged position in the universe. At the beginning of the sixteenth century there was a heated discussion on this point amongst prominent theologians and philosophers [32]. Starting from the psychology of Aristotle, Pomponazzi maintained that there was no way to prove the immortality of the soul [33]. A similar controversy developed with regard to the freedom of the will which, of course, entailed the problem of man's responsibility for his own

[31] Nicolaus de Cusa, *De docta ignorantia*, ed. E. Hoffmann et R. Klibansky (Lipsiae, 1932), p. 126, 28 : Humana vero natura est illa, quae est supra omnia Dei opera elevata et paulo minus angelis minorata, intellectualem et sensibilem naturam complicans et universa inter se constringens, ut microcosmos aut parvus mundus a veteribus rationabiliter vocetur. Cf. Marian Kurdziałek, 'Der Mensch als Abbild des Kosmos', in *Der Begriff der Repraesentatio im Mittelalter*, Miscellanea Mediaevalia, 8 (Berlin-New York, 1971), 35-75 (p. 74) : 'Alles was im Menschen ist — und in ihm ist alles, denn er ist doch "omnis creatura" — ist in ihm auf menschliche Art'.

[32] Étienne Gilson, 'Autour de Pomponazzi', *Archives d'histoire doctrinale et littéraire du moyen âge*, 63 (1961), p. 163-279; É. Gilson, 'L'Affaire de l'immortalité de l'âme à Venise au début du XVIe siècle', in *Umanesimo europeo e umanesimo veneziano*, ed. Vittore Branca (Florence, 1963), p. 31-61.

[33] It is noticeable that P. Pomponazzi is extremely careful in expressing his opinion against Thomas Aquinas' theory : Verum, cum tanti Doctoris auctoritas apud me summa est, nedum in divinis, verum in ipsa Aristotelis via, non ausim contra eum aliquid affirmare; sed tantum quae dicam per modum dubitantis et non asserentis ponam fortassisque mihi ab ejus doctissimis sectatoribus veritas aperietur (*De immortalitate animae*, p. 82). The point of view expressed by Pomponazzi also has nuances and recaptures his perspective of the intermediate position of man : Ipse igitur intellectus, sic medius existens inter immaterialia et materialia, neque ex toto est hic et nunc, neque ex toto ab hic et nunc absolvitur. Quapropter neque sua operatio ex toto est universalis, neque ex toto est particularis, neque ex toto subicitur tempori, neque ex toto a tempore removetur. Cf. Bruno Nardi, *Studi su Pietro Pomponazzi* (Firenze, 1965), especially II, 4, p. 149 ssq. : Il problema dell'immortalità dell'anima negli scritti anteriori al *De immortalitate animae*.

moral behaviour. Once again the question of fatalism came to the fore and to a much greater extent than ever before. The reconciliation of human freedom with the divine omnipotence was regarded as a mystery by Lorenzo Valla in his *De Libero Arbitrio* [34]; Pomponazzi, however, depicted the Christian doctrine on human freedom and responsibility as being totally contradictory. In his opinion the only coherent explanation for this problem was provided by the Stoics; the stoic theory about fate was the only consistent opinion on this question [35]. The actual freedom of will was also questioned by Luther and Calvin, who strongly emphasized the corruptness of man after the Fall. Luther stressed above all the human weakness and the need for divine grace and succour, whilst Erasmus defended the idea that, in spite of the Fall, human freedom had not been lost; it is true that human freedom was affected by the primaeval sin but it was not destroyed [36]. As early as the end of the Middle Ages, William of Ockham denied that it was possible rationally to justify human freedom [37]. Therefore the Renaissance authors were not the first people in history to discover the eminent dignity of man nor to expound it : theirs was more of a reaction to the cultural climate where the value of life was seriously being questioned. According to E. Garin, the Renaissance was not an era of happiness [38]: the image of man established during the Middle Ages in the light of Christian theology and

[34] Laurentius Valla, *De libero arbitrio*, ed. Maria Anfossi, Opuscoli filosofici, 6 (Firenze, 1934), p. 50 : Nolimus altum sapere ne simus philosophorum similes, qui dicentes se sapientes, stulti facti sunt... quorum in primis fuit Aristoteles, in quo Deus optimus maximus superbiam ac temeritatem cum ipsius Aristotelis, tum ceterorum philosophorum patefecit atque adeo damnavit. Coluccio Salutati also discusses the theme of human freedom in his poem against astrology : *De fato et fortuna*.

[35] Pietro Pomponazzi, *Libri quinque de fato, de libero arbitrio et de praedestinatione*, ed. Richard Lemay, Thesaurus mundi (Lucani, 1957), p. 191. Pomponazzi explains why the Christian doctrine is contradictory : Ponit enim Deum certitudinaliter cuncta operari nihilque sine ipso movente fieri posse et omnia esse Dei instrumenta, omnia a Deo dirigi et secundum quod ab ipso diriguntur operari; et tamen dicunt velle et nolle esse nostrum; p. 202 : Rationabilior igitur videtur Stoicorum opinio opinione Christianorum.

[36] Erasmus, *De libero arbitrio*, II a 3, ed. Johannes von Walter (Leipzig, 1910), p. 21, 11-18 : Ea vis animi, qua judicamus, (...) per peccatum obscurata est, non exstincta, voluntas, qua eligimus aut refugimus, hactenus depravata fuit, ut suis naturalibus praesidiis non posset sese revocare ad meliorem frugem, sed amissa libertate cogebatur servire peccato, cui se volens semel addixerat. Sed per dei gratiam, condonato peccato facta est libera.

[37] Guillelmus de Occam, *Quodlibeta septem* (Strasbourg, 1491) (Louvain, 1961), I, q. 16.

[38] Kristeller, *Renaissance Concepts of Man*, p. 3.

based on the most valuable teachings of Greek thinking was continuously under attack. The Scholastic method and speculative reasoning were no longer considered to be reliable ways leading to the disclosure of truth and therefore, Christian anthropology, which had been laboriously built up throughout centuries of human reflection, threatened to collapse. Thus the Renaissance scholars were forced to examine the traditional image of man again in a modified context where past achievements were queried to a greater extent than they had been earlier.

The concept of man as a frontier being is therefore not a concept emanating from the Renaissance scholars, nor is it an original intuition of Thomas (although he gave it a more profound philosophical significance); it is an idea which has appeared constantly in philosophical tradition, in works of both Christian and non-Christian writers since the time of Plato.

It is well-known that the concept in question dates back to Plato's work *Timaeus* (35 A) : in this work the author deals with the composition of the worldsoul although the theory under discussion also refers to the structure of individual souls; these all consist of the same components as the worldsoul, arranged in the same way [39]. Plato mentions three elements which are combined in a certain manner to form the worldsoul : firstly an indivisible and invariable substance, then a divisible substance which is found in the bodies and finally a third component which is made up of a combination of the first two and thus assumes an intermediate position between identity (that which remains the same) and otherness (which is characterized by variability). It was not without a certain amount of difficulty that the demiurge assembled these three components and combined them into a harmonious entity. Whatever interpretation one affords of this much discussed passage, it is obvious that it is very significant with regard to the origin of the idea under discussion [40] : for the soul is described as the centre point between the variable and the invariable, the indivisible and the divisible. Consequently it occupies a central position because the two spheres of reality are

[39] Alfred Edward Taylor, *A Commentary on Plato's Timaeus* (Oxford, 1928), p. 109.

[40] According to Aristotle (*De Anima* I, 2, 404 b 16) the composition of the soul is dictated by its characteristic activity, as Plato also describes it : since like knows like, the soul must be made up of elements of the reality it knows. The elements which Aristotle has in mind are not the *στοιχεῖα* of Empedocles, but the elements conceived by Plato : the divisible and the indivisible, the variable and the invariable. The soul does not only grasp the corporeal world which is continuously in the making, but also the intelligible : therefore it is related to both.

combined with each other within the unity of its being. The demiurge needs to use a great deal of strength for this, in so far as the components concerned are incompatible. We will not consider here to what extent this Platonic concept is based on Pythagoras's theory about the fundamental principles of numbers and reality, i.e. the limit and the unlimited (ἄπειρον and πέρας) [41].

Philo of Alexandria's theory about man agrees with that of Plato : this is also true of the subject under discussion. According to him man is a frontier being (μεθόριον) : he is always on the brink of mortality and immortality, he shares both qualities and is therefore both mortal and immortal : his body is mortal but his soul is immortal [42]. That is why good people have few desires and needs : God never wants for anything, He does not need anything which exists outside Himself : evil people on the other hand are weighed down under the burden of their manifold desires : the righteous person is between the two, he has only few desires (ὀλιγοδεής), he acts according to the needs of the mortal body, but his soul requires very little as it strives towards immortality [43]. Each man is located at the borderline of the mortal and immortal nature : he can aim at the superior or inferior according to his behaviour. His attitude determines his place within the whole of reality : he is always on the brink between virtue and vice [44]. The good man has few needs because he strives for higher values, for immortality. Philo attributes individual immortality to the human or rather the rational soul in spite of the fact that it came to be : the two souls which are distinguished in man differ considerably from one another [45] : one is rational, immaterial and

[41] The pythagoreans claim that the elements of numbers simultaneously constitute the elements of reality : the elements are the unlimited and the limit. For our theory it is significant that we come across the expression 'limit' as an element of number and reality. The doctrine which is expressed here had a profound influence on the further development of thought : beings are seen as a mixture of the definite and the indefinite : they occupy an intermediate position between the totally defined and the completely undefined. In as far as they have a definite structure they are regarded as thinkable through the logos and definable. In as far as they are indefinite they should be thought of as changing and inserted into the process of becoming. This viewpoint was to continue influencing Greek thinking and later philosophy.

[42] *De opificio mundi*, 135.

[43] *De virtutibus*, 9.

[44] *De praemiis*, 62.

[45] H. A. Wolfson, *Philo : Foundations of Religious Philosophy in Judaism, Christianity and Islam*, 2 vol. (Cambridge Mass., 1947), I, p. 396 : 'Philo considers the soul which is immortal as generated. Again, unlike Plato, with regard to whose view on immortality there is doubt as to whether the individual human soul is itself immortal as a distinct

immortal, whereas the other is irrational, material and transitory. This perspective shows once again how man and also the human soul is a frontier being, on the brink of rationality and irrationality, material and immaterial reality, mortality and immortality, virtue and vice [46].

Plotinus believes that the soul is located on the extreme edge of the intelligible world : thus it follows that it also borders on the sensible : to a certain extent it is divine but it also shares the sensible qualities [47]. The soul is therefore in the middle of reality (*μέσην τάξιν*), the dividing line between the upper and the lower areas : it leads a double life (*ἀμφίβιοι*), a life that belongs to the sphere of the intelligible and also a life on the level of the sensible [48]. It can, however, develop more in one direction than in the other, it does not have a pre-determined position, it is a 'travelling' soul, moving from one level to another according to its behaviour. To a certain extent the soul reflects the reality to which it turns : when it turns to the intelligible it becomes spiritualized, whereas by coming down to the sensible level it becomes more and more temporalized. Thus, one soul is not as temporal as another; each soul determines its own temporality; it is capable of making itself more or less temporal [49]. This ambiguous characteristic is also referred to in the works of other neo-Platonists. In his commentary on the *Enchiridion* of Epictetus, Simplicius compares the soul to animals which can live both on land or in water : they are pushed by their own instinct and sometimes stay on land and at other times in water. The soul, however, determines the direction of its life arbitrarily : if it aims towards the superior level it resembles the intelligible but the more it inclines to the inferior level the more it resembles the sensible. The soul can therefore be on the frontier of two worlds because it is in the centre of reality [50]. Damascius, Priscian and Hiërocles also support this doctrine which is found in the *Corpus Hermeticum* too [51]. Moreover, Simplicius expresses the idea that,

entity or is immortal only through the universal soul with which it becomes united, in Philo, because of his denial of universal soul, immortality means the eternal persistence of the individual soul as a distinct entity'.

[46] Wolfson, *Philo*, p. 395-396.

[47] *Enn.* IV, 4, 2, 16; III, 4, 1, 17; VI, 8, 7, 6. Cf. Proclus, *In Tim.* 130, 6.

[48] *Enn.* IV, 8, 4, 31; IV, 4, 3, 11.

[49] *Enn.* III, 7, 11, 30.

[50] Simplicius, *In Enchir. Epicteti*, p. 77, 41-78, 9, ed. Frédéric Dübner.

[51] Damascius, *In Parmenidem*, II, p. 251, 23, ed. Ch. E. Ruelle. — Priscianus, *Metaphr. in Theophr.*, p. 29, 8; 31, 15, *Suppl. Aristot.* I, 2, ed. Ingram Bywater. — Hierocles, *In Carm. aureum*, XXIII, p. 468 B, ed. F. G. A. Mullach. — *Corpus Hermeticum*, 2 Tomes, ed. A. D. Nock — A. J. Festugière, Collection des Universités de

thanks to its central position, the soul is the link which joins the two parts of reality [52]. This illustrates the wide range of meaning attributed to the expression 'frontier' (μεθόριον) : the meaning is both metaphysical and ethical. The soul is in the centre of reality, it is an 'in-between' : for its place is not determined and it can develop in either of two directions depending on the moral attitude it adopts. Here it is worth noting that both the Neo-Platonists and Plato himself related the topic being discussed to the soul : it is the soul which is in the centre and occupies an intermediate position. Man himself is not being considered directly : and yet one should bear in mind that the personality of the ego is constituted by the soul. Consequently the task given to the soul within reality as a whole is extremely important because without it reality would split into two spheres, completely separate from one another and in opposition to one another. According to the *Timaeus* (35 A) the demiurge must have used considerable force to combine the two components into the single substance of the soul. Because of their opposing characteristics, the intelligible and the sensible, the rational and the irrational, the mortal and the immortal are all clearly separated from one another. If one assumes, however, that the subordinate levels originate from the One, then a link must be found which joins the upper and lower spheres; the Neo-Platonists considered the soul to be this link. In this way, thanks to the intermediate position which it occupies, the soul ensures the unity of reality.

This theme was adopted by Christian writers too and in the early period it is found in the works of Gregory of Nyssa and Nemesius of Emesa; the latter discussed the concept in detail in the first chapter of his treatise *De natura hominis*. Nemesius believed that man has something in common with all levels of reality; he is related to inorganic nature by the body and the combination of the four elements, he is related to the plants because of the factor already mentioned and, in addition, because of his capability of nutrition and propagation; moreover he is related to animals because of the previous characteristics and because of his aptitude for spontaneous motion, his faculty of desire

France (Paris, 1945) : *Asclepius* 10 (II, p. 309) : Sic enim humanitas ex parte divina, ex alia parte effecta mortalis est in corpore consistens; *Asclepius* 7 (II, p. 304) : Solum enim animal homo duplex est; et ejus una pars simplex ... quam vocamus divinae similitudinis formam; est autem quadruplex, quod ὑλικόν Graeci, nos mundanum dicimus, e quo factum est corpus; *Poimandres*, I 15 (I, p. 11).

[52] Simplicius, *In Enchir. Epicteti*, p. 77, 41-78, 9, ed. Dübner.

and resistance and his capacity for perception and respiration [53]. Thanks to his reason, man is related to spiritual and intellectual beings; his knowledge extends to all things and he can judge everything. He is also an ethical being capable of exercising virtue and even in a position to attain the highest of all virtues, that of piety [54]. This man is on the frontier of both the intelligible and material and Nemesius uses the same terminology to express this idea as we have already seen in the work of Philo [55].

God achieved the unity of creation because He tolerated little distance between the different levels which exist in reality. All created things are united and related to one another : in this way the unity of the Creator of all things is disclosed at once [56]. In living beings God has combined inorganic and insensitive elements with sensitive ones and by bringing these two together he has not only made a compositum but has achieved the unity of a singular being [57]. The Creator did the same thing when building up the universe : there is an inborn, natural tie between the different creatures [58]. The magnet forms the link between inorganic nature and plants, and the link between the plants and animals is formed by corals, sea anemones and sponges; these intermediaries are called zoophytes [59]. Animals which are capable of movement but only over small distances, such as most shellfish and earthworms, are related to these [60]. Then come the more complex animals which possess all the senses and are able to cover greater distances : some of these animals have a certain practical knowledge, technical skill and dexterity

[53] Nemesius, *De natura hominis*, Traduction de Burgundio de Pise. Édition critique avec une introduction sur l'anthropologie de Némésius, par G. Verbeke et J. R. Moncho (Leiden, 1976), I, p. 6, 39-46.

[54] Nemesius, *De natura hominis*, I, p. 6, 46-49.

[55] Nemesius, *De natura hominis*, I, p. 6, 49-52. In the Greek text it says that man is *ἐν μεθορίοις*. Burgundio of Pisa translated this passage as follows : Ideoque velut medius est intellectualis et sensibilis substantiae, copulatus secundum corpus quidem et corporales virtutes irrationalibus animalibus et inanimatis, secundum rationale vero incorporeis substantiis, ut dictum est prius.

[56] Nemesius, *De natura hominis*, I, p. 6, 53-57.

[57] Nemesius, *De natura hominis*, I, p. 6, 57-60.

[58] Nemesius, *De natura hominis*, I, p. 6, 61 - 7, 67 : Similiter et in alia creatione secundum speciem fecit, copulans ea ad se invicem ea quae paulatim est familiaritate et alteritate naturae, ut non multum distent quae omnino inanimata ab his quae habent nutritivam virtutem plantis, neque rursus haec ab irrationabilibus et sensibilibus animalibus, neque nimirum irrationalia a rationalibus aliena essent prorsus et non concordantia et sine copula aliqua sint conviventi et connaturali.

[59] Nemesius, *De natura hominis*, I, p. 7, 67 - 8, 83.

[60] Nemesius, *De natura hominis*, I, p. 8, 83-87.

as a means of self-preservation. The same can be said of human speech which is prepared by the sounds emitted by animals in the lower levels of reality [61]. Thus the Creator has harmoniously combined everything and man plays an extraordinary role in it because it is through him that the intelligible and visible are united. Thanks to him the universe is a large coherent entity and all the elements are sympathetic to one another without being in any way alien [62].

According to Nemesius man is also on the frontier of the rational and irrational, which adds an ethical dimension to the situation. For man can resort to the body and cling to everything connected with it and then he leads a life similar to that of the irrational animals [63]. He can also strive towards reason in which case he is contemptuous of corporeal needs and thus he leads a life which is pleasing to God. Human behaviour is a question of avoiding evil and striving towards good. This can be common to both the soul and body as in the case of the virtues; it can equally belong exclusively to the soul and in this context the author indicates the piety and contemplation of beings. Those who want to lead a human existence, will concentrate all their effort on achieving the virtues, above all piety [64]. In Nemesius's opinion man is also on the frontier of mortality and immortality. According to the Bible the first human beings were neither mortal nor immortal but were between the two; man would become mortal if he allowed himself to be carried away by bodily passions, but he would become immortal if he put the good of the soul first [65]. If God had created man to be mortal from the very beginning He would not have been able to punish him with death after the Fall and if He had made him immortal, man would have needed no nourishment to stay alive; it is moreover inconceivable that the Creator would have changed his decision so quickly. Nemesius explains this teaching from the Bible as follows : the first human beings were

[61] Nemesius, *De natura hominis*, I, p. 8, 87 - 9, 2.

[62] Nemesius, *De natura hominis*, I, p. 9, 2 - 11 : Et ita rursus omnia musice compegit et colligavit et in unum coegit et intellectualia et visibilia per mediam hominum generationem... sed quoniam intellectuali generata substantia et rursus visibili oportebat generari quandam etiam copulam utrorumque, ut unum sit hoc totum et compatiens sibi ipsi et non alienum ipsum a se ipso. Factum est igitur quod copulat utrasque naturas animal, homo.

[63] Nemesius, *De natura hominis*, I, p. 9, 13-17.

[64] Nemesius, *De natura hominis*, I, p. 9, 17 - 10, 29.

[65] Nemesius, *De natura hominis*, I, p. 10, 34-38.

mortal by nature but potentially immortal, they had the power to become immortal by means of their moral progress [66].

It is obvious that Nemesius adopted many ideas from the Neo-Platonic tradition for his theory of man as a frontier being, but there is still an important difference. The Neo-Platonists concentrated on the soul whereas Nemesius deals with man : it is man that is at the centre of created reality : it is man who forms the link between the intelligible and the sensible. The whole world is adapted to man and exists for him : he is the master of nature and in his being he reflects the whole of creation, therefore he is a microcosm [67]. It is well known that in the Middle Ages this treatise of Nemesius was thought to be one of Gregory of Nyssa's works : similar theories to those put forward by Nemesius are also found in Gregory's writings allowing that he borrowed more from the Neo-Platonic tradition. Thus on the subject of the human soul he wrote that it is on the border of mortality and immortality, of reason and irrationality [68], but in other places he attributes this frontier position to man as a whole [69]. The same terminology was used by Cyril of Alexandria in order to explain the mystery of Christ's incarnation. Christ is on the border of divinity and humanity, the two natures are combined in the unity of his person [70].

All these ideas found in Nemesius's work are repeated later in other Christian writings, each author dealing with one particular aspect of the topic under discussion. Cosmas Indicopleustes emphasized the fact that

[66] Nemesius, *De natura hominis,* I, p. 10, 38 - 11, 49 : Melius igitur est vel hoc modo intelligere quod propositum est, vel quoniam mortalis quidem constructus est, poterat autem ex profectione perfectus factus immortalis fieri, hoc est potestate erat immortalis (11, 46-49).

[67] Nemesius, *De natura hominis,* I, p. 21, 69 - 22, 95. The following quotation translated by Burgundio is a passage from the remarkable Encomium of Man : Quis igitur digne admirabitur nobilitatem hujus animalis, quod copulat in se ipso mortalia immortalibus et rationalia irrationalibus colligit et fert in sui ipsius natura omnis creationis imaginem, propter quae et parvus mundus dictus est, qui tanta dignus factus est a Deo providentia, propter quem sunt omnia et quae nunc et quae futura sunt, propter quem et Deus homo factus est, qui desinens in incorruptibilitatem et mortale suum effugiens in caelis regnat et, secundum imaginem et similitudinem Dei factus, cum Christo conversatur, Dei filius est, omni principatui et potestati praesidet? (21, 78-87).

[68] Gregorius, *Comment. in Cant. Cant.* XI, p. 333, 14-15, ed. Hermann Langerbeck.

[69] Gregorius, *De hominis opificio* XVI, PG, 44, 181 B-C; *Oratio catech.* VI, PG, 45, 25 B-26 B; XVI, PG, 45, 52 D; *Contra Eunomium* III, 121, p. 45, ed. Werner Jaeger.

[70] Cyrillus Alexandrinus, *Comm. in Johannis Evangelium,* 10, 14, PG, 73, 1045 C; ed. Ph. E. Pusey, II, 653 D., p. 232, 28-30.

man forms the link (σύνδεσμος) which holds the whole of created reality together and without this link the world would inevitably disintegrate [71]. Theodore of Mopsuesta and John Damascene express the same idea and the latter has adopted whole passages from Nemesius [72]. Maximus Confessor stresses the central position of man (μεσιτεύων) : man was the last to be created, so he naturally forms the link which joins the extremities or rather the superior and the inferior together [73]. Scotus Eriugena uses the same theory : for him man is the centre (medietas) and the unifying factor (adunatio) of creation [74]. Bernardus Silvestris writes that the spirit of man comes from heaven, whereas his body is made up of four elements : he stays with his body on earth while his soul is in heaven : man is the centre of reality, he is like the umbilical cord (umbilicus) located between the upper and lower parts and he is therefore called a 'minor mundus' [75]. According to William of Conches man is the link between the angels and the irrational animals : angels possess intelligence without sensibility, animals are bestowed with sensibility without reason and therefore man is between the two as he possesses both [76].

From this short summary one can see how often the theory of man as a frontier being was already used in philosophical and theological literature before Thomas's time. Neither the Renaissance writers nor Aquinas were the first to put forward this anthropological doctrine : since Plato it has been constantly found in the works of many types

[71] Cosmas Indicopleustus, *Topographie chrétienne*, ed. Wanda Wolska-Conus, Sources chrétiennes, 141, (Paris, 1968), II, 86, p. 405; II, 89, p. 409; II, 101, p. 421; III, 34, p. 471.

[72] Theodorus of Mopsuesta, *In Epistolas Pauli Comm., Ad Rom.* 8, 19, in Karl Staab, *Pauluskommentare aus der Griechischen Kirche*, Neutestamentliche Abhandlungen, Band XV (Münster i.W., 1933), p. 137, 13-19. — Joannes Damascenus, *De duabus voluntatibus in Christo*, PG, 95, 144 B; *De fide orthodoxa*, p. 113, 19-26, ed. E. M. Buytaert (Louvain-Paderborn, 1955) : ex visibili et invisibili natura condit hominem, propriis manibus, secundum suam imaginem et similitudinem : ex terra quidem corpus plasmans, animam autem rationalem et intelligibilem per familiarem insufflationem, dans ei quod utique divinam imaginem dicimus. Nam quod quidem 'secundum imaginem' intellectuale significat et arbitrio liberum; quod autem 'secundum similitudinem', virtutis secundum quod homini possibile est similitudinem.

[73] Maximus Confessor, *Ambiguorum liber*, PG, 91, 1305 A-C.

[74] Johannes Scotus Eriugena, *De divisione naturae*, II, 9, PL, 122, 536 B.

[75] Bernardus Silvestris, *De mundi universitate*, ed. C. S. Barach and Johann Wrobel, Bibliotheca Philosophorum Mediae Aetatis, 1 (Innsbruck, 1876), II, 7, v. 1-3, p. 47; II, 10, v. 15, p. 55.

[76] William of Conches, *Glossae super Platonem*, ed. Edouard Jeauneau, Textes philosophiques du moyen âge, 13 (Paris, 1965), cap. 126, p. 223.

of writers who emphasized certain facets of the concept which were important in their time. It is still worth investigating what philosophical significance Thomas gave to the traditional theme : did he simply repeat what tradition offered or did he try to give this traditional topic a more profound philosophical meaning?

* * *

From what has already been said it is obvious that the concept in question has not always had the same significance, not only because the writers who dealt with this subject brought out different aspects of it, but above all because the frontier situation was first applied to the soul and only later to man. Evidently the original significance of the subject bears the marks of Platonism : the soul is the link between the superior and the inferior, between the intelligible and the sensible. The soul embodies the dual nature of the rational and irrational. If one applies the same idea to man, as Nemesius did, it takes on another perspective : it illustrates the tension between the spiritual and the corporeal, as it is in man. The further significance of the word frontier depends on the way in which the unity of man is considered. Nemesius puts it into a dualistic perspective and emphasizes the contrast between body and soul : in his view the relationship between body and soul is rather that of two independent entities which have a certain inclination towards one another; from such a standpoint the term frontier means the coexistence of two contrasting elements in the same being.

If, as Thomas did, one rejects this dualistic view, one arrives at a concept of man and the world which is a long way removed from the original interpretation of the subject being studied : in the beginning it was thought that a link was necessary between the intelligible and the sensible because these areas had been considered separate and contrasting. The unity of reality could only be ensured by a link. This opinion is clearly present in the doctrines of Nemesius and other Christian writers : man's creation was necessary in order to ensure the cohesion of reality. This teaching takes on a new significance if man is considered as the unity of a spiritual and corporeal dimension, not so much because the tie between both spheres would be drawn tighter, but because the contrast, the incompatibility of one with the other, is reduced. Plato's dualistic concept of man was always rejected by Thomas, who could not understand the sense of maintaining that force was necessary to unite the spiritual and the corporeal elements in man.

The theory of man as a frontier being assumes a special significance in the structure of the *Summa*. It is sufficiently well known that this monumental synthesis was based on the model of the Neo-Platonic outline of 'exitus — reditus' : God is the origin of everything and also the ultimate goal of created reality. The frontier position of man plays an important role in the structure of this synthesis : because man combines both the spiritual and the corporeal in the unity of his being, his striving towards the absolute origin of everything represents much more than the return of one of the many beings which God creates. Man's rise towards God in fact signifies the return of the entire creation to its point of origin. The Apostles were given the task of spreading the Gospel to the whole of creation (omni creaturae) and Thomas interpreted this text in such a way that the words 'omnis creatura' meant man. This perspective is, of course, also important for the significance which should be attributed to Christ's incarnation. Christ did not only come into the world to become man amongst men; He encompassed the whole of creation in the unity of his personal existence : in a certain sense to become man signifies to coincide with the whole of creation.

However, Thomas's theory about the frontier situation of man has still more profound and philosophical repercussions, first of all with regard to the theory of truth. If man is considered to be a subject where the spiritual and the corporeal, the temporal and the eternal are so closely united that they constitute one single substance, then this concept of man will inevitably have repercussions on the more elevated activities which are part of our existence, thinking and willing. Thomas frequently mentions the text from Aristotle which refers to the soul as being everything in a certain sense (anima est quodammodo omnia) : from his perspective one can claim that man represents everything in a certain way. He is openness to everything that exists, he unites the whole of creation in himself, as it were, nothing is alien to him. He is neither alienated from the world nor from the intelligible nor from the purely spiritual because he encompasses everything. Man is related to everything through one or other aspect of his being. This means that his activities always imply a dual nature, they never completely go beyond the corporeal and temporal nature.

Is it possible for man ever to get an insight into absolute and infallible truth? According to Thomas this is not the case. Man is continually moving on the brink of truth and untruth, certainty and uncertainty. There are two areas which more than any other are sheltered from error, knowledge of the basic principles and knowledge of oneself. As far as the knowledge of the fundamental categories of thought are concerned, there are many texts where Thomas emphasizes the security they offer for human knowledge. He mentions that these principles are known by nature (naturaliter nota) : in a certain sense they belong to the structure of the mind, they are a share of the divine light. Consequently these principles form the basis of the development and growth which man goes through in his intellectual life : if they are susceptible to error then the whole of our thinking becomes deceptive and vulnerable. These principles or initial intelligibilia are recognized by themselves, by an immediate intuition which does not invoke any other knowledge [77]. In his *De Veritate* Thomas claims that the initial intelligibilia must be regarded as seeds, as germs which include any further growth of knowledge : every additional development or increase takes place from within the initial scope of knowledge and therefore man can never learn anything which is totally new [78]. The development of knowledge is not a sequence of additions to a given content, it is effected within the bounds of the initial knowledge as the unfurling of an encompassing content.

And yet, at the beginning of *De ente et essentia*, Thomas discusses possible error and ignorance with respect to the initial principles of thought : to overcome this he chose the subject of his 'opusculum' in which he will deal with being and essence [79]. In the *Summa Theologiae*

[77] The following are passages where Thomas emphasizes the guarantees which the primary principles offer for the development of our knowledge : In his autem quae sunt naturaliter nota nullus potest errare; in cognitione enim principiorum indemonstrabilium nullus errat (*Summa contra Gentiles*, III, 46); Et propter hoc etiam circa illas propositiones errare non potest, quae statim cognoscuntur cognita terminorum quidditate, et sicut accidit circa prima principia (*ST*, Ia, q. 85, a. 6; *ibid.*, q. 17, a. 3, ad 2); ... ut scilicet cessante discursu figatur ejus intuitus in contemplatione unius simplicis veritatis. Et in hac operatione animae non est error, sicut patet quod circa intellectum primorum principiorum non erratur quae simplici intuitu cognoscimus (*ST*, IIa-IIae, q. 180, a. 6, ad 2); *In Metaphysica*, II, 1, n. 277, ed. Cathala; *In Anal. Post.*, II, 20, n. 596, ed. Spiazzi.

[78] *De Veritate*, q. XI, a. 1, ad 5 : Ad quintum dicendum, quod in eo qui docetur, scientia praeexistebat, non quidem in actu completo, sed quasi in rationibus seminalibus, secundum quod universales conceptiones, quarum cognitio est nobis naturaliter insita, sunt quasi semina quaedam omnium sequentium cognitorum; *ibid.*, q. XI, a. 2 c.: Quantum igitur ad utrumque, Deus hominis scientiae causa est excellentissimo modo; quia et ipsam animam intellectuali lumine insignivit et notitiam primorum principiorum ei impressit quae sunt quasi quaedam seminaria scientiarum; sicut et aliis naturalibus rebus impressit seminales rationes omnium effectuum producendorum.

[79] *De ente et essentia*, prooemium : Quia parvus error in principio magnus est in fine, secundum Philosophum, primo *Caeli et Mundi*; ens autem et essentia sunt quae primo intellectu concipiuntur, ut dicit Avicenna in primo libro suae *Metaphysicae*;

he writes that those who make a mistake with regard to the principles of the speculative sciences can never be corrected; on the contrary, if someone gets on the wrong track without affecting the principles he can still get back to truth [80]. In another passage of the same work he states that it is extremely serious and blameworthy to err with respect to objects which are naturally known. Thomas draws a parallel between speculative knowledge and acting : it is particularly serious and culpable to go against what is determined by nature, against the natural rules of moral law [81]. Thomas admits in *De Veritate* that man is not endowed with a special ability to grasp truth in an uncomplicated and absolute fashion, excluding any form of discourse : rather than an intuitive ability, he has a natural habitus : the *intellectus principiorum* [82]. This habitus is a permanent aptitude which is not acquired but which belongs to the structure of our mind. However, habitual knowledge is not actual insight, it is not effective knowledge nor understanding. It only becomes effective through sensible experience [83].

This synopsis shows that the status which Thomas attributes to our knowledge of the initial principles is ambiguous just as the status of man is : the knowledge of these fundamental categories and propositions is not simply a priori, it is a habitual insight which is only activated by sensible experience. And yet the knowledge of the initial principles is infallible to the extent that it is part of the divine truth. On the other

ideo, ne ex eorum ignorantia errare contingat, ad horum difficultatem aperiendam, dicendum est, quid nomine essentiae et entis significetur, et quomodo in diversis inveniantur, et quomodo se habeant ad intentiones logicas, scilicet genus, speciem et differentiam.

[80] *ST*, Ia-IIae, q. 72, a. 5 c. : Nam in speculativis qui errat circa principia, impersuasibilis est; qui autem errat salvatis principiis per ipsa principia revocari potest.

[81] *ST*, IIa-IIae, q. 154, a. 12 c. : Et ideo sicut in speculativis error circa ea quorum cognitio est homini naturaliter indita, est gravissimus et turpissimus, ita in agendis agere contra ea quae sunt secundum naturam determinata est gravissimus et turpissimus.

[82] *De Veritate*, q. XV, a. 1 c. : Similiter nec in homine est una potentia specialis per quam simpliciter et absolute et absque discursu cognitionem veritatis obtineat; sed talis veritatis acceptio inest sibi per quaemdam habitum naturalem, qui dicitur intellectus principiorum. — In the context of his *Quaestiones Quodlibetales* the author attributes 'a certain infallibility' to the primary principles (*quamdam* incommutabilitatem et infallibilitatem, *Quodl.* X, q. 4, a. 1).

[83] *Summa contra Gentiles*, II, 83 : Ipsorum principiorum cognitio in nobis ex sensibilibus causatur; *ibid.*, III, 41; *In Boethium de Trin.*, q. 6, a. 4 : unde principium cognitionis praedictorum principiorum est ex sensu et memoria, ut patet per Philosophum in fine *Posteriorum* et sic hujusmodi principia non ducunt nos ulterius nisi ad ea quorum cognitionem accipere possumus ex his quae sensu comprehenduntur.

hand it is also fallible because it cannot escape all forms of complexity nor all discursive processes. Neither is such an insight perfectly simple because it can only be activated by sensible data [84]. This complexity is the source of error as Thomas claims in the *Summa contra Gentiles* : 'Error in thought arises from the fact that, as in our case, the mind grasps the forms of things, intermingled with sensible images' [85]. According to Thomas the sensible data are not only at the source of intellectual knowledge, they are present throughout the whole of its development : our understanding is never merely intellectual even for a single moment, it can never detach itself from its sensible source. This continual return to the sensible source brings with it another form of complexity into our knowledge, the temporal aspect [86]. Finally there is still the complexity of the discourse : in a judgement, in its simplest form, a predicate is attributed to a subject or denied to it. According to Thomas truth is primarily found in the judgments of the mind : judgment is a very complex act which not only brings together the components of a proposition but also includes an explicit or implicit reference to being as well as a reflexive moment and a volitive element. This structure can be traced back to the initial principles and therefore they cannot per se escape all danger of error [87]. Bearing in mind that they constitute the basis of every other form of knowledge, one must conclude that man is continually threatened by error and uncertainty, both in philosophy and the sciences man moves continually on the brink of truth and untruth.

[84] *Summa contra Gentiles,* I, 59 : Intellectus apprehendens quod quid est dicitur quidem per se semper esse verus, ut patet in III *De Anima*; etsi per accidens possit esse falsus, in quantum vel definitio includit aliquam complexionem, vel partium definitionis ad invicem, vel totius definitionis ad definitum.

[85] *Summa contra Gentiles,* III, 108.

[86] *ST,* Ia, q. 85, a. 5, ad 2 : Dicendum quod intellectus et abstrahit a phantasmatibus et tamen non intelligit actu nisi convertendo se ad phantasmata, sicut supra dictum est. Et ex ea parte qua se ad phantasmata convertit, compositioni et divisioni intellectus adjungitur tempus.

[87] Isn't intuition with regard to a simple object infallible? Thomas seems to assume so in his commentary on the *De Anima* (III, l. 11, n. 763, ed. A. M. Pirotta) : Unde in illis in quorum definitione nulla est compositio, non contingit esse deceptionem; sed oportet ea vel intelligere vere, vel nullo modo, ut dicitur in nono *Metaphysicorum.* — Nevertheless the answer is less positive in the commentary on *Metaphysica* (IX, l. 11, n. 1909, ed. M. R. Cathala) : In simplicibus vero substantiis non potest esse deceptio circa quod quid est per accidens nisi primo modo : non enim eorum quod quid est, est compositum ex pluribus, circa quorum compositionem et divisionem possit accidere falsum.

Where does Thomas stand with regard to self-awareness? Is this perhaps a moment of infallibility where all error and uncertainty is eliminated? Should Thomas agree with the privileged status which is attributed to this knowledge in modern philosophy (Descartes, Husserl)? One should differentiate here : when it is a question of understanding the essence of the soul Thomas is well aware that this knowledge cannot be acquired from an immediate intuition but by way of a process of reasoning. In fact this involves the whole field of philosophical psychology : although Thomas accepts that it is possible to know the essence of the soul, he would never claim that this insight is not susceptible to error. The various theories which the philosophers put forward about this subject sufficiently show that this knowledge has least of all the attribute of being an infallible insight. Therefore Thomas, referring to Aristotle, states that it is very difficult (difficillimum) to disclose the essence of the soul [88].

What we know of the existence of the soul and its activities is something different, of course. Here the author differentiates between habitual knowledge and actual insight : habitual knowledge is permanent and is present even when it is not actually being exercised. When Thomas in this context refers to an habitual insight, he does not mean an acquired habit, which would be the outcome of a series of previous actions. In the case of self-awareness the essence of the soul fulfils the role of a 'habitus'. The soul is always present within itself, it never deserts itself. Thus it follows that it has an habitual awareness of itself without the content of this insight being derived from an intellectual abstraction [89]. However, the presence of the soul within itself does not signify an actual

[88] *De Veritate*, q. X, a. 8, ad 8. — Our aim is not to examine Thomas's theory about selfawareness in detail : there is already a wide range of literature and various different interpretations of this subject. We will restrict ourselves to what is important for our subject. — *De Veritate*, q. X, a. 8 c. : Unde mens nostra non potest seipsam intelligere ita quod seipsam immediate apprehendat; sed ex hoc quod apprehendit alia, devenit in suam cognitionem; sicut et natura materiae primae cognoscitur ex hoc ipso quod est talium formarum receptiva. Quod patet intuendo modum quo philosophi naturam animae investigaverunt. — In the *Summa Theologiae* Thomas formally claims that many philosophers are mistaken about the essence of the soul : Unde et multi naturam animae ignorant et multi etiam circa naturam animae erraverunt (*ST*, Ia, q. 87, a. 1 c.).

[89] *De Veritate*, q. X, a. 8 c. : Sed quantum ad cognitionem habitualem, sic dico, quod anima per essentiam suam se videt, id est ex hoc ipso quod essentia sua est sibi praesens, est potens exire in actum cognitionis sui ipsius. Cf. *ST*, Ia, q. 87, a. 1 c. : Nam ad primam cognitionem de mente habendam, sufficit ipsa mentis praesentia, quae est principium actus ex quo mens percipit seipsam. Et ideo dicitur se cognoscere per suam praesentiam. Cf. I *Sent.*, d. 3, q. 4, a. 5.

and effective knowledge : actual awareness always requires that the intellectual faculty has been activated by sensible experience. The subject becomes aware of himself and his activity by understanding any one topic, no matter what it is. The soul is therefore not able by itself to progress from the habitual awareness it has of itself to an actual insight without some sort of contact with sensible reality. This does not mean, however, that the self-awareness is derived from sensible experience : the habitual self-awareness plays a decisive role in this. For this insight is always realized in each knowing act whatever its object may be [90]. If the soul is really present within itself, why can it not understand itself directly, without sensible experience being involved? The reason for this is that our cognitive faculty is basically potential and can only be activated by means of an intelligible form which is derived from sensible data. Is the essence of the soul not intelligible straightaway? And if it is, why can't it convert the receptive intellect into action? In Thomas' opinion it is not immediately intelligible because it is mingled with matter [91]. Man is on the frontier of awareness and unawareness, able to be within himself, but continually threatened by oblivion of himself. Plotinus already wondered why the souls were oblivious of themselves and their father. How can the soul grasp itself as the principle of its activity? For this one must go back to the habitual awareness the soul has of itself. It needs sensible experience in order to be aware of itself, but not for the same reason as in the case of the knowledge we have of the external world : when it is a question of self-awareness the content of this insight is not derived from sensible facts. Is this awareness infallible [92]? Thomas recognizes that it represents a high degree of certainty

[90] *De Veritate*, q. X, a. 8 c. : Quantum igitur ad actualem cognitionem, qua aliquis considerat se in actu animam habere, sic dico, quod anima cognoscitur per actus suos. In hoc enim aliquis percipit se animam habere et vivere et esse quod percipit se sentire et intelligere et alia hujusmodi vitae opera exercere.

[91] *ST*, Ia, q. 87, a. 1 c. : Intellectus autem humanus se habet in genere rerum intelligibilium ut ens in potentia tantum, sicut et materia prima se habet in genere rerum sensibilium : unde possibilis nominatur. Sic igitur in sua essentia consideratus, se habet ut potentia intelligens. Unde ex seipso habet virtutem ut intelligat, non autem ut intelligatur, nisi secundum id quod fit in actu.

[92] *De Veritate*, q. X, a. 8 c. : Ad hoc autem quod percipiat anima se esse, et quid in seipsa agatur attendat, non requiritur aliquis habitus, sed ad hoc sufficit sola essentia animae, quae menti est praesens : ex ea enim actus progrediuntur, in quibus actualiter ipsa percipitur. — In his commentary on the *Sententiae* Thomas clearly states that through one and the same act both the object, the action and the subject are recognized : Eadem operatione intelligo intelligibile et intelligo me intelligere (I *Sent.*, d. 1, q. 2, a. 1,

(certissime) :[93] by its nature it is not completely certain, for it is not an uncomplicated intuition of a simple object, it comes into existence in and through the same act by which an object is grasped. The complexity encountered here is similar to that which characterizes the fundamental principles : self-awareness can only be attained through sensible experience : moreover it involves a temporal relationship, as well as the synthesis of an existential judgement. In this respect as well, man is on the brink of truth and untruth, certainty and uncertainty.

The analysis which we have made with regard to the theory of knowledge could easily be applied to other parts of Thomas's anthropology. This is particularly true of the philosophy of free will, as our author describes it : because of the intimate alliance of the spiritual and corporeal in the unity of his personal existence, man continually moves on the frontier of freedom and constraint. His actions are dictated by external influences, by his corporeal constitution and by sensible inclinations : most people are simply carried along by external and internal factors without autonomously directing their own existence [94]. Thomas admits that there are some dispositions which we cannot influence because they simply form the structure of our being : thus all people naturally strive towards certain values which are not a result of personal choice : everyone possesses a natural desire to exist, to live and to think : there are many other tendencies which man can control, such as passions and acquired habits [95]. According to Aquinas even the corporeal dispositions do not determine human behaviour, although they incline to act in one way rather than another (inclinatio) [96]. Thomas posed the question as to whether the relationship between the activity of the will and our sensible tendencies is the same as that which exists between thought

ad 2); Eodem enim actu intellectus intelligit se et intelligit se intelligere (I *Sent.*, d. 10, q. 1, a. 5, ad 2).

[93] *De Veritate*, q. X, a. 8, ad 8 : Ad octavum dicendum quod secundum hoc scientia de anima est certissima, quod unusquisque in seipso experitur se animam habere et actus animae sibi inesse.

[94] *De Veritate*, q. V, a. 10, ad 7 : Ad septimum dicendum, quod multitudo ut in pluribus sequitur inclinationes naturales, inquantum homines multitudinis acquiescunt passionibus.

[95] *De Malo*, q. VI c. : Si ergo dispositio, per quam alicui videtur aliquid bonum et conveniens, fuerit naturalis et non subjacens voluntati, ex necessitate naturali voluntas praeeligit illud, sicut omnes homines naturaliter desiderant esse, vivere et intelligere.

[96] *De Veritate*, q. V, a. 10, ad 2 : Ad secundum dicendum quod, sicut ex dictis patet, anima quantum ad actus voluntatis non de necessitate sequitur corporis dispositionem, sed ex corporis complexione est inclinatio tantum ad ea quae voluntatis sunt.

and sensible experience. Just as thought is continually nourished by sensible data and is never purely a spiritual function, so too free will feeds upon sensible inclinations. There is, however, a difference : thought cannot free itself from the sensible data; our universal ideas are derived from these. Free will on the other hand can free itself from sensible aspirations, at least in the sense that it can oppose them. This does not mean, however, that free will can rid itself of sensibility to such an extent that it becomes a fully spiritual activity [97]. Here too, man lives on the frontier of the corporeal and spiritual worlds, on the brink of freedom and constraint.

Ethical behaviour is also closely linked to the frontier position of man. Thomas, under Aristotle's influence, treats the ethical attitude as a 'medietas', a central position between two extremes. With respect to the 'medium' Thomas writes that in a certain sense (quodammodo) it is in potency towards the extremities between which it lies :[98] the medium is able to move in the direction of either one of the extremes. When this happens it ceases to be a medium, except in so far as it has still the potency to return to the central position. Not only virtue is a medium, but also man himself according to Aquinas : he is always on the brink of good and evil, of ethical and unethical. Thomas however never assumes, as his Neo-Platonic predecessors did, that man must repudiate the lower in order to attain the superior : he does not agree with the Stoics who maintain that passions must be eliminated : passions should be controlled by insight and reason. Thomas even claims that righteous actions are all the more deserving when they are executed with passion. Moral man should therefore not try to eliminate passions but use them to the good : he should attach himself passionately to the ethical ideal [99]. In Thomas's work the complete man, and the fundamental duality he represents, is involved in the realization of moral activity. As man is on

[97] *De Veritate*, q. V, a. 10 c. : ... sicut appetitus sensitivus non est naturaliter motivus voluntatis, sed e converso; quia appetitus superior movet inferiorem appetitum ... Et quantumcumque appetitus inferior perturbetur per aliquam passionem irae vel concupiscentiae non oportet quod voluntas perturbetur; immo habet potentiam repellendi hujusmodi perturbationem.

[98] *ST*, Ia, q. 91, a. 1, ad 3 : Thomas wrote the following about moral virtue : Virtus moralis est quaedam medietas et est medii conjectatrix. — And about the 'medium' he remarked : est quodammodo in potentia ad extrema.

[99] *ST*, IIa-IIae, q. 158, a. 2, ad 1 : Ad primum dicendum quod, quia passio potest esse regulata ratione vel non regulata, ideo secundum passionem absolute consideratam non importatur ratio meriti vel demeriti, seu laudis vel vituperii. Secundum tamen quod est regulata ratione, potest habere rationem meritorii et laudabilis.

the frontier of the spiritual and the corporeal he should not strive to eliminate one of the two dimensions but to combine them and develop into a harmonious symbiosis.

* * *

The term 'frontier' has first of all a topographical significance : it refers to a spatial dividing line which defines two areas and separates them from one another. Applied to man it signifies his own topos which he gets within the whole of created reality. By stating that man is the frontier between the spiritual and corporeal, the temporal and eternal reality, Thomas does not mean that he is neither of the two, but that he incorporates both dimensions in the unity of his personal existence. Thus, man is 'omnis creatura', all of created reality is embodied in the substantial unity of the human subject.

The term 'frontier' also has an ethical significance in the broad sense of the word : it suggests man's own ethos, his spiritual climate, the way in which his existence develops. Man leads a dangerous existence, it is dangerous to be man : he continuously moves on the frontier between truth and untruth, between freedom and constraint, between good and evil. In this context one can understand what Newman wrote : 'To be at ease is to be unsafe'. None can escape it 'de vivre dangereusement' : it is an extremely delicate undertaking to be man.

INDEX NOMINUM PROPRIORUM